KALAMAZOO, MI, Western Michigan University
39th International Congress on Medieval Studies
May 6 - 9

Droz 2004

TEXTES LITTÉRAIRES FRANÇAIS

1-556

Pierre Gringore

Œuvres polémiques rédigées sous le règne de Louis XII

Cynthia J. Brown

2003   320 p.   2-600-00836-5

USD conference price is 30.77

USD regular price was 38.46

ŒUVRES POLÉMIQUES

COMITÉ DE PUBLICATION
DES
«TEXTES LITTÉRAIRES FRANÇAIS»

Mme G. Hasenohr   Paris
MM.   J. Céard   Paris
       F. Deloffre   Paris
       F. Lestringant   Paris
       Ph. Ménard   Paris
       A. Micha   Paris
       R. Niklaus †   Exeter
       Ch. Roth   Lausanne
       G. Roussineau   Paris
       M. Screech   Oxford

TEXTES LITTÉRAIRES FRANÇAIS

PIERRE GRINGORE

ŒUVRES POLÉMIQUES
rédigées sous le règne de Louis XII

Edition critique
par
Cynthia J. BROWN

LIBRAIRIE DROZ S.A.
11, rue Firmin-Massot
GENÈVE
2003

Ouvrage publié avec le soutien
de l'Université de Californie, Santa Barbara.

www.droz.org

ISBN: 2-600-00836-5
ISSN: 0257-4063

© 2003 by Librairie Droz S.A., 11, rue Firmin-Massot, Genève.
All rights reserved. No part of this book may be reproduced in any form, by print,
photoprint, microfilm, microfiche or any other means without written permission.

REMERCIEMENTS

Je voudrais exprimer ma gratitude à tous ceux qui m'ont prêté assistance pendant la préparation de cette édition. A mes collègues Emmanuèle Baumgartner, Jennifer Britnell, Frank Lestringant, Robert Scheller et Susie Sutch qui m'ont fait profiter de leurs connaissances, j'adresse mes plus vifs remerciements. Je sais gré de leur soutien aux conservateurs des manuscrits et des livres rares à la Bibliothèque nationale de France et à la British Library, qui ont toujours facilité mon travail. Je suis aussi très reconnaissante à Isabelle Engammare pour sa minutieuse édition du manuscrit entier. Je voudrais remercier Jon McFarland, Tracy Wells, et Emma Bland, étudiants avancés dans le département de français et d'italien à l'Université de Californie à Santa Barbara, ainsi que Sylvie Rebel, qui ont bien voulu m'aider dans la préparation de cette édition. Je dédie ce livre à mon mari, Art Ludwig, pour son loyal soutien.

INTRODUCTION

Pierre Gringore, l'un des écrivains français les plus importants du début du XVIe siècle, est un poète souvent rapproché des rhétoriqueurs. Il s'associa aux Enfants sans souci, à la Cour royale, aux seigneurs et officiels de la ville de Paris et à la Cour de Lorraine et fut, de la sorte, un interprète de son époque. En tant que poète, traducteur, dramaturge, acteur, metteur en scène, organisateur de théâtres urbains, éditeur et même libraire, Gringore offre un point de vue à la fois politique et moralisateur sur la culture du moyen âge tardif et à la veille de la Renaissance. Entre 1499 et 1538/39 il produisit plus de vingt-cinq œuvres.

Il est donc fort regrettable que la plupart des écrits de Pierre Gringore restent aujourd'hui inaccessibles. L'édition en deux tomes des *Œuvres complètes de Pierre Gringore* publiée au XIXe siècle ne contient en fin de compte que neuf écrits de l'auteur; en outre elle ne présente pas d'éditions critiques des différentes œuvres[1]. Charles Oulmont, qui publia en 1911 les deux études les plus approfondies sur Gringore[2], n'acheva jamais l'édition des œuvres de Gringore qu'il s'était proposé de faire[3]. Il existe bien quelques éditions modernes des poèmes individuels de Gringore,

---

[1] Le premier tome des *Œuvres complètes de Pierre Gringore*, édité par Charles d'Héricault et Anatole de Montaiglon, Paris: Jannet, 1858, contient les *Œuvres politiques* de Gringore, à savoir les *Folles Entreprises*, l'*Entreprise de Venise*, la *Chasse du cerf des cerfs*, l'*Espoir de paix,* la *Coqueluche*, le *Jeu du Prince des Sotz et Mère Sotte* et le *Blazon des hérétiques*. Le deuxième tome, édité par Anatole de Montaiglon et James de Rothschild, Paris: Daffis, 1877, contient la *Vie Monseigneur sainct Loys* et l'*Obstination des Suysses*.

[2] Voir *Pierre Gringore: la poésie morale, politique et dramatique à la veille de la Renaissance*, Paris: Champion, et *Etude sur la langue de Pierre Gringore*, Paris: Champion.

[3] Voir aussi Emile Picot, *Pierre Gringore et les comédiens italiens sous François Ier*, Paris: Morgand et Fatout, 1878.

telles que le *Chasteau de Labour* d'Alfred Pollard (Edinburgh, 1905), les *Lettres nouvelles de Milan* d'E. Balmas (Milan-Varese, 1955), les *Fantasies de Mere Sote* de R. L. Frautschi (Chapel Hill, 1962) et l'*Union des Princes* d'Anna Slerca (Milan, 1977), mais certaines restent difficilement accessibles ; en outre, toutes ne tiennent pas compte des autres versions existantes de l'œuvre.

Nous nous proposons d'établir une édition critique en plusieurs volumes des œuvres de Pierre Gringore. Elle permettra aux chercheurs travaillant sur le moyen âge tardif et la Renaissance d'accéder à des poèmes qui ne sont pas toujours réédités et mettra à leur disposition l'édition complète de l'œuvre de Gringore en un seul corpus. Chaque œuvre fera l'objet d'une étude textuelle, bibliographique, littéraire, poétique et historique. La discussion générale des particularités linguistiques et philologiques des œuvres trouvera en revanche sa place dans l'*Introduction* de chaque volume.

L'édition critique des œuvres de Pierre Gringore permettra également de mieux comprendre l'évolution de sa production littéraire tout en fournissant une documentation concrète de l'influence que l'imprimerie exerça sur le premier écrivain de langue française à faire imprimer ses premières œuvres et à obtenir des privilèges pour la publication de ses écrits à partir de 1505[4]. Cependant, même si l'édition *princeps* de la plupart des œuvres de Gringore paraissaient sous son contrôle, quelques-unes furent reproduites uniquement sous forme manuscrite (e.g. *L'Entrée de Marie d'Angleterre à Paris en 1514*, *Le Couronnement, sacre et entrée de la royne Claude de France à Paris en 1517* et *La Vie Monseigneur sainct Loys*). Dans certains cas, les versions manuscrites de ses œuvres étaient données d'après des éditions imprimées (e.g. *L'Entreprise de Venise*, *Les Abus du monde*), et non pas le contraire comme on serait tenté de le croire. Plusieurs des écrits de Gringore furent si prisés qu'ils parurent en néerlandais,

---

[4] Pour des précisions à cet égard, voir Cynthia J. Brown, *Poets, Patrons, and Printers : Crisis of Authority in Late Medieval France*, Ithaca : Cornell University Press, 1995.

INTRODUCTION   11

comme *L'Entreprise de Venise*, publiée à Anvers par Michiel Hillen(ius) van Hoochstraten vers 1514, ou en anglais dans des traductions publiées par les meilleurs imprimeurs de Londres: ce fut le cas, par exemple, du *Chasteau de Labour* (Richard Pynson, Wynkyn de Worde) et de la *Complainte de Trop Tard Marié* (Wynkyn de Worde). Dans l'édition néerlandaise et dans les éditions anglaises, le nom de Gringore disparut quelquefois pour être remplacé par celui du traducteur.

Ce premier volume, intitulé *Les Œuvres polémiques de Pierre Gringore rédigées sous le règne de Louis XII*, contient les huit textes de notre auteur qui contribuèrent d'une manière significative à l'effort de propagande royale visant à gagner l'approbation des Français pour la politique offensive du roi en Italie pendant les années 1499-1513:

> *Lettres nouvelles de Milan* (c. 1500) - 39 lignes, 326 vers
> *La Piteuse Complainte de la Terre Sainte* (1500-1501) - 239 vers
> *L'Entreprise de Venise* (1509) - 238 vers
> *L'Union des Princes* (1509) - 287 vers
> *L'Espoir de paix* (1511) - 360 vers
> *La Chasse du cerf des cerfz* (1511) - 260 vers
> *Le Jeu du Prince des Sotz et Mere Sotte* (1512) -1245 vers[5]
> *L'Obstination des Suysses* (1512-13) - 134 vers

C'est la première fois que la *Complainte de la Terre Sainte* bénéficie d'une édition moderne. Quoiqu'édités par le passé, plusieurs des autres poèmes, dont l'*Entreprise de Venise* et l'*Espoir de paix*, n'ont pas fait l'objet d'éditions critiques à proprement parler, puisque leurs éditeurs n'ont pas cru bon de tenir compte de toutes les versions existantes. En outre, toutes ces œuvres n'ont jamais été publiées ensemble.

---

[5] Nous ne reproduisons dans ce volume que le *Cry*, la *Sottie*, et la *Moralité* du *Jeu du Prince des Sotz*. La *Farce* figurera dans un prochain volume.

L'Auteur

Pierre Gringore naquit probablement en Normandie vers 1475 dans un milieu bourgeois, si l'on en croit une attestation dans l'épilogue de ses *Folles Entreprises*[6]. Dans ce passage où il mentionne son dédicataire, le seigneur Pierre de Ferrières, l'auteur décrit ses ancêtres comme les anciens serviteurs de sa maison, celle de Thury et de Dangu:

> Se on demande pourquoy c'est que luy[7] livre,
> Respondre puis que mes predecesseurs
> De sa maison ont eté serviteurs,
> Lesquels je vueil ensuivir, si je puis,
> Car son subject et son serviteur suis...[8]

A l'exception de quelques détails textuels et paratextuels qu'offrent les livres imprimés de Gringore, il nous fait souvent défaut une documentation confirmant les activités de notre auteur, surtout pendant la période parisienne de sa carrière. Les premiers renseignements que nous possédons le situent à Paris à la fin du XVe siècle. Mais à la différence de plusieurs autres écrivains contemporains comme André de La Vigne, Lemaire de Belges ou Jean Bouchet, Gringore ne semble pas avoir été formé à l'université, si, du moins, l'allusion qu'il y fait dans le prologue des *Folles Entreprises* est bien autobiographique: *Je n'ay degré en quelque faculté* (fol. 2[r]). Quoique Gringore n'ait pas fait partie du même milieu intellectuel que ses compatriotes, ou peut-être pour cette raison, il n'hésita pas à s'engager dans le monde commercial de l'imprimerie, où il s'y montra fort entrepreneur. Notre auteur fut en effet l'un des premiers écrivains français influencés par cette invention récente et il fut le premier à accorder la priorité à la reproduction imprimée de ses œuvres. Même avant de se trouver contraint de chercher un protecteur officiel, Gringore

---

[6] Voir Oulmont, *Pierre Gringore*, 3-7, pour des détails concernant les origines probables de Gringore.
[7] Il s'agit du seigneur Pierre de Ferrières.
[8] Paris: Pierre Le Dru pour Pierre Gringore, 23 décembre 1505, fol. 60[r].

INTRODUCTION 13

prisait le texte imprimé. En 1499 et 1500, son entrée sur la scène littéraire fut marquée par la publication de quatre ouvrages.

Le 22 octobre 1499 la première œuvre de Gringore (au moins la première qui nous soit parvenue), le *Chasteau de Labour*, une longue allégorie moralisatrice, parut à Paris dans une édition imprimée par Philippe Pigouchet pour le libraire Simon Vostre. L'identité de ces derniers était nettement affichée sur la page de titre de l'édition, tandis que celle de Gringore ne figurait qu'à la fin du texte sous forme d'acrostiche, comme seule indication qu'il en était l'auteur[9]. La même équipe republia le *Chasteau de Labour* par deux fois, le 31 mai 1500 et le 31 mars 1501[10], ce qui indique à l'évidence le succès de cette première tentative littéraire[11]. Vers la même époque, c'est-à-dire peu après le 15 avril 1500, Pierre Le Caron imprima à Paris les *Lettres nouvelles de Milan*, premier écrit polémique de Gringore. On peut se demander s'il ne recherchait pas la protection de Louis XII avec cette publication. Pourtant, en dépit des liens qu'entretiennent la politique royale avec la polémique chez Gringore, il n'existe aucun document officiel qui confirme une association contractuelle entre notre auteur et la Cour.

Avant le 20 décembre 1500, Pigouchet et Vostre publièrent la deuxième œuvre moralisatrice de Gringore, le *Chasteau*

---

[9] Tous les acrostiches donnent l'orthographe *Gringore*, bien que la forme *Gringoire*, employée par Victor Hugo et Théodore de Banville pour leur personnage fictif, se retrouve dans quelques documents et colophons (voir, par exemple, la version G du *Jeu du Prince des Sotz et Mere Sotte*). L'orthographe *Gregoire* s'emploie dans le colophon de la version S de l'*Entreprise de Venise*.

[10] Une édition du *Chasteau de Labour* publiée par Pigouchet et Vostre le 31 décembre 1499, qui semble avoir disparu, fut probablement un retirage de la première édition du 22 octobre 1499, comme Avenir Tchémerzine le prétend dans *Bibliographie d'éditions originales ou rares des auteurs français des XVe, XVIe, XVIIe, et XVIIIe siècles*, Paris: Plee, 1932, t. VI, 27, quoiqu'il existe de légères différences entre les deux versions (voir Hugh William Davies, *Catalogue of a Collection of Early French Books in the Library of C. Fairfax Murray*, London: publication privée, 1910, I, 208-210).

[11] L'œuvre connut un succès en Angleterre aussi. Elle fut publiée dans une traduction anglaise par Richarde Pynson, Wynkyn de Worde, et d'autres entre 1500 et 1510. Voir Brown, *Poets, Patrons and Printers*, 265.

d'Amours, un autre poème allégorique qui attaquait en particulier les femmes. Le système d'acrostiches à la fin de l'ouvrage qui livre non seulement le nom de Gringore, mais aussi ceux de l'imprimeur et du libraire, suggère une collaboration entre ces trois personnes[12]. L'auteur écrivit sa deuxième œuvre polémique, la *Piteuse Complainte de la Terre Sainte*, entre juin 1500 et octobre 1501 et elle fut publiée par Pierre Mareschal et Barnabé Chaussard à Lyon, probablement parce que la Cour y séjournait souvent à cette époque-là. S'agissait-il là d'une autre tentative pour attirer l'attention du roi? Ces premiers livres démontrent que dès le début de sa carrière, Gringore décida de publier en alternance de longues œuvres moralisatrices, dont les rééditions attestent le succès durable, et des pamphlets de quelques folios pour lesquels l'intérêt du public se lassait sans doute rapidement.

Quelques documents dans les Comptes de l'Hôtel-de-Ville de Paris nous dévoilent une autre dimension de la vie de Pierre Gringore au début du XVIe siècle. Le 25 novembre 1501, Gringore, désigné comme *Compositeur*, fit présenter avec Jean Marchand, *Charpentier de la grand' coignée*, un *mystere fait au Châtelet* pour l'entrée de l'archiduc Philippe d'Autriche à Paris[13]. Pour avoir *fait & composé le mystere*, ils reçurent cent livres de la prévôté de Paris. Plus tard, lors de l'entrée du légat du pape, Georges d'Amboise, à Paris en février 1502, la prévôté de Paris paya de nouveau à Gringore et à Marchand une indemnité du même montant pour l'organisation d'un mystère[14]. Aux mêmes furent

---

[12] Pour de plus amples détails, voir Cynthia J. Brown, «The Confrontation Between Printer and Author in Early Sixteenth-Century France: Another Example of Michel Le Noir's Unethical Printing Practices», *Bibliothèque d'Humanisme et Renaissance*, LIII, 1 (1991), 110-11.

[13] Henri Sauval, *Histoire et Recherches des Antiquités de la Ville de Paris*, Paris: Moette, 1724, t. III, 534: «A Jehan Marchand, Charpentier de la grand' coignée, & Pierre Gringoire, Compositeurs, cent livres, pour avoir fait & composé le mystere fait au Chastelet à l'entrée de Mr l'Archiduc, ordonné des personnages, iceux revestus & habillés ainsi qu'en mystere étoit requis, & pareillement d'avoir fait les échafaux qui étoient à ce necessaires».

[14] «A Jehan Marchant & Pierre Gringoire, Compositeurs & Charpentiers, qui ont fait & composé le mystere fait au Chastelet de Paris à l'entrée de

INTRODUCTION

accordés cent cinquante livres pour le *mistere* représenté à la porte du Châtelet lors de l'entrée de la Reine Anne de Bretagne en novembre 1504[15]. Un autre document nous révèle que Gringore (identifié comme *Mere Sote*), avec d'autres *facteurs et inventifs*, reçut lors de la même entrée une somme supplémentaire pour la rédaction et peut-être aussi la mise en scène de tableaux :

> A M. Regné de Collerie, Jehan Versoris, Claude Lebrest, Jehan le secretaire, Mere Sote et autres tous facteurs et inventifs diceulx mistaires et esbatemens la somme de 11 livres 5 sols a eulx payee et distribuee par le dit present receveur [Jehan Hesselin] pour leurs peines et sallaires d'avoir vacqué par plusieurs journees avant lad. entrée de diviser les mistaires et mis en Ryme les dictz qui ont esté jouez esd. lieux[16].

Dès 1501, Gringore s'intéressait donc au théâtre urbain de Paris sous forme de ces tableaux vivants qu'il créa et prépara pour diverses entrées royales, ce qui l'amena vraisemblablement à côtoyer les Enfants sans souci, une troupe de joueurs de farces et de sotties. L'association entre le monde dramatique, le monde

---

Mr le Legat, ordonné des personnages, iceux revestus & habillés ainsi que audit mystere étoit requis, & pareillement d'avoir fait les échafaults qui étoient à ce necessaires, & pour ce faire, fourni le bois, cent livres » (Sauval, III, 533).

[15] « Mes Jean Marchand & Pierre Gregoire cent livres, pour par eux avoir fait les eschafaux, & fait faire le mistere sur la porte dudit Chastelet de Paris à l'entrée de Madame la Reine, qui fut par elle faire en cette Ville de Paris, quis & livré par eux les habillemens & autres choses necessaires appartenantes pour ledit mistere » (Sauval, III, 537). Marchand et Gringore avaient reçu cinquante livres pour leur travail inachevé en janvier 1502 lors des préparatifs pour l'entrée de la reine, qui finit par être remise à novembre 1504 : « A eux [Jehan Marchand et Pierre Gringoire] la somme de cinquante livres parisis, pour accomplir le mystere qui se devoit faire à l'entrée de la Reine de France lesquels ont fait & préparé la plus grande partie du mystere, pour parfaire & accomplir quand le bon plaisir sera à ladite Dame faire ladite entrée ; ainsi que lesdits Marchand & Gringoire se sont obligés pardevant deux Notaires » (Sauval, III, 534).

[16] Cité par Charles Oulmont, « Pierre Gringore et l'entrée de la reine Anne en 1504 », *Mélanges offerts à Emile Picot par ses amis et ses élèves*, Paris, 1913 ; Genève, Slatkine Reprints, 1969, t. II, 389, à partir des documents aux Archives Nationales (fol. 87^v de la série KK 416).

de l'édition et la création littéraire reste très étroite pour le reste de la carrière du poète[17].

Avant l'automne 1505, Gringore modifia le mode de publication de ses œuvres. Il se peut que tout ait été précipité par la publication le 20 décembre 1500 d'une deuxième édition et le 4 février 1501 (n. st.) d'une troisième édition de son *Chasteau d'Amours* par Michel Le Noir, qui, d'une manière assez fourbe, remplaça le nom de Gringore dans l'acrostiche à la fin de l'œuvre par le sien[18]. Quand Gringore fit publier son livre suivant, la *Complainte de Trop Tard Marié*, le 1er octobre 1505, sa signature se trouvait en acrostiche à la fin du texte, comme d'habitude. Mais pour la première fois son nom figurait aussi dans l'espace paratextuel du colophon, donné en tant qu'éditeur, l'œuvre étant imprimée *pour* Gringore[19]. Cette attitude signale la prise de conscience chez Gringore de l'importance d'associer son œuvre à son identité, identité que Le Noir avait flouée quand il imprima ses deux rééditions du *Chasteau d'Amours*. Gringore poussa même plus loin cette précaution à l'avantage d'une œuvre moralisatrice de plus longue haleine. Moins de trois mois plus tard, avant la publication de ses *Folles Entreprises* par Pierre Le Dru le 23 décembre 1505, Gringore devint le premier écrivain de langue française à obtenir un privilège d'auteur qui protégeait son œuvre contre toute impression non autorisée pendant une période d'un an. L'auteur obtint par la suite des privilèges semblables pour presque tous ses ouvrages[20]. Comme dans la *Com-*

---

[17] Pour une discussion de ces liens, voir Cynthia J. Brown, «Pierre Gringore: Acteur, Auteur, Editeur», *Cahiers V. L. Saulnier (Les Grands Rhétoriqueurs)*, 14 (1997), 145-63.

[18] Pour des précisions à cet égard, voir Brown, «Confrontation», 112-15.

[19] Nous employons le terme plutôt moderne d'*éditeur* pour parler de celui qui organisait et subventionnait la publication d'un livre au XVIe siècle. La *Complainte de Trop Tard Marié* fut aussi publiée en traduction anglaise par Wynkyn de Worde (voir Brown, *Poets, Patrons and Printers*, 266).

[20] Pour une discussion des premiers privilèges en France, surtout ceux qui furent obtenus par les imprimeurs, voir Elizabeth Armstrong, *Before Copyright: The French Book-Privilege System 1498-1526*, Cambridge: Cambridge University Press, 1990.

INTRODUCTION 17

plainte de Trop Tard Marié, le colophon des *Folles Entreprises* annonçait le statut d'éditeur de Gringore. De plus, notre auteur servait de libraire pour certaines impressions de la première édition des *Folles Entreprises*, car son adresse et la marque de Mère Sotte furent imprimées sur la page de titre, là où l'on trouvait d'habitude celles de l'imprimeur ou du libraire[21]. Cette présence paratextuelle croissante du nom de l'auteur allait de pair avec une nouvelle représentation autobiographique dans le texte propre: pour la première fois des allusions personnelles ponctuaient une œuvre de Gringore[22].

La publication des *Folles Entreprises* marquait donc un moment décisif de l'histoire de l'imprimerie et des droits d'auteur en France. Elle confirmait aussi que Gringore appartenait depuis un certain temps à l'une des troupes théâtrales populaires de Paris, les Enfants sans souci[23], et que l'on identifiait notre auteur à son rôle de Mère Sotte, principale protagoniste de ce groupe d'acteurs, à tel point qu'il pouvait en profiter dans le monde de l'édition. De plus, en même temps qu'il s'engageait à fond dans la nouvelle industrie du livre, Gringore tentait ses chances dans le système traditionnel du mécénat en dédiant ses *Folles Entreprises* au seigneur Pierre de Ferrières. Celui-ci ne semble pourtant pas avoir réagi à cette requête implicite.

Nous n'avons aucune trace des activités de Gringore entre la fin décembre 1505 et le printemps 1509, mais le poète continua certainement à jouer un rôle organisateur dans les Enfants sans souci pendant cette période, ce qui exerça sans doute les talents de polémiste qu'il déploya durant la première étape de sa carrière. En effet, au printemps 1509, au moment où les Français s'apprêtaient à combattre les Vénitiens, Gringore fit imprimer deux écrits politiques, l'*Entreprise de Venise* et l'*Union des Princes*.

---

[21] Voir Brown, *Poets, Patrons, and Printers*, 95-97.
[22] Voir 12, ci-dessus.
[23] Pour une discussion de cette troupe, voir Oulmont, *Pierre Gringore*, 11-14 et Walter Dittmann, *Pierre Gringore als Dramatiker: Ein Beitrag zur Geschichte des französischen Theaters*, Berlin: Ebering, 1923, 245-333.

Pour la première fois, le poète parvint à protéger ses textes polémiques : il avait en effet obtenu à leur avantage un privilège d'auteur dont la validité lui était assurée pour quelques mois.

Depuis trois ans, notre auteur travaillait aussi à ses *Abus du monde*, une œuvre moralisatrice de plus de trois mille vers qui fut publiée à Paris le 10 octobre 1509 par Pierre Le Dru, l'imprimeur que Gringore avait choisi pour faire paraître ses *Folles Entreprises* en 1505 ainsi que son *Union des Princes* au printemps 1509. Protégés par un privilège d'auteur d'un an et publiés par Gringore lui-même, comme le colophon l'indiquait, les *Abus du monde* connurent un grand succès et firent l'objet de nombreuses rééditions. Mais Jacques d'Estouteville, seigneur de Beyne, d'Ivry et de Blainville, à qui Gringore avait dédié l'œuvre, n'engagea apparemment pas le poète. Comme les *Folles Entreprises*, les *Abus du Monde* représentaient un travail considérable, impliquant soit que Gringore bénéficiait, en tant qu'éditeur, d'un financement suffisant à la publication de son œuvre, soit qu'il avait négocié avec son imprimeur une autre sorte d'association[24].

En août 1510 Gringore fit publier par Pierre Le Dru une petite pièce satirique de circonstance de sept folios, la *Coqueluche*, qui ne fut protégée que par un privilège d'un mois. Comme la page de titre de ses deux œuvres moralisatrices précédentes, mais non pas celle de ses publications polémiques, le premier folio portait la marque de Mère Sotte. Pour renforcer l'association entre l'ouvrage, l'auteur et son rôle théâtral, le deuxième folio portait la mention suivante : *La coqueluche co(m)posee par Pierre // Gringore dit mere sotte*. Il est à noter que Gringore afficha pendant longtemps ses liens avec Mère Sotte, mais seulement dans ses œuvres moralisatrices, parce que précisément sa critique des abus de l'époque était protégée par la personnification de la folie, anticipant en cela l'*Encomium moriae* d'Erasme (1511). En revanche, le nom ou l'image de Mère Sotte ne furent jamais

---

[24] Pour une discussion des associations entre les écrivains et les imprimeurs, libraires ou éditeurs à une époque un peu plus tardive, voir Annie Parent, *Les Métiers du livre à Paris au XVIe siècle (1535-1560)*, Genève : Droz, 1974.

INTRODUCTION   19

associés aux œuvres polémiques de Gringore, à l'exception, dont l'explication tombe sous le sens, du *Jeu du Prince des Sotz et Mere Sotte*.

Ainsi en va-t-il des deux titres publiés en 1511 qui s'en prenaient au Pape Jules II : le 14 février parut l'*Espoir de paix* et, en automne 1511, Gringore fit imprimer sa *Chasse du cerf des cerfz*. Comme pour ses écrits précédents, notre poète avait obtenu un privilège d'auteur, valable cette fois pour plusieurs mois, afin de protéger ces deux œuvres. Mais pour la première fois la mention *Cum privilegio* figurait sur la page de titre de l'*Espoir de paix*. De plus, comme dans la *Coqueluche*, l'identité de l'auteur était revendiquée dès le deuxième folio, dans le sous-titre. Mieux, le nom de Pierre Gringore comme auteur se trouvait pour la première fois en *page de titre* de la *Chasse du cerf des cerfz*, que l'écrivain avait dédiée à Germain de Ganay, évêque de Cahors, comme le prologue le confirme. Plus Gringore publiait, plus il s'imposait et plus son image se dessinait. En même temps, Gringore recourait à une méthode traditionnelle, celle de la dédicace à un mécène potentiel – mais dans le contexte nouveau de l'imprimé –, espérant une charge permanente ou à tout le moins le soutien financier d'un protecteur noble qui lui aurait permis de financer plus aisément ses entreprises livresques. Mais pas plus que Pierre de Ferrières ou Jacques d'Estouteville, l'évêque de Cahors ne semble avoir répondu à cette «requête».

Le 23 février 1512, Gringore tint le rôle de Mère Sotte dans la représentation du *Jeu du Prince des Sotz et Mere Sotte*, qui fut donnée aux Halles à Paris. Nous savons qu'il jouait cette Folle sur la scène depuis au moins sept ans ; et il semble en effet que ce fut grâce au succès personnel de Gringore que le nom de Mère Sotte devint célèbre[25]. Peu après ce spectacle public, Gringore

---

[25] Voir Oulmont, *Pierre Gringore*, 9-11, qui note qu'il n'existe aucune évidence avant Gringore de l'existence de Mère Sotte. Son *Jeu du Prince des Sotz et Mère Sotte*, ses *Menus Propos de Mère Sotte* et ses *Fantasies de Mère Sote* sont directement associés à ce rôle. Il signa de ce nom en 1525 et fut désigné comme Mère Sotte lors du jugement de la Sorbonne sur les *Heures de Nostre Dame* en août 1525 (voir ci-dessous, 25).

sortit une édition de ce qui reste son œuvre la plus connue de l'époque moderne. Pourtant, l'édition du *Jeu du Prince des Sotz et Mere Sotte* ne portait ni nom de l'auteur sur la page de titre, ni acrostiche du nom de Gringore à la fin du texte, ni privilège d'auteur. Mais un colophon signalait que l'œuvre avait été composée par et imprimée *pour* l'auteur, ce qui confirmait que Gringore avait contrôlé la reproduction du *Jeu du Prince des Sotz*. Notre poète aurait-il une attitude différente quant à la protection d'une pièce de théâtre, dont la véritable forme de publication était de fait sa représentation sur scène ?

Entre la fin juin 1512 et juin 1513 parut le dernier des poèmes polémiques rédigés sous le règne de Louis XII, l'*Obstination des Suysses*. La seule marque d'auteur que l'on y trouve est sa signature en acrostiche à la fin du texte. Gringore ne semble pas avoir obtenu de privilège pour cet ouvrage ou en avoir contrôlé la publication, à moins que la première édition ne nous soit pas parvenue. Pourtant, il restait en relation commerciale directement avec certaines associations et indirectement avec la Cour. Ce fut vers 1513 qu'il rédigea pour la Confrérie des maçons et des charpentiers parisiens la *Vie Monseigneur sainct Loys, roy de France par personnaiges*, une pièce dramatique qui ne connut pas d'édition avant le XIXe siècle[26]. En outre, grâce aux Comptes de l'Hôtel-de-Ville de Paris, nous savons que Gringore, qualifié d'*historien et facteur*, organisa une fois encore avec Jean Marchand le mystère représenté au Châtelet lors de l'entrée à Paris de la reine Marie d'Angleterre le 6 novembre 1514[27]. Pourtant, dans

---

[26] Pour une discussion de cette œuvre, voir l'édition de Montaiglon et Rothschild, tome II des *Œuvres complètes de Gringore*, v-xxxix.

[27] « A Jehan Marchand, Charpentier, & Pierre Gregoire, Historien & Facteur, demeurant en cette Ville de Paris, la somme de cent quinze livres parisis, à eux ordonnée par les Tresoriers de France, par leur Lettre du quatorze Novembre 1514, pour avoir suivant la bonne & louable coutume, & qu'il est decent faire aux entrées des Rois, Reines & Enfans de France en cette Ville de Paris à l'honneur & louange & exaltation de leurs personnes & decoration de ladite Ville, fait faire les échafauds, composé les mysteres, habits des personnages, loué tapisseries & salarié les Chantres, Menestriers & autres personnes pour servir aux mysteres qu'il a convenu faire à l'entrée de

INTRODUCTION 21

le prologue du compte rendu manuscrit de cet événement, que Gringore dédia à la reine et qui était orné de miniatures exquises représentant les scènes allégoriques déployées sur le parcours de l'entrée[28], l'auteur prétend avoir organisé plus d'un tableau vivant : *Attendu que **j'ay eu charge** par messeigneurs les tresoriers de France et de mesditz seigneurs de la ville **inventer et composer les misteres** faictz a vostre dicte entree et reception...*[29]. Gringore et Marchand reçurent encore une indemnité de cent quinze livres pour l'organisation d'un mystère lors de l'entrée du roi François Ier à Paris le 15 février 1515[30], ce qui devait coïncider avec le moment où notre poète dédia au nouveau roi un livre manuscrit de psaumes traduits du latin et d'un poème sur la guerre (BNF ffr. 2274)[31]. Quelques mois plus tard, peut-être en mai 1515, la *Sotye nouvelle des Chroniqueurs*, une pièce attribuée à Gringore, fut représentée à Paris[32].

la Reine faite en cette Ville le cinq de ce present mois au devant du portail du Chastelet de Paris, qui est le principal Siege de la Jurisdiction ordinaire ; lequel mystere a été bien & honnestement fait & accompli, & au grand nombre de personnages faisans ledit mystere qu'il a convenu audit Marchand & Gregoire salarier, les vestir & accoustrer selon la qualité des personnes qu'ils representoient, &c.» (Sauval, III, 593-94).

[28] Voir Brown, «Pierre Gringore», 149-63, pour une analyse de ce compte rendu.

[29] Londres, British Library, ms. Cotton Vespasian B. II, folio 3[r]. C'est nous qui soulignons. Ce compte rendu figurera dans le deuxième tome des *Œuvres de Pierre Gringore*.

[30] «A eux [Jehan Marchand et Pierre Gregoire] cent quinze livres parisis pour leurs peines, salaries & vacations, d'avoir fait, devisé & composé le mystere qui a été fait à la Porte de Paris, pour la decoration de l'entrée du Roi notre Sire, qui fut faite en cette Ville de Paris le quinziéme jour de ce present mois de Fevrier, ainsi qu'il est accoutumé faire d'ancienneté, comme pour les recompenser des frais par eux faits en accoustremens de draps de soye, échafaux, engins & autres choses qui leur a convenu avoir pour agréer ledit mystere» (Sauval, III, 594).

[31] Sur le livre dédié à François Ier, voir Cynthia J. Brown, «Les *Abus du Monde* de Pierre Gringore : De l'imprimé au manuscrit?» dans *La Génération Marot : Poètes français et néo-latins (1515-1550)*, Actes du colloque international de Baltimore, 5-7 décembre 1996, éd. Gérard Defaux, Paris : Champion, 1997, 35-58.

[32] Voir Emile Picot, *Recueil général des sotties*, Paris : Firmin, 1904, t. II, 201, 227-36, pour les détails sur l'attribution de cette pièce à Gringore. Selon

La publication des *Fantasies de Mere Sote*, un ouvrage moralisateur en prose et en vers, peu après le 27 octobre 1516, date du privilège royal de quatre ans obtenu par Gringore[33], marquait un changement dans la stratégie éditoriale de Pierre Gringore. A partir de cette date, l'auteur partagea la page de titre de toutes ses œuvres avec le libraire, modification qui semble avoir anticipé son départ de Paris pour la Lorraine en 1518, d'où il ne put surveiller d'aussi près la publication de ses livres et dut probablement dépendre d'un libraire sur place.

Le 4 mars 1517 Gringore reçut en tant que «composeur de farces» un paiement du duc de Lorraine, son futur maître, à Saint-Mihiel. Selon Oulmont, le poète, ayant accompagné François Ier à Bar lors du baptême du fils du duc de Lorraine, aurait été invité à présenter des divertissements[34].

De nouveau la ville de Paris paya à Marchand et à Gringore cent livres pour l'organisation d'un mystère pour l'entrée de la reine Claude de France à Paris le 12 mai 1517[35]. Comme il l'avait

---

Picot, quarante-et-un vers de cette pièce seront incorporés avec de légères modifications dans le Prologue des *Fantasies de Mere Sote*, un ouvrage que Gringore rédigeait vraisemblablement vers la même époque à en croire le privilège daté du 27 octobre 1516: *Recevé avons humble supplication de Pierre Gringore, contenant qu'il s'est appliqué à ditter et composer ung livre intitulé les Fantasies de Mere Sotte où il a vacqué par long temps...* (cité par R. L. Frautschi, éditeur des *Fantasies de Mere Sote*, Chapel Hill: The University of North Carolina Press, 1962, 223).

[33] Le privilège procuré par Gringore pour les *Fantasies* protégeait également les gravures reproduites dans l'œuvre.

[34] *Pierre Gringore*, 17. Il existe une différence entre ce qu'Oulmont cite comme paiement – «en don six florins de deux francs pièce» – et ce que Alan Hindley cite dans son édition du *Jeu du Prince des Sotz et de Mere Sotte*, Paris: Champion, 2000, 24: «A Mere Sotte, composeur de farces, en don 10 fr. 2 fr. pièce, appert par mandement de mon dit Seigr. Donné à Sainct Mihiel, le 4e jour de mars 1517 (Chambre des Comptes de Lorraine, B. 1022, f° 54[v])».

[35] «Me Pierre Gregoire, Compositeur & Historien, & Jehan Marchand Maistre Juré Charpentier, cent livres parisis, pour par eux avoir fait faire le mystere qui a été fait devant le Chastelet le jour que la Reine a fait son entrée en cette Ville de Paris, suivant le devis & marché fait avec eux par le Lieutenant Criminel, Procureur du Roi & Greffier audit Chastelet, attaché

INTRODUCTION

fait pour Marie d'Angleterre, notre auteur offrit à la reine Claude un compte rendu des différents spectacles urbains mis en scène pour l'occasion. Au détour d'une allusion, il laissa entendre derechef qu'il avait été chargé d'organiser tous les tableaux allégoriques: *De par la ville on m'a charge donnee / Que **du tout fust a mon vueil ordonnee***[36].

Chargé de présider «aux rejouissances du carnaval» en 1518, Gringore reçut du tissu de «Monseigneur» de Lorraine pour la fabrication des costumes[37]. Quelques mois plus tard – vers le 5 avril –, et deux ans après que François Ier défendit la représentation de sotties et de farces, Antoine, duc de Lorraine et de Bar, conféra à Gringore l'office du héraut d'armes au titre de *Vaudemont*[38]. Il passa les vingt dernières années de sa carrière à la Cour de Lorraine. Dès que Gringore devint le héraut d'armes du duc de Lorraine, le nom de son mécène figura avec le sien dans le colophon, puis sur la page de titre de toutes ses publications.

Un mois après sa nomination en Lorraine, le 30 mai 1518, Gringore épousa Katherine Roger[39]. Les comptes du trésorier général pour l'année 1517-1518 fournissent des détails sur deux

  à l'Ordonnance des Tresoriers de France sous l'un de leurs signets le vingtiéme May 1517» (Sauval, III, 596-97).
[36] Nantes, Bibliothèque municipale, ms. 1337, folio 1[v], vv. 1-16. C'est nous qui soulignons. Ce compte rendu figurera dans le deuxième tome des *Œuvres de Pierre Gringore*.
[37] Voir Henri Lepage, *Pierre Gringore: extrait d'études sur le théâtre en Lorraine*. Nancy: Reybois, 1849, 23, n. 1: «Délivré à Mere Sotte, par le commandement de Monseigneur, trente et une aulnes frize vert pour faire six accoustremens et six bonnetz de momeries».
[38] Dans *Pierre Gringore*, Nancy: A. Lepage, 1865, 7-8, Henri Lepage cite le Registre des Lettres-patentes de 1516 à 1519, Archives du département de la Marthe: «Retenue de huissier d'armes en l'ostel Monseigneur le duc pour Pierre Gringoire, qui est expert et compositeur de livres, moralitez, dictiers notables en ryme, dont il a donné recréation et passe-temps à mondit seigneur le Duc..., pour soy servir de luy ondit office, aux gaiges...ondit office appartenant, ainsi que autres huissiers de pareille retenue ont accoustumé avoir du passé, tant qu'il plaira à mondit seigneur».
[39] Lepage, *Pierre Gringore*, 6, cite le registre des mariages de la paroisse Saint-Jean-en-Grève de Paris (1518-38), qui confirme leurs fiançailles le 29 mai 1518 et leur mariage le 30 mai 1518.

dons de vêtements le 2 juillet et le 13 décembre 1518, un don de dix florins le 26 octobre, et les gages que Gringore reçut le 21 novembre 1518 : soixante-douze francs[40]. Dans les comptes de 1519-20 les gages de Gringore furent portés à la somme de quatre-vingt-trois francs quatre gros pour dix mois ; à partir de 1520-21, cette somme se monta à cent vingt francs. En outre, entre 1519-1520 et 1530-31, Gringore reçut des sommes supplémentaires tous les deux ou trois ans[41].

En septembre 1518, Gringore fit un voyage à Paris, probablement pour surveiller la publication de ses ouvrages[42]. Plusieurs mois plus tard, en février 1519, nous trouvons notre auteur à Lunéville, lors d'une représentation d'une de ses pièces devant le duc Antoine[43]. Selon Lepage, Gringore accompagna ce dernier dans son expédition contre les paysans d'Allemagne à St-Hippolyte en août 1519, ce qui fournit vraisemblablement l'inspiration pour son *Blason des Hérétiques* qui fut publié cinq ans plus tard[44].

Dès 1521 et probablement bien avant cette date, en tout cas longtemps avant Clément Marot, Gringore commença à traduire les Psaumes de David, tâche qui semble bien avoir occupé l'auteur jusqu'aux dernières années de sa vie. Ces traductions se trouvent dispersées dans plusieurs ouvrages différents, y compris dans les *Menus Propos* qu'il fit publier en décembre 1521 (avec le

---

[40] Lepage, *Extrait*, 22, n. 2.

[41] Lepage, *Extrait*, 26, n.1. Dans ces documents, notre auteur est désigné comme *Mere Sotte*, *Wauldemont*, *Pierre Gringoire*, ou *Gringoire dit Vaudemont*.

[42] «A Pierre Gringore, huissier d'armes…vingt florins, deux frans piece… pour faire son veaige à Paris. Par mandement donné à Condé le 12e jour de sept. 1518» (Lepage, *Extrait*, 23, n. 2).

[43] «A Mere Sotte pour aider à sa despence, avec autres boutés hors de Lunéville pour l'inconvénient [de la peste] survenu en leur logis…neuf frans…A luy vint frans…pour despens qu'il a soustenuz en accoustremens pour jouer farces devant Monseigneur le Duc. Par mandement donné à Lunéville le 24e jour de février 1518 [1519 n.s.]» (Lepage, *Extrait*, 23, notes 3-4).

[44] «Par mandement donné à Nancy, le 16 août 1519, une somme de 50 francs est donnée à maistre Pierre Gringore, dit Meresotte, pour l'achat d'un courtault» (Lepage, *Extrait*, 23-24, n. 5).

INTRODUCTION   25

Testament de Lucifer) et dans les *Heures de Nostre Dame* qui parurent vers 1525[45], une œuvre commandée par Renée de Bourbon, duchesse de Lorraine. Ce dernier livre finit par être condamné, et sa vente prohibée en août 1525 par la Faculté de Théologie de l'Université de Paris, qui cherchait surtout à contrôler la publication du *Nouveau Testament* de Jacques Lefèvre d'Etaples. Gringore réussit pourtant à circonvenir cette condamnation en faisant imprimer à Paris le 15 novembre 1525 les *Heures de Nostre Dame*, ayant même obtenu un privilège du roi[46]. La disparition dans des éditions plus tardives des *Heures* d'une gravure sur bois d'un sujet quasi-hérétique constitue un autre exemple de la manière dont Gringore eut maille à partir avec la censure. La gravure représentant Gringore en lieu et place du Christ, bafoué par les comédiens italiens que lui préférait François Ier, disparaît des éditions des *Heures* à partir de 1528[47].

Bien que le rôle joué par Gringore dans la redaction du *Mystère des Trois Doms*, représenté le 25 mai 1526 à Romans, reste ambigu, il finit par écrire le *Voyage et Oraisons du Mont Calvaire de Romans en Dauphiné* suite à une commande de la même ville[48]. Gringore assista au baptême du fils du duc de Lorraine en l'église

---

[45] Les autres endroits où parurent les traductions de psaumes de Gringore furent dans le livre manuscrit qu'il avait offert à François Ier (BNF ffr. 2274); la *Paraphrase et devote exposition sur les sept...Pseaumes...penitentiels*, une œuvre publiée par Charles Langelier en 1541 après la mort de Gringore, ainsi que dans une anthologie manuscrite posthume des psaumes traduits par plusieurs autres auteurs, y compris Clément Marot et Maurice Scève (BnF ms. ffr. 2336). Pour une discussion de ces œuvres, voir Brown, «*Abus du Monde*», 39-41. Avant 1525 parut une autre traduction de Gringore, la *Quenouille spirituelle*. Il s'agissait d'un dialogue entre le Christ et une jeune fille rédigé à l'origine en latin par un certain Jean de Lacu, chanoine de Lille.

[46] Pour des renseignements sur le contexte historique et théologique, voir Francis M. Higman, *Censorship and the Sorbonne*, Genève: Droz, 1979, 77-79 et Michel Jeanneret, *Poésie et Tradition biblique au XVIe siècle*, Paris: Corti, 1969, surtout 35-42.

[47] Pour plus de détails, voir Picot, *Pierre Gringore*, 17-27 et Oulmont, *Pierre Gringore*, 25-26.

[48] Voir Picot, *Recueil des Sotties*, 112-13 et Oulmont, *Pierre Gringore*, 20.

Saint-Max de Bar-sur-Aude le 10 novembre 1524[49]. Notre auteur sortit son *Blazon des Hérétiques* en 1524 et vers 1525 parut sa *Complaincte de la Cité Crestienne*. Alors que Gringore n'avait pas hésité à condamner l'Eglise catholique dans les *Folles Entreprises*, le *Jeu du Prince des Sotz* et les *Abus du monde*, datant toutes de sa période parisienne, ces dernières œuvres relèvent d'une prise de position plus conservatrice dans leur attaque des Luthériens. Il s'avérait alors très dangereux d'être suspecté d'hérésie. Peut-être Gringore fut-il également influencé par son protecteur, puisqu'on le trouve mêlé à la soi-disante guerre des Rustauds quand le duc de Lorraine l'envoya le 16 mai 1525 comme intermédiaire diplomatique auprès des paysans lorrains afin de les dissuader de s'unir aux Alsaciens luthériens. Ses efforts échouèrent et une série de massacres par les hommes du duc en résulta[50]. Gringore ne peut donc pas être compté parmi les intellectuels ou humanistes qui s'associèrent aux réformateurs évangéliques de l'époque, mais les satires virulentes de l'Eglise romaine et le gallicanisme que dévoilaient ses écrits polémiques des années 1505-1512 l'associent indirectement à la tradition critique médiévale qui préparait la Réforme.

A la fin des années vingt, l'une des périodes les plus actives de Gringore, le poète se montra aussi engagé qu'auparavant dans la composition et la publication de ses œuvres. Le 1er février 1528 n. st. Simon Du Boys imprima les *Notables, enseignemens, adages et proverbes*, un vaste recueil de sentences et d'apophtegmes. L'identité de l'auteur s'annonçait comme *Pierre Gringoire dit Vauldemont* sur la page de titre et dans le colophon, qui portait aussi un *privilege du roy* de quatre ans, obtenu par Gringore le 15 novembre 1527. Le célèbre libraire Galliot Du Pré servit d'éditeur de cette impression.

En 1532 les «bons et agreables services» de Pierre Gringore furent récompensés par le duc Antoine avec deux nouvelles

---

[49] Lepage, *Pierre Gringore*, 11.
[50] Voir Oulmont, *Pierre Gringore*, 23-24 et Lepage, *Pierre Gringore*, 11.

pensions, l'une en argent, l'autre en blé[51]. Il se trouve qu'avant cette année Gringore habitait le palais ducal avec les autres serviteurs et officiers. Ces nouveaux gages impliquent qu'à partir de 1532 Gringore prit un logement en ville. D'après les comptes de 1534[52], on sait que Gringore continua de donner des représentations devant le duc de Lorraine et que sa pension fut augmentée à 150 francs, mais il paraît qu'il ralentit alors ses activités, car il n'existe aucune autre mention de sa carrière théâtrale. Il travaillait pourtant à la traduction des psaumes pendant cette période, puisque la *Paraphrase et devote exposition sur les sept... Pseaumes... penitentiels* fut publiée en 1541, quelques années après son décès. Pierre Gringore mourut à la fin de l'année 1538 ou au début de la suivante[53].

Œuvres de Pierre Gringore[54]

31 décembre 1499	*Le Chasteau de Labour*
avant le 20 décembre 1500	*Le Chasteau d'Amours*
après le 15 avril 1500	*Lettres nouvelles de Milan*
entre le 1er juin 1500 et octobre 1501	★ *La Piteuse Complainte de la Terre Sainte*
1er octobre 1505	*La Complainte de Trop Tard Marié*
23 décembre 1505	*Les Folles Entreprises*

---

51 «Monseigneur le Duc a de nouvel donné et assigné par manière de pension, sur la recepte du receveur, à Gringoire, dit Vaudémont, hérault d'armes, chacun an, la somme de soixante francs qu'il lui a donnée par manière de pension, jusques à son bon plaisir, pour aydier a subvenir à son vivre et entretenement de son maidnaige, en lieu de la livrée qu'il avoit et prenoit en l'hostel de mondit seigneur...» (Lepage, *Pierre Gringore*, 12).

52 Lepage, «*Extrait*», 12-13.

53 Voir Lepage, *Pierre Gringore*, 13 et Oulmont, *Pierre Gringore*, 26-27 pour les mentions de Gringore dans les comptes entre 1525 et 1538.

54 Les dates de publication de la première édition existante des imprimés sont données ci-dessous; les astérisques désignent les œuvres qui n'ont jamais bénéficié d'une édition moderne.

14 mars-2 avril 1509	*L'Entreprise de Venise*
10 octobre 1509	★*Les Abus du Monde*
10 avril-14 mai 1509	*L'Union des Princes*
14 août 1510	*La Coqueluche*
14 février 1511	*L'Espoir de paix*
vers octobre 1511	*La Chasse du cerf des cerfz*
après le 25 février 1512	*Le Jeu du Prince des Sotz et Mere Sotte*
fin juin 1512-juin 1513	*L'Obstination des Suysses*
c. 1513	*La Vie de Monseigneur saint Louis*
après le 6 novembre 1514	*L'Entrée de Marie d'Angleterre à Paris*
avant le 15 février 1515	★*Poèmes pour François Ier*
mai 1515	*Sotye nouvelle des Croniqueurs*[55]
fin 1516-début 1517	*Les Fantasies de Mere Sotte*
après le 12 mai 1517	★*Le Couronnement sacre et entrée de la Royne Claude de France à Paris*
1521	★*Les Menus propos*
	Le Testament de Lucifer
vers avril 1523	★*Le Voyage et Oraisons du Mont Calvaire de Romans en Dauphiné*
après le 21 décembre 1524	*Le Blazon des Hérétiques*
	★*Les Heures de Nostre Dame*
avant 1525	★*La Quenouille spirituelle*
1525	★*La Complaincte de la Cité Crestienne*
1er février 1528	★*Notables, enseignemens, adages et proverbes*
ca. 1528	★*Chants royaulx*
1541	★*Paraphrase et devote exposition sur les sept…Pseaumes…penitentiels*

---

[55] C'est la seule œuvre dans cette liste qui ne contienne pas d'indication du nom de Gringore. Voir la note 32 ci-dessus.

Les formes métriques

Quoique chaque œuvre étudiée dans ce premier volume comporte une étude métrique – on trouve en effet des usages suffisamment diversifiés en raison de la nature variée des poèmes individuels –, quelques remarques liminaires s'imposent. Une des variations les plus manifestes qui apparaît à l'étude des huit œuvres polémiques qui datent de ca. 1500 à ca. 1513 c'est que Gringore abandonne après 1501 sa préférence pour la césure épique. Il l'emploie pour 31% des vers de la *Piteuse Complainte de la Terre Sainte*, mais seulement pour 1% des vers de l'*Obstination des Suysses*. En revanche, la césure lyrique, qui ne se trouvait qu'à concurrence de 2% des vers de la *Piteuse Complainte de la Terre Sainte*, finit par marquer 28% des vers de l'*Obstination des Suysses*. Quoiqu'il choisisse toujours le vers décasyllabique, le vers octosyllabique ou une combinaison des deux, Gringore adopta une variété étonnante de formes strophiques dans ces huit œuvres. On y trouve des cinquains, des sixains, des septains, des huitains, des neuvains, des dizains et des douzains; des rimes suivies; des rondeaux, des ballades et un chant royal. Mais le poète semble avoir préféré le neuvain décasyllabique un peu plus que les autres formes, ce qui est assez surprenant étant donné qu'il ne s'agit pas d'une forme classique à l'époque. En outre, sept des huit œuvres polémiques se terminent par un huitain décasyllabique qui permet à Gringore d'y afficher son nom en acrostiche.

Etude Linguistique[56]

Les formes linguistiques et grammaticales employées par Pierre Gringore dans ses œuvres polémiques relèvent des systèmes ancien et moderne, ce qui n'est pas inattendu de la part

---

[56] Puisque les deux lettres en prose qui ouvrent les *Lettres Nouvelles de Milan* (ll. 1-23) ne sont pas de la main de Gringore, nous ne les avons pas considérées dans notre étude linguistique. Nous avons pourtant tenu compte des lignes dans le sommaire des fêtes à Paris (ll. 30-39). Les abréviations suivantes se rapportent aux textes individuels cités dans cette section: CC: *La Chasse du cerf des cerfz*; EV: *L'Entreprise de Venise*; EP: *L'Espoir de paix*; JPC:

d'un poète qui s'exprime en moyen français. Les exigences de la rime ou de la métrique d'un vers déterminent souvent les choix de notre auteur. Dans tous nos textes, le pluriel n'a normalement pas la consonne finale ; par exemple, dans la *Piteuse Complainte* on en trouve une trentaine d'exemples (voir : *discors,* v. 17 ; *accors,* v. 141 ; *estandars,* v. 168). Mais la consonne finale y figure également, dix-huit fois, par exemple dans le même texte (voir : *discordz,* vv. 108, 166 ; *accordz,* v. 18 ; *arcs,* v. 170). Comme pour le substantif, un certain nombre d'adjectifs masculins au pluriel laissent tomber la consonne finale avant d'ajouter un *s* ; dans la *Piteuse Complainte* on trouve les exemples suivants : *grans* (vv. 17, 188), *recors* (v. 19), *puissans* (v. 20), *fors* (vv. 20, 141), *contens* (v. 66), *blans* (v. 173). Dans d'autres cas la consonne finale est présente : *petits* (v. 232). Ces distinctions caractérisent tous les textes de cette époque, et non pas ceux de Gringore en particulier.

Le nom et l'adjectif

Les œuvres polémiques de Gringore reflètent la désagrégation de la déclinaison, qui a caractérisé le moyen français. Il ne reste que quelques vestiges de l'ancienne flexion casuelle, ce qui distingue ces écrits de la *Ressource de la Chrestienté,* par exemple, rédigée par André de La Vigne six ou sept ans auparavant. Ainsi, le cas-sujet singulier présente des formes en *-z* ou en *-s* :

Le **prelatz** est alimenté	(TS 197)
Riens pire ne est que les obstinez foulz.	(OS 36)
Riens n'est pire que le povre orgueilleux.	(OS 117)

Une forme du cas-régime singulier en *-s* subsiste aussi :

Qui ne saulve son ame ne faict **riens**	(UP 279)
Riens ne jugez juste ne raisonnable.	(OS 38)
...il n'y a **riens** bien fait s'il ne l'a faict.	(OS 51)

Le Cry du *Jeu du Prince des Sotz* ; JPS : *La Sottie* du *Jeu du Prince des Sotz* ; JPM : *La Moralité* du *Jeu du Prince des Sotz* ; LN : *Lettres nouvelles de Milan* ; OS : *L'Obstination des Suysses* : TS : *La Piteuse Complainte de la Terre Sainte* ; UP : *L'Union des Princes.*

Dans tous les autres textes examinés dans ce premier tome, on trouve la forme *rien*[57].

Le genre des substantifs. Quelques exemples de substantif au féminin, là où il est au masculin en français moderne, se présentent dans les écrits polémiques de Gringore : *triumphe **solennelle*** (LN 151), *en **vraye** amour* (TS 54), *amour **singuliere*** (EV 233), *bien **longue** espace* (UP 244), ***une** amour **familliere*** (EP 261), ***une** bien **grande** espace* (CC 134), *de **toutes** ages* (JPC 5)[58], *sans **nulles** intervalles* (JPC 8). En revanche, le nom *affaire*, qui est féminin en français moderne, est modifié par un adjectif masculin trois fois : ***cest** affaire* (EP 5), *de **bon** affaire* (CC 194, JPS 558). Dans deux autres cas, un adjectif masculin modifie un nom qui est féminin en français moderne : *Plus **dru** que paille* (LN 28), *a **mon** memoire* (JPM 138).

La forme féminine des adjectifs épicènes. Dans presque tous les textes polémiques de Gringore, de nombreux exemples (14) témoignent de la survivance de l'ancienne forme de l'adjectif *grand* de la seconde classe des adjectifs, qui possédait la même forme au masculin et au féminin en ancien français[59] : ***grant** noblesse* (LN 54), *de **grant** maison* (TS 159), ***grant** fierté* (EV 185), *de Troye la **grant*** (UP 111), ***grant** contriction* (EP 31), *a **grant** cource* (JPS 422), *notre **grant** follie* (JPM 151), ***grant** puissance* (JPM 237)[60]. Pourtant Gringore emploie la forme moderne dix fois : *bien **grande** assemblee* (LN 57), *c'est offence trop **grande*** (UP 179), *une **grande** comette* (EP 153), *ses forestz **grandes*** (CC 75), *une bien **grande** espace* (CC 134), *une **grande** assemblee* (JPS 218), ***grande** perte* (JPM 248)[61]. Il se peut que les exigences métriques du vers

---

[57] En effet, la forme *rien* se trouve dans la version *M* de l'*Obstination des Suysses*.
[58] Mais on trouve ce substantif au masculin aussi : *nostre **vil** aage* (CC 16).
[59] Cette ancienne forme ne se trouve pas du tout dans la *Chasse du cerf des cerfz*. Le seul exemple de *grand* dans l'*Obstination des Suysses* modifie un substantif au masculin singulier : ***grant** orgueil* (19). Il est donc impossible de déterminer s'il s'agit d'une forme ancienne ou moderne.
[60] Voir aussi LN l. 38, UP 158, EP 109, 195, JPM 60, 298.
[61] Voir aussi UP 238, CC 139, JPS 440.

aient influencé les choix de Gringore quant à la forme féminine de *grand*.

Telle modifie un substantif féminin au singulier plus souvent que *tel* (EV 27, EP 219, CC 147, JPS 354, JPM 307, OS 57[62]). Dans un seul cas, *tel* s'emploie au lieu de *telle*, vraisemblablement pour maintenir le vers décasyllabique: *Plus n'applicquez **tel** chose a vostre usage* (UP 104). Aucun exemple de la forme au féminin pluriel ne se présente dans ces œuvres.

Le comparatif et le superlatif. Pour marquer le comparatif analytique Gringore recourt la plupart du temps au système moderne:

>   Les infidelles **plus despis que** liepars,
>   Paillars, pillars, et infames pendars   (TS 124-25)
>   Veniciens, comment cuidez vous estre
>   De fer, d'acier **plus que** aultres gens ne sont?   (UP 250-51)
>   **Moins** sont **piteux que** n'est la loupve cerve   (OS 16)
>   Riens n'est **pire que** le povre orgueilleux   (OS 117)

Cependant quelques cas de comparatif non conformes au français moderne apparaissent:

>   Car vous aymez **mieulx** ducatz et deniers
>   **Que** ne faictes vostre salvation.   (EV 187-88)
>
>   ...Vostre intention
>   N'est pas **telle comme** vous dictes   (JPM 306-07)

Pis s'emploie quelquefois comme adverbe au comparatif: *Vous faictes **pis que** je ne fais* (JPM 399); *Ypocrisie vault **pis que** une dyablesse* (JPM 514).

Une expression ancienne s'emploie dans un texte pour renforcer l'adjectif, quoique celui-ci ne s'accorde pas avec le substantif, vraisemblablement à cause des exigences poétiques: *Tu as des biens **tant que** merveille* (JPS 316). La version *M* de cette œuvre offre une leçon plus moderne: *Tu as des biens **plus que***

---

[62] Dans cet exemple – *une province **telle*** – ainsi que dans deux autres cas au masculin (CC 9, JPS 537), la forme est postposée.

merveille. L'exemple suivant offre une autre forme ancienne: ***Tant plus** ilz sont travaillez, **tant myeux** vault* (CC 107).

Dans la plupart des cas l'article défini introduit le superlatif relatif, comme en français moderne:

Tousjours nous tenons **des plus fors**	(LN 106)
Le plus saige rien n'y entend	(JPS 43)
Je voy **les plus grans** empeschez	(JPS 301)
Pugnicïon **les plus hardis** rabaisse	(JPM 498)

Mais, dans l'un des cas, une forme ancienne du superlatif apparaît, non pas avec l'adjectif, mais avec le participe présent, sans doute pour maintenir la rime avec le vers précédent:

> Consydere que le preux roy Loÿs
> Te veult priser et te faire puissante;
> C'est **la** chose que **plus** est desirante. (EP 330-32)

On relève l'usage fréquent de *tres* au superlatif absolu, comme une sorte de préfixe devant un adjectif ou un adverbe, comme dans les exemples suivants: *son **tresjuste** pasteur* (LN 87), ***treffort** prisez* (TS 97), ***tresnobles** enfans* (EV 122), *le **tresillustre** et **trescrestien** roy* (EV 134), *pecune...**tresmal** acquise* (EV 204), *les bons et **tresdevotz** chrestiens* (UP 67), *O **tressaincte** Eglise militante* (EP 329), *a **tresgrant** tort* (EP 101), *mon cher filz **tresaymé*** (JPS 201), *mort **tresapre** et cruelle* (JPM 217). *Bien* fonctionne souvent comme *tres*: *Car on fait guerre a **bien** peu d'achoison* (TS 162), *elle a eu **bien** petit de duree* (EP 4), *une **bien** grande espace* (CC 134).

Observations générales. Deux cas se présentent où la forme *maint* s'accorde avec le substantif le plus proche dans une série de plusieurs substantifs: ***maint** homme et femme* (TS 30), ***mainte** femme et fille* (JPM 407). L'ancien adjectif *mal* s'emploie deux fois à la forme féminine: *en **malle** heure* (LN 193), *vostre **male** meschance* (EV 72). Quelques autres adjectifs se présentent dans leur forme ancienne: *ung **mol** lict* (CC 3), *nostre **vil** aage* (CC 16), *poil **nouvel*** (CC 98), ***vieil** serf rusé* (CC 117), ***vieil** cerf* (CC 135), *ung **vieil** cheval* (JPM 111). Cependant un de ces textes recèle l'emploi moderne de *vieux* quand la forme masculine est postposée: *serf... rusé ou **vieux*** (CC 252). D'autres adjectifs sont des néologismes inventés pour garder la rime: *hereditable* (EP 278), *merveillables* (JPS 208), *permanable* (JPM 104), *medicinable* (JPM 118), *erronicque* (JPM 190, 482), *scienticques* (OS 39). Gringore invente aussi des substantifs tel que *Promission* (UP 276).

La préposition *de*, qui se place entre le pronom indéfini et l'adjectif qui le modifie en français moderne, est souvent absent des textes de Gringore: *A cueur vaillant **rien** impossible* (TS 92), *il n'y a **riens** bien fait* (OS 51).

Les Déterminants

La manière dont Gringore emploie les déterminants dans ses œuvres polémiques rédigées entre 1500 et 1513 reflète une position à mi-chemin entre l'ancien français et le français moderne, car on trouve des vestiges des formes anciennes au milieu des formes plutôt modernes, dont il se sert plus fréquemment.

L'article. Comme c'est souvent le cas en ancien français et en moyen français, l'absence d'un article devant le substantif est très fréquente, surtout quand le nom est abstrait ou au pluriel[63]. Un même texte contient à la fois des exemples du système ancien et du système moderne:

Que commectés faisans a autruy guerre	(OS 53)
Que incessamment ilz vous feront **la** guerre	(OS 123)
L'orgueil des folz par vertu fault abbattre	(OS 108)
Orgueil conduict larrons mal advertis	(OS 132)

Si l'article précède le substantif, il ne se retrouve normalement pas devant les autres substantifs de la même énumération, conformément au moyen français: *soubz **les** boys et ramees* (CC 93), *en*

---

[63] Dans le *Jeu du Prince des Sotz et Mere Sotte*, par exemple, Gringore ne place pas d'article devant le substantif dans presque 50% des cas: il en est absent cent trente-six fois et présent cent cinquante-neuf fois dans la *Sottie*. Dans la *Moralité* Gringore omet l'article cent trente-neuf fois, mais il l'utilise cent quarante fois. Par contre, dans l'*Obstination des Suysses* Gringore emploie un article devant le nom dans quarante-et-un cas, mais il omet de l'employer soixante-dix fois.

ung *buisson et ysle* (CC 103), **aux** *rivieres ou estangs* (CC 128), *comme* ***ung*** *tor ou lyon* (CC 221), **les** *folz et saiges* (JPM 245), **Des** *corporaulx et chasubles se vestent* (OS 96), **Les** *bledz et fruictz gastent dessus les champs* (OS 101). Dans ces cas, l'article s'accorde avec le nom le plus proche. Mais, le plus souvent, il n'existe aucun article devant une série de mots:

>   Debatz, arguz et altercatïon
>   Fut entre clercs...   (EP 145-46)
>
>   Fait tyrer traictz, canons et coulevrines,
>   Courtaulx, faulcons, bombardes, serpentines   (EP 199-200)
>
>   On congnoist bien que les Venitïens
>   Villes, citez et chasteaulx detenoient...   (EP 313-14)

Pourtant, on dénombre des cas tels que: ***le*** *corps et* ***l'****ame* (JPS 251).

Le partitif est absent la plupart du temps; dans les rares cas où il apparaît, il relève normalement de l'ancien système, comme les exemples suivants le montrent:

>   Quant on leur demande denare...   (LN 138)
>   Pompes, orgueil, bobance, vanité
>   Aux Crestïens l'ennemy habandonne...   (TS 51-52)
>   Voulant user **de** fraulde et de rapine   (EP 293)

L'emploi moderne, surtout au singulier, apparaît moins souvent:

>   J'ay veu **des** choses merveillables   (JPS 208)
>   On y donne **des** coups de fouetz   (JPS 465)
>   Je boys **de** l'eaue, je mangeuz **du** pain   (JPM 296)

D'autres usages grammaticaux, relatifs à la présence ou l'absence de l'article, reflètent les particularités du moyen français. Le mot *autre*, dans sa forme adjective ou pronominale, se présente souvent sans article, surtout au singulier:

>   **Autre** plaisance vous fault querre   (LN 310)
>   Mais maintenant il court **autre** saison   (TS 161)
>   Les cerfz marins d'**autre** nature sont   (CC 100)
>   **Autre** chose ne vouloit procurer.   (CC 165)

Le corps bieu, c'est **autre** viande	(JPS 234)
Je vous prie, parlons d'**autre** cas.	(JPS 585)
...ungs vouloient soustenir...	
autres disoient que non	(EP 146-48)
Doit **autre** que moy dominer?	(JPS 387)
Quant l'a mengé, **d'autre** en vient demander.	(OS 84)
C'est leur mestier, **autre** n'en veullent querre.	(OS 124)

Néanmoins, on trouve également **ung autre** (LN 199), ***d'aultres*** (EV 118), et ***les autres*** (CC 73, JPS 302).

L'adjectif indéfini *tout* s'emploie souvent sans article défini: *a* **tous** *Françoys* (LN 30), **toutes** *pars* (TS 122, CC 175), **toute** *Ytalie* (EV 11), **toutes** *choses* (EP 36), **tous** *royaulmes* (EP 177), *de* **tous** *mondains* (EP 214), *a* **tous** *princes* (UP 204), **tous** *bons servans* (CC 153), **toutes** *sottes* (JPC 12), *en* **toutes** *provinces* (JPS 474), **tous** *humains* (EP 286, JPM 106), **tous** *hommes* (OS 45). Pourtant cet indéfini s'emploie aussi avec l'article défini, souvent avec les mêmes substantifs: **tous les** *autres Bourguignons* (LN l. 10), **tous les** *jours* (TS 34, JPM 122), **tous les** *mondains* (EV193), **tous les** *humains* (UP 115), **tous les** *souffreteux* (JPS 127). Gringore utilise aussi l'ancienne forme *trestous* comme pronom: *Nous serons* ***trestous*** *cardinaulx* (JPS 463), *Je vous supplie a* ***trestous*** *qu'on l'efface* (JPM 543).

Comme *autre* et *tout*, *tel* se présente très souvent sans article: **telle** *terre* (EV 27), **tel** *don* (EV 143), **telz** *motz* (EP 288), *chargez de* **tel** *vice* (UP 97), **telle** *ruse* (CC 147), **telz** *fatras* (JPS 224), **telz** *bellicateurs* (OS 19). *Tel* s'emploie moins souvent avec l'article indéfini, comme en français moderne, mais il se place quelquefois après le substantif: **ung** *remors* **tel** (CC 9), **ung** *cas* **tel** (JPS 537), **une** *province* **telle** (OS 57). Un exemple contient le pronom *chacun* avec l'article indéfini: *A* **ung** *chacun* (UP 107).

Les pronoms et les adjectifs démonstratifs. Les formes démonstratives dans les œuvres polémiques de Gringore relèvent des systèmes ancien et moderne[64]:

---

[64] La plus petite typographie dans le schéma ci-dessus indique un emploi moins fréquent de ces formes.

	Adjectif	Pronom
Masculin: Singulier	**CE, CEST** ICELLUY	**CELUY, CELLUY** ICELUY, ICELLUY, ICELUI CIL, CESTUY
Pluriel	**CES (SES)**	**CEULX,** ICEULX
Féminin: Singulier	**CESTE** CELLE	**CESTE CY, ICELLE**
Pluriel	**CES (SES)**	—
Neutre:		**CE (SE),** CELA, CECY

Dans la plupart des cas, les formes démonstratives s'accordent avec le français moderne, mais certaines relèvent de l'ancien système. Dans ses œuvres polémiques, Gringore emploie comme adjectif *cest*, qui précède un substantif masculin au cas régime commençant par une voyelle: en *cest estrif* (UP 146), *chascun sçait cest affaire* (EP 5). *Icelluy* et *ceste* sont tantôt des adjectifs tantôt des pronoms. Pourtant, *icelluy* se présente comme adjectif démonstratif au masculin singulier seulement trois fois: **icelluy** *duc* (EV 114), **icelluy** *roy* (UP 136), **icelluy** *preux* (UP 164). *Ce* lui est préféré. Comme adjectif démonstratif au féminin singulier *celle* apparaît deux fois – *a* **celle** *fin* (UP 245, CC 131) –, tandis qu'on trouve *ceste* au moins dix fois.

Quant aux anciennes formes des pronoms démonstratifs, *iceluy* (*icelluy, icelui*), *cil* et *cestuy* s'emploient comme pronoms démonstratifs au masculin singulier, mais moins souvent que leur équivalent en français moderne, *celuy* (*celluy*): *les regretz d'***iceluy** (LN l. 39b-c), *Mais* **icelluy** *qui estoit ordonné* (EP 19), *Mais* **icelui** *qui serf des serfz a nom* (CC 94), **Cil** *la porte qui deust garder la loy* (EP 96), **Cil** *qui mal vit en fin a son payement* (EP 280), **cil** *qui est ignare* (OS 49), **Cil** *qui ce fait agneau, loup le devore* (OS 126), *comme* **cestuy** (CC 147). *Ceulx,* employé la plupart du temps comme pronom démonstratif au masculin pluriel, fonctionne comme sujet ou complément d'objet, ou est précédé d'une préposition ; mais *iceulx* se présente trois fois, précédé d'une préposition : *Et a **iceulx** avoye seulle aliance* (JPM 221), *Et si quelq'un contre **iceulx** obiïce* (OS 14), *Or ne peult on sur **iceulx** gaigner rien* (OS 106). *Icelle* s'emploie comme pronom au cas-régime du féminin singulier une fois : *Pour **icelle** devez faire entreprise* (UP 266). Dans un autre exemple on trouve l'ancienne forme *ceste cy* : *En effect, **ceste cy** ressemble / A mes Demerites* (JPM 414-15). Gringore ne se sert pas de pronom démonstratif au féminin pluriel.

En tant que pronom neutre, *ce* s'emploie assez souvent comme complément d'objet direct ou est précédé d'une préposition, à la place de *ceci* ou de *cela* en français moderne : *en **ce** faisant* (UP 125), *en **ce** voyant* (EP 319), *pour **ce*** (EP 338), ***ce** fait il* (CC 122), *de **ce** n'ygnorez pas* (CC 185), *de **ce** dire* (OS 20), *de **ce** ne doubtez* (JPM 490), *prins **ce*** (JPM 28, 201, 268, 272)[65]. *Ce* fait référence une fois à une personne : ***Ce** suis je, avez vous de moy honte ?* (JPM 424). Comme en français moderne, *ce* est fréquemment sujet devant *être* ; *cela* (6 fois) et *cecy* (3 fois) s'emploient également, quoique moins souvent.

Les possessifs. Généralement Gringore se sert des possessifs conformément à l'usage moderne, mais quelques-uns font preuve d'une forme ancienne de l'adjectif possessif – ***la vostre** seigneurie* (EV 95), ***la vostre** noblesse* (CC 258) – et du pronom possessif : *Chascun n'a pas ce qui est **sien*** (JPS 304). Comme en ancien français, l'adjectif possessif n'est normalement pas répété devant chaque substantif dans une énumération ; il s'accorde plutôt avec le substantif le plus proche : ***vos** testons et gros de Milan* (LN 119), ***vostre** deshonneur et honte* (LN 148), ***vostre** erreur et desroy* (EV 136), ***son** lieu et place* (UP 107), ***son** halier, fort, buisson ou demeure* (CC 142).

Les relatifs. Dans les œuvres polémiques de Gringore les pronoms relatifs se conforment la plupart du temps à l'usage moderne, mais on trouve aussi de nombreux exemples d'anciennes formes.

---

[65] Dans ce dernier exemple, il s'agit d'un jeu de mots sur l'adresse classique dans l'envoi d'une ballade, *Prince*.

INTRODUCTION

Qui fonctionne d'habitude comme sujet d'une proposition relative dont l'antecedent est défini. Cependant il s'emploie sans antécédent 23 fois :

> Bien a **qui** le pourchasse (CC 27)
> Et **qui** voudra courcer s'en cource (JPS 232)
> Et **qui** n'y vouldra conceder... (JPS 519)
> Bien est heureulx **qui** n'a que faire a eulx (OS 7)

Dans dix-huit des cas il s'agit d'un épiphonème dont Gringore se sert fréquemment, comme ses contemporains : ***Qui** a du content, il est saige* (LN 142), ***Qui** pert le sien, il pert quasi le scens* (TS 8), *Bien eureux est **qui** augmente la foy* (UP 72)[66]. Dans un cas, *qui* s'emploie au lieu de *que* : *Cueurs endormis... / **Qui** vous tenez en champs, bourgs, citez, villes* (UP 1-2). De la même façon, Gringore se sert de *que* au lieu de *qui* une fois : *C'est la chose **que** plus est desirante* (EP 332). De même, *que* se présente au lieu de *ou* une fois : *l'heure **que** je fuz né* (JPM 95).

Qui se confond avec *ce qui* dans un vers – *Folz font ainsi **qui** leur monte a leurs testes* (OS 63) – et quelquefois Gringore emploie *que* là l'où on trouverait *ce que* en français moderne :

> Vous ne sçavez **que** c'est a dire. (LN 311)
> Pour regarder en la saison nouvelle
> **Que** l'on fera de ceste chasse honneste. (CC 245-46)
> Je sçay et congnois **que** je fais. (JPS 468)
> Conseillez moy **que** faire doy. (JPS 627)

En revanche, Gringore utilise *ce que* au lieu de *que* dans deux exemples :

> Non obstant **ce qu**'il soit doulx et begnyn (UP 195)
> Voire, sans **ce que** Charité me enflame. (JPM 266)

Ce que se confond avec *ce qui* dans un cas : *Je parferay **ce que** est predestiné* (JPM 177).

---

[66] Voir aussi LN 78-79, 94, 228 ; TS 100, 207 ; EV 6, 168 ; UP 80, 243, 279 ; EP 176 ; CC 54, 144, 189.

Quelques cas de confusion orthographique due à la prononciation identique de *qui*, pronom relatif, et *qu'il*, conjonction suivie du pronom personnel, existent, comme dans le vers suivant:

> ...Pource qu'il a perdu sa forest grasse,
> Et **qui** soit vray qu'il y soit par compas. (CC 183-84)

Au contraire, *qu'il* peut se confondre avec *qui*: *faire **ce qu'il** vous plaira* (JPS 448)[67].

Lequel est rare dans ces textes de Gringore: *...tu as prince et seigneur, / **Lequel** se fait craindre* (JPM 54-55).

Quoy, employé assez rarement, prend toujours place après une préposition et se rapporte d'habitude à toute une proposition:

> Et luy mesme est le devorateur
> De ses ouailles et non pas protecteur,
> Par **quoy** son bruit de saincteté efface. (EP 91-93)

> Les ungz regardent de travers
> Le Prince, je les voy venir.
> Par **quoy** fault avoir yeulx ouvers. (JPS 327-29)

> Pugnicïon Divine nous menace,
> Par **quoy** devons cryer a Dieu mercy. (JPM 540-41)

Une fois, cependant, Gringore recourt à *quoy*, au lieu de *qui* (ou *lequel*), pour faire allusion à une personne: *Or ce pasteur, de **quoy** nous devisons* (EP 102).

Dont peut faire référence à un antécédent inanimé défini, comme en français moderne (EV 53, 68, 173, UP 188, EP 11, JPS 317, JPM 435, 449); en outre, *dont* (au lieu de *ce dont*) peut se rapporter à toute une proposition:

> Or esse par lache couraige
> Que je suis tenu en servage,
> **Dont** grandement je me soussie. (LN 289-291)

> Je me cource, fume, despite, irrite,
> **Dont** aucuns ont grande perte et dommages. (JPM 247-48)

---

[67] Une autre version de ce texte (*M*) offre la leçon, plus moderne, *ce qui*.

En effet, *ce dont* n'apparaît jamais dans ces textes de Gringore. *Dont* s'emploie quelquefois au lieu de *d'où*, comme c'est souvent le cas en ancien français:

> Le deuil...
> Vient du chesne, qui sa feuille a doublee,
> Rompant la paix, **dont** est venu grant mal.   (EP 11-13)

Pourtant *d'où* se présente aussi comme en français moderne (EP 315). De même, *dont* se confond une fois avec *donc* – *De mon grief mal ayez **dont** souvenance* (TS 115); *donc* ou *doncques* s'emploient comme en français moderne (TS 21, 214, 237).

Les interrogatifs. La dynamique du dialogue dans le *Jeu du Prince des Sotz et Mere Sotte* met en relief l'emploi répétitif du pronom interrogatif. Dans cette pièce Gringore se sert simultanément d'un pronom interrogatif moderne – ***Qui esse*** [=est-ce] *qui contredira...?* (JPS 361) – et d'un pronom ancien – ***Qu'esse?*** (JPM 36, 147, 157, 167) – pour une personne dans la fonction grammaticale d'un sujet. Les formes suivantes, qui font référence à un substantif inanimé employé comme sujet, se conforment à l'ancien français plutôt qu'au français moderne:

Mais **que est cecy?**	(JPM 88)
Noz Demerites, **qu'est cecy**?	(JPM 428)
Qu'est la bonne foy devenue?	(JPS 399)

Cependant l'on y trouve également une forme moderne: ***Qu'esse que cerchez?*** (JPS 299)[68]. Une autre phrase interrogative relève de l'ancien système: *Doit autre que moy dominer?* (JPS 387). *Dont* s'emploie au lieu de *d'où* dans un cas: ***Dont** vient cecy? Aux sages m'en rapporte!* (EP 57).

Les pronoms personnels. Comme dans tous les textes contemporains, l'absence du pronom sujet est très fréquente dans les œuvres polémiques de Gringore. A cet égard, le *Jeu du Prince des Sotz et Mere Sotte* marque la plus grande différence entre la présence et l'absence du pronom sujet, surtout au singulier, où le

---

[68] Notez l'absence du *t* entre *a* et *il* dans l'expression *Qu'i a il?*, qui débute ce vers.

risque de confusion est plus probable que dans les autres écrits polémiques de Gringore. Dans la *Sottie*, par exemple, les interlocuteurs se succédant sur la scène, on dénombre quatre fois plus d'occurrences que d'élision du pronom aux première et troisième personnes du singulier[69]. De même, le pronom à la deuxième personne du singulier ne manque qu'une seule fois, tandis qu'il est présent onze fois. La différence quant à l'emploi du pronom personnel à la deuxième personne du pluriel est moins marquée, car il est présent dix-sept fois et absent douze fois, ce qui suggère que la terminaison *-ez* de la plupart des verbes suffit pour faire comprendre de qui on parle. Les distinctions entre la présence et l'absence du pronom sujet sont moins marquées dans la *Moralité*, mais le même phénomène s'y reproduit: Gringore emploie *je* presque deux fois plus souvent qu'il ne l'omet. De la même façon, il a recours à *il* le plus souvent[70]. Dans un cas, le sujet pronominal à la première personne du singulier est employé au lieu du pronom tonique: *Je, qui suis Sotte Occasïon* (JPS 454). Le pronom sujet à la deuxième personne du singulier et à la deuxième personne du pluriel est présent un peu plus souvent qu'il n'est absent[71].

Un pronom masculin remplace deux substantifs au féminin dans un vers, peut-être à cause des exigences métriques:

> Bourgois, marchans, je vous prie qu'on laisse
> Toute usure, et avarice cesse,
> Car **ilz** rompent corps, ame, entendement.   (JPM 522-24)

Dans un autre exemple Gringore emploie un pronom d'objet indirect là où l'on trouverait le pronom d'objet direct en français moderne: *La grace Dieu **luy** ayderoit* (JPM 440).

---

[69] *Je* est absent trente-et-une fois et présent dix-neuf fois; *il, elle*, ou *on* sont absents trente-et-une fois et présents cent seize fois.

[70] *Je* est absent quarante-sept fois et présent quatre-vingt-dix-neuf fois; *il, elle*, ou *on* sont absents vingt-et-une fois et présents soixante-deux fois.

[71] *Tu* est absent neuf fois et présent quatorze fois tandis que *vous* est absent dix-neuf et présent vingt-et-une fois.

INTRODUCTION

Comme en ancien français, le pronom régime précède le verbe conjugué plutôt que l'infinitif auquel il se rapporte dans tous les cas sauf un seul:

Tresmiserable, chetif, despourveu, las	
Me puis nommer	(LN 206-07)
On **le** peut bien comprendre	(TS 206)
Nul ne **vous** ose present favoriser	(UP 174)
Mais les prelatz **se** voulurent unir	(EP 150)
Tel que l'homme est, **se** doit faire cognoistre	(CC 225)
...je **m**'y en voys rendre	(JPS 163)
...ne **me** sçay ou heberger ou mettre	(JPM 52)
Garder **les** fault de venir a leurs fins	(OS 115)

C'est dans l'*Obstination des Suysses*, l'œuvre polémique la plus tardive, que l'on trouve pour la première fois un exemple qui se conforme à l'usage moderne: *Mais desirent **la** tenir comme serve* (OS 11).

Dans trois cas le pronom *el* à une syllabe s'emploie pour *elle*, vraisemblablement pour maintenir le vers octosyllabique ou décasyllabique selon les exigences métriques. Dans un cas *ilz* s'emploie au lieu d'*elles*, probablablement pour les même raisons:

Mais **el** est bien ailleurs promise	(TS 195)
Le deuil qu'**el** a et dont elle est comblee	(EP 11)
Il n'y a boys ne branche qu'il ne casse,	
S'**el** ne ploie soubz sa teste trouchee.	(CC 187-88)
Des fumees gecte plus d'ung millier;	
Par les deux boutz **ilz** sont esguillonnees	(CC 203-04)

La place des pronoms régimes par rapport aux verbes pronominaux à l'impératif est variable dans les œuvres polémiques de Gringore. Les pronoms peuvent précéder ou suivre le verbe conjugué, comme les exemples suivants le confirment:

Prenez armeures, hardiment **vous armez**	(TS 117)
De vos meffaitz **vous recordez**	(JPM, 316)
Resveillez vous, gentilz, joyeux Françoys	(LN 1)
Gardez vous bien que laches ne soyez	(UP 280)
Alliez vous avecques moy	(JPS 481)
Tays toy, Commune, parle bas	(JPS 645)

Le poète se sert d'anciennes formes dans les deux exemples suivants, où il emploie le pronom objet direct au lieu du pronom tonique

> ...**Te** esjouÿs,
> Car c'est par luy que de ton bien jouÿs (EP 333-34)
> Abrege toy tost et **te hastes** (JPS, 79)
> Peuple François, de ce **te tais** (JPM, 400)

Dans d'autres cas, Gringore garde le pronom sujet à l'impératif, à la différence du français moderne:

> ...il faut laisser / Obstination, **oyez vous** (JPM, 131-32)
> **Assemblez vous** de gens ung millïon (TS 146)

Les rares exemples de deux pronoms objets employés ensemble dans les écrits polémiques de Gringore se conforment généralement à l'ordre du français moderne:

> De plusieurs lieux assez s'**i en** transporte (EV 30)
> Le trespuissant et noble roy Pepin
> **Les luy** rendit... (EP 228-29)

Mais quelquefois l'ordre relève de l'ancien français, comme dans le vers suivant: *il faut que je le vous die* (JPM, 371). Dans un refrain répété quatre fois dans la *Moralité* du *Jeu du Prince des Sots et Mere Sotte*, on trouve l'ordre ancien également: *Peu **en y** a pourveuz sans Symonie* (JPM, 227, 243, 259, 271)[72].

Les pronoms *y* et *en* remplacent toujours des substantifs inanimés, sauf dans un cas où *y* remplace un substantif animé, à la différence du français moderne:

> Se ung estrange vous point et pince,
> Raison avez d'**y** contredire. (LN 82-83)

Quelques emplois du pronom tonique relèvent du système ancien: ***soy** transportant* (UP 9), ***soy** retirant* (CC 53), ***soy** venger*

---

[72] Les exemples suivants, où l'ordre moderne est employé, se présentent aussi dans la même œuvre: *Je m'**y en** voys en peu d'espace* (JPS 100), *Il **y en** vient ung si grant tas* (JPS 133), *Plus n'**y en** a, en verité* (JPM 344).

(OS 71). On trouve l'usage moderne aussi: **Eulx** assemblez de crainte et peur trembloient (CC 50).

Les indéfinis. Conformément à l'usage moderne, *rien* (EV 168, UP 109, 279; OS 36, 38, 51) ainsi que *nul* (TS 16, 223; EV 173, UP 174, EP 131, 171) s'emploient au sens négatif comme pronom. Pourtant, la forme ancienne *nully* se trouve quelquefois dans les œuvres polémiques de Gringore en tant que pronom: *Et si **nully** n'empesche le passage* (EV 226), *La verité **nulli** ne doit celler* (EP 344).

A la différence du français moderne, l'adjectif et le pronom indéfini *aucun* a quelquefois un sens positif:

...il se fera **aucune** [aultre] croisee	(UP 255)
Aulcuns disoient qu'en ce lieu c'estoit traite	(EP 155)

L'adjectif indéfini *quelque* prend deux fois un sens négatif:

Ilz n'avoient de propre en **quelque** guise.	(EP 47)
Leon tressainct sans **quelque** fixïon Print ung glaivë et s'en couppa la main.	(EP 185-86)

Néanmoins il s'emploie aussi au sens positif: *Car elle eut **quelque** temptation* (EP 187).

Chascun est une seule fois adjectivé, comme en ancien français: **chascun** *prince* (EV 40). *Assez* [= beaucoup] s'emploie de la manière suivante: *J'ay **des** vivres **assez*** (JPM 3). A la différence du français moderne on trouve l'exemple suivant:

J'ay grant peur que ne nous adviene
Du mal **beaucop**. Il fault qu'on tienne   (JPM, 387-88)

L'ancienne forme *moult*, synonyme de *beaucoup*, apparaît une seule fois dans tous les écrits polémiques de Gringore: ***Moult** demeure de ce que le fol pense* (EP 216).

Le complément déterminatif absolu. Dans les œuvres polémiques de Gringore, un rapport de possession peut être indiqué par la juxtaposition des substantifs, comme en ancien français, mais cette structure s'y trouve assez rarement; il est presque toujours associé à un substantif religieux: *le bon gré saint Pierre* (LN 313), *le successeur sainct Pierre* (UP 175), *le digne corps Jesus* (EP 107), *la mercy Dieu* (JPM 3), *le pourpoint Jehan Gippon* (JPS 491). La forme moderne se présente plus souvent: *Ce pasteur est successeur de sainct Pierre* (EP 73).

Les numéraux. Quelques formes anciennes de numéraux apparaissent dans les textes étudiés ici:

> en sa **nonante et** quatriesme epistolle (OS 9)
>
> Cent vingt **et** cinq lieues de long tenés,
> Soixante **et** cinq de large, sans doubtance,
> Des Ytalles (EV 57-59)

Le verbe

Les formes verbales à l'indicatif, au subjonctif et au conditionnel relèvent quelquefois du système ancien, ce qui est prévisible s'agissant de textes rédigés au XVIe siècle. Quant aux participes présents, le poète a tendance aussi à adopter l'ancien système, où le participe présent en fonction verbale s'accorde généralement avec le pronom ou le substantif qu'il modifie (*des gens...Entreprenans la guerre*); mais il existe dans presque toutes les œuvres des exceptions qui se conforment plutôt à l'usage moderne. En ce qui concerne l'emploi de la négation, Gringore adopte assez souvent des formes similaires à l'usage moderne, à l'exception du *ne* isolé appelé bien plus souvent que *ne...pas* ou *ne...point* pour marquer le négatif.

Le présent de l'indicatif. Dans les œuvres polémiques de Gringore les verbes *dire, apercevoir, savoir, devoir, croire, prier,* et *voir* présentent des désinences à la première personne du singulier qui reflètent la transition de l'ancien français au français moderne: *je ne **dy** pas* (TS 191, EP 58), *je l'**apperçoy*** (LN 197, OS 5), *je ne **sçay*** (LN 241)[73], *je **doy*** (JPS 140)[74], *je **croy*** (JPS 122, 174, 206,

---

[73] Voir aussi EP 168, CC 169, JPS 135, 300, 318, 468, 611; JPM 52, 124, 286, 315, 367.

[74] Voir aussi JPS 479, 526, 627; JPM 112, 140, 397.

567), *je **pry** a Dieu* (LN 307), et *je me **voy*** (LN 156)[75]. Cette dernière forme s'emploie vraisemblablement pour la distinguer de la première personne du singulier d'*aller, je y **voys*** (JPS 80, etc.). Mais le *-s* final à la première personne du singulier se trouve dans de nombreux cas – *[je] **dis*** (LN 31), *je **congnois*** (LN 180, EP 51, CC 255), *je **doys*** (JPM 286), *je la **croys*** (TS 24), *j'en **fais*** (TS 39) –, et la terminaison moderne pour les verbes en *-er* existe également: *je **crie*** (LN 303), *je **prie*** (CC 197, 227). Dans le *Jeu du Prince des Sotz et Mere Sotte* Gringore emploie toujours une forme ancienne de *vouloir* à la première personne du présent: *je **vueil*** (JPS 242, 343, 353, 435, etc; JPM 92, 101, 108, 198, etc.).

Dans un cas, la forme de *pourvoir* à la troisième personne du singulier ne s'accorde pas avec le système moderne, probablement pour maintenir la rime avec les vers suivants:

> Le doulx Jesus, qui a tous cas **pourvoie**
> Aux apostres qui estoient humbles, doulx,
> Tresdoulcement leur dit: «Je vous envoye
> En villes, champs, citez, chasteaulx et voye…»   (EP 65-68)

Le sens de *connoistre* et de *sçavoir* est souvent à l'opposé du français moderne:

Au mortel monde je ne **saiche** leur per	(LN 198)
chascun **sçait** cest affaire	(EP 5)
On **congnoist** bien que les Venicïens Villes, citez et chasteaulx detenoient	(EP 313-14)
Le Createur **sçayt** leurs intencïons	(EP 341)

Entendre s'emploie au moins une fois dans le sens d'«avoir la ferme intention»: *Car leur prince fait protestations / Qu'il n'**entend** point contre l'Eglise aller* (EP 342-43).

Dans trois cas, un verbe au singulier s'emploie avec un sujet pluriel, comme de coutume en ancien français. Dans certains cas, le verbe s'accorde avec le substantif le plus proche, mais dans les deux premiers exemples, ce manque d'accord peut s'expliquer par souci de maintenir la rime:

---

[75] Voir aussi TS 4, 85; JPS 13, 72, 267, etc.; JPM 236, 362, 426.

> Le mal, l'injure qui mon povre cueur **presse** (TS 114)
> Environné de serpens qui le **garde** (TS 151)
> Quant esperance me **plaist** et la paix (TS 167)
> Sur luy en **vient** la perte et le dommaige (EV 7)
> **Fut destruicte** quasi toute Ytalie
> Et mesmement la cité tant jolie,
> Tresfameuse, dicte Acquileÿa (EV 11-13)

A l'inverse, l'emploi d'un verbe pluriel pour un sujet singulier se présente dans le cas suivant:

> La seigneurie des consulz presidens
> Ne **veullent** point croire les accidens (UP 229-30)

La forme ancienne des verbes *apparaître* et *assaillir* s'emploie à la troisième personne du singulier – *il nous **appert*** (LN 321), *on vous **assault*** (LN 312). L'ancien verbe *mescheoir* présente une forme insolite à la troisième personne du singulier, vraisemblablement pour s'accorder avec la rime précédente en *-ee*: *Qui rompt sa foy, droit est qu'il luy **meschee*** (CC 189). Comme en ancien français, le *-t* final caractérise la troisième personne du singulier des verbes *vendre* (***vent***, LN 78, TS 89), *entreprendre* (***entreprent***, LN 94)[76] et *perdre* (***pert***, TS 8, 177, etc.). D'autres formes anciennes existent pour *manger*, *laisser* et *plier*: *je **mangeus*** (JPM 43), *je **mangeuz*** (JPM 296), ***mengons*** (LN 109), ***lesse*** et ***lessent*** (CC 114, 190, 84), ***ploie*** (CC 188). A la troisième personne du pluriel l'ancienne forme de *vouloir* apparaît: *D'or et d'argent **vueillent** faire leur dieu* (TS 67)[77]. Dans le même texte les formes ancienne et moderne du verbe *courir* se succèdent: ***court*** (TS 161), ***courent*** (TS 163), mais ***sequeurent*** (TS 235).

Dans un cas, Gringore se sert d'une forme subjonctive dans un sens indicatif: *Le dyable y **ait** part au coq plumé* (JPS 574).

Les autres temps à l'indicatif. Quelques verbes au futur présentent une forme ancienne – ***donra*** (UP 259), ***acquerras*** (EP 357).

---

[76] Voir aussi TS 5, 136, etc., CC 112. Mais l'on trouve ***prend*** également (CC 12, 252, etc.).

[77] Cependant la version *C* de cette œuvre, qui est plus tardive que notre version de base (*R*), remplace ***vueillent*** par la forme moderne ***veulent.***

Au passé défini plusieurs formes relèvent du système ancien : *les payens infectz* **remidrent** (UP 286), *Il en* **vuida** (EP 294), *je ne* **vy** (JPM 330). *Prendre* et ses composés présentent des formes en **print**.

Le passé indéfini est d'habitude conforme à l'usage moderne. L'emploi du passé indéfini et celui du passé défini apparaissent conjoints dans un même vers : **A fait** *ruse que jamais serf* **ne fist** (CC 143). Certains participes passés, tels que **prins** et ses composés et **relinqui** (LN 175), présentent des formes anciennes.

A l'imparfait on trouve les terminaisons anciennes -*oye* ou -*oie* à la première personne du singulier, -*oit* à la troisième personne du singulier, -*iez* à la deuxième personne du pluriel, et -*oient* ou -*oyent* à la troisième personne du pluriel. L'imparfait de *voir* à la troisième personne du singulier relève du système ancien : *on le* **vëoit** (CC 40).

L'emploi de l'infinitif passé dans l'*Espoir de paix* est variable. Dans un cas, Gringore se sert de l'infinitif là où, en français moderne, l'on emploierait l'infinitif passé :

> Papes furent en nombre trente trois
> Martirisés pour la foy **soustenir**. (EP 129-30)

Cela s'explique peut-être par les exigences métriques du vers, car dans un autre cas Gringore recourt à l'infinitif passé :

> On peut prouver que honneur n'aura jamais
> **D'avoir rompu** sa foy et **cassé** paix. (EP 247-48)

Le subjonctif. Les anciennes formes du subjonctif qui se trouvent au présent dans les œuvres polémiques de Gringore sont les suivantes : *soie* (première personne du singulier, LN 195) ou *soye* (première personne du singulier, TS 10, JPS 97, 380), *die* (première personne du singulier, LN 201, 316 ; troisième personne du singulier, TS 181, EV 159, JPS 409, JPM 371), *facez* (deuxième personne du pluriel, TS 112), *aye* (troisième personne du singulier, TS 149[78], JPM 6). A la deuxième personne

---

[78] La version *C* de cette œuvre contient la forme plus moderne ***ait***.

du singulier, ***irrites*** ne se conforme pas à l'usage moderne (JPM 494); à la troisième personne du singulier on trouve **gard** (JPS 120, 192). De même, à la première et à la deuxième personnes du pluriel, des formes différentes du français moderne se présentent: *il convient que nous **bataillons*** (JPS 502), *je vueil bien que vous le **sachez*** (JPM 431). Le verbe *devoir* a deux formes à l'imparfait du subjonctif: ***deussiez*** (deuxième personne du pluriel, TS 15, 101) et ***deussez*** (deuxième personne du pluriel, TS 165).

Le subjonctif s'emploie souvent à l'impératif de la deuxième personne du pluriel comme en français moderne – ***soyez** remercians* (LN 319-20), *n'**ayez** peur* (LN 27) – et à l'impératif de la troisième personne du singulier précédé de *que* – *qu'il me **soit** pardonné* (LN 231), *qu'il **perde** le sentir* (CC 132). Toutefois il se trouve plus souvent sans conjonction dans une proposition principale sans être précédé de *que*:

Tel crioit: «**Vive** Ludovic»!	(LN 252)
Loy crestïenne on **augmente** et **soustienne**	(TS 127)
Vous **plaise** donc donner vostre alïance	(TS 214)
Gens vicïeux **soient** d'avec vous bannis	(UP 52)
Souvienne vous du treschrestïen roy	(UP 127)
...**fust** froit ou chault	(JPS 37)
Honneur par tout! Dieu **gard** mes hostes!	(JPS 120)
Dieu **vueille** que tout vienne a bien	(JPS 303)

Comme en français moderne, le subjonctif s'emploie régulièrement dans des subordonnées introduites par des expressions de volonté, d'émotion, de souhait, d'ordre, d'opinion, de nécessité et d'impossibilité. Il se trouve aussi dans des subordonnées introduites par les conjonctions *premier que* (LN 117), *a telle fin que* (EP 219), *sans (ce) que* (CC 156, JPM 266), *devant que* (JPS 114, 159), *il n'est pas saison que* (JPS 118), *non obstant (ce) que* (UP 195, JPS 203, 566), *ains que* (JPM 199), *posé que* (JPM 458), *j'ay grand fain que* (JPM 298), *memoyre n'est que* (CC 145), et *[il] n'y a que* (CC 135). Dans l'exemple suivant, le deuxième verbe est conjugué au subjonctif, sans doute pour imiter le premier verbe, car d'habitude l'expression *il est vrai que* ne comporte pas de subjonctif:

> Et qui **soit** vray qu'il y **soit** par compas,
> On l'a congnu, de ce n'ygnorez pas. (CC 184-85)

Gringore se sert et de l'indicatif et du subjonctif après l'expression *[il] semble que* :

> Et vous semble que France demolye
> **Sera** par vous et du tout abolye (OS 31-32)
>
> Mais vous semble qu'Il **soit** subject a vous (OS 35)
>
> Et luy semble soit derriere ou devant
> Qu'il n'y **a** riens bien fait s'il ne l'a faict. (OS 50-51)

On trouve le subjonctif une fois dans une interrogation dont la réponse est censée être négative :

> Mais, dictes moy, est il memoire
> Qu'en guerre, bataille ou assault,
> **Ayez conquis** quelque victoire ? (LN 128-30)

Dans quelques cas, pourtant, l'indicatif s'emploie là où l'on s'attendrait à trouver le subjonctif :

> Nous sommes joyeux que le roy
> **Est** venu (LN 88-89)
>
> Considerez que le roy de Hongrie
> N'est pas content que vous **tenez** ses lieux. (EV 96-97)
>
> Et...Dieu veult que vous **rendez** de brief
> Villes, citez... (EV 121-22)
>
> Le fol ne croit jusques a ce qu'il **reçoit**. (EV 154, OS 90)

Dans le dernier exemple, l'absence du subjonctif peut s'expliquer par les exigences de la rime (*droit* au vers 151), mais dans les deux exemples précédents la forme subjonctive en *-iez* n'aurait pas changé le nombre de syllabes dans le vers[79].

Dans trois autres cas, le subjonctif s'emploie au lieu de l'indicatif dans le français moderne :

> Mars m'**aist** [=est] contraire (LN 281)

---

[79] En fait, dans les versions plus tardives de *L1* et *L2*, *rendiez* est employé.

> Je l'apperçoy par ma cruelle prise ;
> Au mortel monde je ne **saiche** leur per.   (LN 196-97)
>
> Tous les jours mon bien amenuyse,
> Point n'**eusse** de cela mestier.   (JPS 555)

Dans un autre vers, le subjonctif est employé dans une proposition subordonnée, là où il se trouve d'habitude dans une proposition indépendante : *Le bon roy Charles, a qui Dieu mercy face* (LN 233).

A la différence de l'emploi moderne, Gringore utilise le subjonctif deux fois après l'expression *quelque chose* :

> ...perdrés honneur, pecune et los,
> Quelque chose que vous **sachés** requerre   (EV 38-39)
>
> Car il y a mise son estudie.
> De luy tenez quelque chose qu'on **die**
> Polisine, les environs aussi.   (EV 158-60)

Dans le dernier exemple, les exigences de la rime au vers 158 (*estudie*) peuvent expliquer la présence du subjonctif au lieu de l'indicatif. Un autre exemple ressemble à ceux-là : *S'il y a chose qui te nuyse* (JPM 283).

Dans ses œuvres polémiques, Gringore a une seule fois recours au subjonctif après le verbe *cognoistre* dans une proposition hypothétique : *Car s'il congnoist que chiens luy facent presse...* (CC 111). Dans un autre cas, il use à la fois de l'indicatif et du subjonctif dans la proposition subordonnée d'une phrase hypothétique :

> S'il **est** tout seul et **soit** aucunement
> De plusieurs chiens acueilly, sagement
> En sa meute tournera   (CC 118-20)

Dans un autre exemple, Gringore se sert d'une construction ancienne dans une phrase hypothétique :

> Et pensez qu'il **eust esté** saige,
> S'il **eust gangné** quelque convent.   (LN 74-75)

L'imparfait du subjonctif du verbe *devoir* s'emploie quelquefois dans un sens conditionnel :

> Par voix experte **deussiez** crier alarme (TS 15)
> **Deussiez** vous pas du bon accord entendre (TS 101)
> Et vous **deussez** tacher faire la paix (TS 165)
> La revenue de Saincte Eglise
> **Deust** en ung beau tronc estre mise (TS 192-93)

Le conditionnel. Comme en ancien français, les terminaisons aux première et troisième personnes du singulier au conditionnel sont respectivement en *-oye* et en *-oit*. Des exemples de phrases hypothétiques où le conditionnel s'emploie conformément à l'usage moderne se présentent dans ces vers:

> Bref, se chascun **voulloit** faire raison,
> On **trouveroit** des gens de grant maison (TS 158-59)

> Car se le **faictes**, je suppose et me semble
> Que je **seray** bien tost hors de souffrance (TS 210-11)

Néanmoins plusieurs exemples relèvent du système ancien comme le suivant, où le subjonctif imparfait se combine avec le conditionnel présent:

> L'Homme Obstiné paisiblement
> **Vivroit** en paix et sainctement...
> Sy ne **fust**? Qu'il faulce sa foy. (JPM 432-37)

Dans un autre cas, Gringore offre des formes mixtes dans la proposition subordonnée; dans la principale on trouve le futur, non pas le conditionnel présent:

> Sy le dyable y **devoit** courir
> Et **deussay** je de mort mourir...
> Sy me **viendront** ilz secourir. (JPS 335-39)

L'impératif. En général, les formes impératives dans les écrits polémiques de Gringore se conforment à l'usage moderne. Mais quelques emplois anciens sont repérables. Pour se conformer à l'adresse traditionnelle au début d'un refrain de ballade, *Prince*, Gringore emploie *prins* à l'impératif de la deuxième personne du singulier: **Prins ce**, *notez que sommes desprisez* (JPM 28; voir aussi JPM 201, 268, 272). Une autre forme ancienne qu'il prise est la suivante: ***dy*** *moy la raison pourquoy* (JPM 80).

Les participes. Comme en français moderne, les participes présents peuvent avoir une fonction adjectivale ou une fonction verbale. Dans les exemples de participe présent employé comme adjectif, il s'accorde en nombre et en genre avec le substantif modifié: *le lundy et mardy **ensuyvans*** (LN l. 31), *le mercredy **ensuyvant*** (LN l. 32), *esguillons **peingnans*** (LN 36), *en **puantes** ordures* (TS 35), *Considerez qu'estes trop **triumphans*** (EV 120), *Loups **ravissans*** (EV 161), *les cinq cens ans **ensuivans*** (EP 33), *la chose...**desirante*** (EP 332)[80], *sottes **trotantes*** (JPC 16), *glaives **tranchans*** (OS 103). En fonction verbale, le participe présent qui se trouve isolé s'accorde avec le pronom ou le substantif qu'il modifie: *nous **nourrissans*** (LN 107), *je...**prenant** congié* (LN 207-08), *Millannoys...**rompans** la foy* (LN 273-74), *Françoys...soyez de la victoire / **Remercïans** Jesus le Createur* (LN 319-20), *nul n'est main **tenant*** (TS 84), *Remplis d'accors, vous **monstrans** fermes* (TS 141), *des gens... / **Entreprenans** la guerre* (TS 159-60), *villes et citez **appartenantes** a l'Empire* (EV 77a-b), *Princes et roys cuydez faire pupilles, / **Vivans** de rap ainsi que oyseaulx de proye* (EV 194-95), *Vous...**recueillans** vins et grains* (UP 32-33), *les Peres sainctz...**preservans** et **gardans*** (EP 24-29), *Lombars...**voullans** grever* (EP 233-34), *Veniciens **faisans**...guerre* (EP 309), *Sotz yvrognes **aymans** les bons loppins* (JPC 19), *les souffreteux **vivans** en leurs mesnages* (JPM 261), *O cueurs felons **derogans** a Noblesse* (OS 64), *Et se mirent a deflorer les dames, / **Desheritans** pupilles, orpheins* (OS 113-14).

Dans quelques cas, le participe présent qui se trouve isolé ne s'accorde pas avec le sujet, reflet de la transition entre le moyen français et le français moderne. Dans le premier exemple, le sujet est féminin (*La Terre Sainte*):

> Je viens vers vous...
> Vous **suppliant** (TS 111-12)
> Toutes sottes **aymant** le masculin (JPC 12)
> Or tenez vous en Marquitra[v]isanne
> D'icelluy duc plusieurs païs fertilles,

---

[80] Dans ce dernier exemple, le participe présent s'emploie au lieu du participe passé que l'on emploierait en français moderne, vraisemblablement à cause des exigences de la rime.

> Et deux citez nommez Saltran, Hutdanne...
> D'aultres aussi **tirant** en Veronnoix (EV 113-18)
> Les princes...**servant** Dieu a toute heure (UP 35)
> Princes...
> **Ayant** en Dieu tousjours bonne esperance (UP 82-84)

Dans un texte on repère un cas où l'accord se fait en nombre mais non pas en genre:

> ...Ce pasteur aux Ytalles
> A trompettes pour cloches et campanes
> **Sonnans** en tours et en terres prophanes (EP 222-24)

Dans un autre exemple du même texte, aucun accord n'est fait: *les loyaulx François... **chantant** a haulte voix* (EP 337-39). Les deux formes du participe présent se côtoient dans cette phrase:

> Mais qui vous meult venir descendre en France,
> **Voulans**[81] tenir les princes en souffrance,
> **Cuydant** gaster une province telle? (OS 55-57)

Comme en français moderne, quand le participe présent s'emploie après la préposition *en*, il ne s'accorde jamais avec le sujet.

En général il existe un accord entre le participe passé précédé de la copule *être* et le sujet au féminin ou au pluriel ainsi qu'entre le pronom régime qui précède le verbe au passé conjugué avec *avoir* et le participe passé:

> D'honnesteté les ay **trouvez** tous plains. (LN 224)
> Divisïon, debatz, discentïon
> Abusïon m'ont trop **deshonnoree**[82]. (TS 227-28)
> Terres d'aultruy as **eues** par voye oblique. (EV 4)
> ...qui sa feuille a **doublee** (EP 12)

Le complément d'objet peut se placer entre l'auxiliaire et le participe passé et entraîner un accord aussi: *Jamais n'avoit la bource*

---

[81] Pourtant la version *M* de cette œuvre, qui est plus tardive que notre version de base (*C*), modernise tous les participes présents et offre la leçon *Voulant* au vers 56.

[82] La personne qui parle est *Terre Sainte*.

*d'or **garnye*** (EP 77). Dans plusieurs cas, un accord se fait par anticipation:

En tromperie ay **mise** estude	(LN 161)
Car il y a **mise** son estudie	(EV 158)
Les roys françois d'antique antiquité	
Ont **fondez** lieux pour service a Dieu faire.	(UP 61-62)
...les sainctz Peres	
Ont **eslevez** leurs cueurs mondanisez	(EP 34-35)
Rememoire tes faultes et congnois	
Qu'as **rompu(e)** paix conclue entre les princes	(EP 270-71)[83]
Pource qu'il a **perdue** sa forest grasse	(CC 183)

Pourtant, on trouve des cas où il n'y a pas d'accord, peut-être pour éviter un vers hypermétrique: *En fais, en ditz, mal **tenu** leur promesse* (LN 15), *Car leurs ducatz m'ont **informé** du cas* (TS 187)[84], *Aux dessusdictz princes qu'ay **revellé*** (UP 213), *Se l'ay je **veu** juste et loyalle* (JPS 404). En effet, pendant les douze ou treize années au cours desquelles Gringore rédige ses œuvres polémiques, il semble avoir abandonné l'habitude ancienne consistant à anticiper un accord entre le participe passé d'un verbe au passé conjugé avec l'auxiliaire *avoir* et le substantif qui se plaçait après le verbe.

La négation. Conformément à l'usage moderne, l'auteur se sert souvent d'expressions négatives telles que *ne...pas, jamais...ne, plus...ne, nul...ne, ne...nulz, ne...que, ne...point, ne...aucun, rien...ne, ne...riens, ne...nullement*. Mais *ne* seul, qui s'emploie bien plus souvent que *ne...pas* (trente fois), suffit à la négation verbale plus de cent fois, souvent dans des épiphonèmes:

n'ayez peur qu'Il vous faille	(LN 27)
Leurs conseillers **ne** mettent au bas taille	(TS 65)
Et **ne** vous chault s'ilz ont fait chose ville	(EV 31)
Gardez vous bien que laches **ne** soyez	(UP 280)
Tous pasteurs **n**'ont les conscïences nettes	(EP 72)
Tous bons servans **ne** sont recompensez	(CC 153)

---

[83] Dans cet exemple, l'accord anticipé rend le vers hypermétrique.
[84] La personne qui parle est *Terre Sainte*.

INTRODUCTION 57

Pas s'emploie seul pour marquer également la négation, mais moins souvent (six fois):

Avez vous **pas** vostre droit prince...?	(LN 80)
Voyons nous **pas** les pasteurs gaudisseurs	(TS 200)
Feistes vous **pas** Jacques de Lesignan	(EV 176)
Est **pas** la Paix...?	(UP 28)
Suis je **pas** en la chaire assise?	(JPS 412)

Dans deux cas, le poète emploie *point* seul pour la négation: *Doubtez vous **point** l'empereur des Rommains* (UP 181), *Craignez vous **point** de trebuscher* (JPM 213). En outre, il utilise l'expression *ne...non* pour la négation verbale dans une phrase, probablement par souci des rimes: *Et pharisees **n**'en firent compte **non*** (UP 240). Gringore emploie *non* tout seul dans un vers – *Mais **non** fais, **non*** (JPM 262) – et *nenny* dans un autre: *Nenny, c'est une droicte lire / De vos faiz* (LN 315-16). Le poète emploie quelquefois les anciennes expressions *nulli (nully)...ne*, *onc...ne*, et *ja...ne*:

Et si **nully n**'empesche le passage	(EV 226)
La verité **nulli ne** doit celler	(EP 344)
Pour Millanois **onc** prise **ne** fut telle	(LN 154)
Ja ne viendrez par ce point a voz fins	(UP 124)

(Ne)...(ne)...ne...ne, l'équivalent en moyen français de *ni...ni...ni...ne*, est employé une fois: *prince, duc, **ne** roy / **Ne** prent esmoy* (TS 4-5). Les premiers éléments dans ce vers n'ont aucune particule négative (voir aussi UP 196-97, CC 187). *Ne...ne...ne*, l'équivalent en moyen français de *ne...ni...ni*, s'emploie également: *Qu'ilz **ne** s'amusent desormais a richesse / **Ne** l'un **ne** l'autre faire guerre et debatz* (TS 220-21; voir aussi JPS 309, JPM 50). Dans un exemple, ce système est réduit: *ilz **n**'ont plaisir, repos, soullas **ne** joye* (JPM 17). Une variation existe pour la négation partielle, exprimée en français moderne par *ne...que*: *Il **ne** demeure au monde **seulement** / **Que** le renom* (TS 176-77). Dans un vers, l'auteur se sert de *ne...aussi* au lieu de *ne...non plus*: *...en se [ce] nul bon droit n'a / **Ne** vous **aussi**, Veniciens robustes* (EV 173-74). En comparant l'emploi de l'expression *n'ayez doubte* dans les deux exemples suivants, on découvre que le poète (ou le typographe?) insère une deuxième particule négative au vers 283:

> N'ayez doubte que Dieu vous pugnira (UP 202)
> N'ayez doubte que avec vous Dieu **ne** ayez (UP 283)

Quelques emplois anciens de la négation avec le subjonctif sont à remarquer:

> ...il **n**'est homme qui le sceust estimer (EV 225)
> Si bon lymier **n**'y a que cerf **ne** abuse (CC 126)
> Ruse **n**'y a que le vieil cerf **ne** face (CC 135)

Dans deux cas, l'emploi de la négation qui relève d'une forme ancienne du moyen français n'a pas de parallélisme grammatical:

> Et **ne** visent a la perte et dommaige
> Que au peuple font, **ne** qu'ilz offencent Dieu (OS 79-80)

> Car vous aymez mieulx ducatz et deniers
> Que **ne** faictes vostre salvatïon. (EV 187-88)

Adverbes, prépositions, conjonctions

Dans les œuvres polémiques de Gringore, les adverbes en *-ment* sont tous formés à partir de l'adjectif féminin, signe de progressivité par rapport à l'ancien français. La particule d'énonciation *si* s'emploie treize fois dans ces textes, nombre bien minime comparativement à l'emploi qui en est fait dans d'autres œuvres contemporaines[85]:

> Dieu de son dard **si** m'a voulu frapper (LN 192)
> Et **si** ilz ont du pasteur congnoissance (EP 56)
> ...ilz l'estranglerent, et **si** estoit leur maistre (CC 224)
> En effect, **sy** feray je moy (JPS 523)
> J'ay peu de biens, et **sy** encor me raille (JPM 19)
> **Si** est requis de leur faire amender (OS 88)

Dans deux cas, *tant* se trouve employé comme adverbe au lieu de *si*: ***tant** jolie* (EV 12), ***tant** seulement* (EV 82). De nombreux

---

[85] Voir aussi LN 238, EP 300, 323, JPS 631, JPM 74. Pour une discussion de cette particule, voir Christiane Marchello-Nizia, *Dire le vrai: l'adverbe «si» en français médiéval: essai de linguistique historique*, Genève: Droz, 1985.

adverbes et expressions adverbiales, qui relèvent du moyen français mais qui ne s'emploient plus, figurent aussi dans les textes examinés ici: *adonc, a tart, aucuneffois* et *aucunement* employés au sens positif, *au vray, aval le vent, bonne erre, d'aventure, de brief, de belle tyre, en decours, ja, jus, le grand cours, par fas ou nephas, oblique sentier, la droicte voye, voye oblique, le chemin plain, par trop, plus que oncques mais, pour certain, present, tout par tout, voire, au besoing, sans doubtance, a destre ou a senestre, pour l'eure, par trop, au dimenche, curialement, tout soudain, souventeffois, en aprés, pour le jourd'uy, huy,* et *du depuis*.

Parmi les prépositions du système ancien que l'on trouve dans notre texte figurent *en lieu de, par sus, devers* ou *par devers*. Pourtant Gringore emploie **hors** *ma maison* (JPM 12) et **hors** *de sa chaise* (JPS 629). A la différence du français moderne, la préposition *de* s'interpose entre le verbe *desirer* et l'infinitif deux fois:

Bonne ouaïlle tousjours desire	
D'avoir son tresjuste pasteur	(LN 86-87)
Fort desiroit **de** veoir l'Eglise unie	(EP 250)

La même préposition s'emploie après l'adjectif *prest*: *Je suis quasi prest **de** insenser* (LN 247). Ce dernier vers reflète l'emploi ancien de l'infinitif pour un infinitif pronominal.

En général, la préposition ne se répète pas devant une série de substantifs, se conformant ainsi à l'ancien français: ***En** estandars, banieres et guydons* (UP 26), ***par** force et vaillance* (UP 166), ***en** vertu et puissance* (UP 222), ***par** amour et franchise* (UP 263), ***par** assaulx et alarmes* (UP 275), ***en** maison, champs et voye* (JPM 30), ***par** pompe et hardiesse* (JPM 496), *Gens eshontez, plains **d'**orgueil et follye* (OS 28), *Leurs proyes prennent **en** villes, cours ou village* (OS 78), *Et ne visent **a** la perte et dommaige* (OS 79).

Tous les exemples suivants présentent un emploi de la préposition qui diffère de celui du français moderne, soit en raison de son absence, soit en vertu de la présence d'une autre préposition:

Lequel estoit de jour en jour pensif	
Trahir le roy...	(UP 148-49)
...et leur intencïon	

Estoit livrer sa sacree majesté	(UP 155-56)
au feu la plante	(CC 5)
Estiolles, **pres** Corbeil **dessus** Seine	(CC 18)
Qui, **d**'avec luy chasse mauvais cas hors	(CC 23)
Car **a** changer de testes ilz entendent	(CC 86)
...**de** ce n'ygnorez pas	(CC 185)
Sotz qui ayment **a** frequenter le bas	(JPC 24)
El trouvera moyens	
Vous deslyer de tous lyens	(JPS 507-08)
Ypocrisie, el parle **a** vous.	(JPM 332)
Entends **a** toy, Peuple François	(JPM 348)
Et si trouveroit les moyens	
Laisser son vouloir humain.	(JPM 447-48)
Qu'elle ne soit soy venger disposee	(OS 71)
Leur desduict est **a** faire veufves femmes	(OS 112)
En la fin Dieu pugnist, c'est le vray juge	(OS 134)

Dans un autre cas, une préposition précède un infinitif, là où une proposition subordonnée s'emploierait après une conjonction en français moderne: ***Devant** les gens prier Dieu, je me acquite* (JPM 231).

D'anciennes formes de conjonctions de subordination se trouvent dans les écrits polémiques de Gringore, à savoir *comme* (au lieu de *comment*, comme en français moderne), *ains que, fors que, depuis ce que,* et *tost tost que,* employé avec le subjonctif: ***Tost tost qu'**on vienne pour me donner secours* (TS 128).

L'Etablissement du texte

Les graphies telles qu'elles se présentent dans le texte de base sont conservées. Toutes les abréviations ont été résolues d'après les formes employées le plus souvent dans ce même texte. Nous avons régularisé la distinction entre *i* et *j*, *u* et *v*. La cédille s'emploie comme en français moderne et l'élision des voyelles est indiquée par une apostrophe. Nous avons cependant respecté le *-e* final s'il est indiqué dans le texte; ainsi *jay* est transcrit *j'ay* mais *je ay*, qui compte aussi pour une syllabe, reste inchangé. L'accent aigu sert à indiquer les participes passés au masculin singulier et au pluriel en -s, mais non pas ceux en -ez; il indique aussi qu'une syllabe finale se prononce (aprés). Pour faciliter le comptage des syllabes le tréma indique les diérèses et les hiatus dans les vers. La ponctuation et l'emploi des majuscules suivent les normes modernes.

LETTRES NOUVELLES DE MILAN

Introduction

Résumé de l'œuvre

Les *Lettres nouvelles de Milan* débutent par trois documents qui semblent autoriser le dialogue fictif inventé par Pierre Gringore qui s'ensuit[1]. Il s'agit d'une lettre royale, datée du 10 avril [1500], qui décrit la fuite de Ludovic Sforza de Novare et les négociations qu'entreprennent les autorités françaises avec les mercenaires suisses dans la ville de Milan; un post-scriptum qui annonce la prise de Ludovic par les forces françaises; et une description des fêtes de célébration à Paris. Par la suite, Gringore offre un scénario dramatique en vers qui imagine la réaction du peuple français, du peuple italien, et du captif lui-même. Cette mise en scène quasi-théâtrale commence par une introduction de quatre strophes, où le narrateur incite les Français à célébrer le succès de la politique royale et des soldats français. Un rondeau attaque les *Ytaliens ytaliqués*. Dans un soi-disant «débat», les Français menacent et critiquent leurs adversaires et leur prisonnier,

---

[1] R. de Maulde La Clavière, dans son édition des *Chroniques de Louis XII* de Jean d'Auton, Paris: Renouard, 1888 (cité ci-dessous comme D'Auton), t. I, 266, n. 3, prétend que l'imprimé de ces documents placés à la tête de l'œuvre de Gringore était officiel, quoiqu'il en souligne les inexactitudes, comme E. Balmas dans son édition des *Lettres Nouvelles de Milan*, Milan-Varese: Nicola, 1955; reprint Cisalpino, 1968, 51-54. Voir la reproduction d'une autre lettre officielle imprimée, celle que Louis de La Trémouille envoya à Georges d'Amboise, au sujet de cet événement dans D'Auton, I, 354-59. Cette lettre-ci fut publiée vers la même date que l'œuvre de Gringore (voir l'exemplaire à la Bibliothèque nationale de France [Rés. Lb29 20]).

Figure 1: *Lettres nouvelles de Milan* (BnF Rés. Lb[29]21), page de titre

Ludovic, tandis que les Italiens blâment ce dernier, louent leur nouveau maître (Louis XII) et admettent leur propre faiblesse. En prenant congé de Milan et de ses habitants, Ludovic regrette ses actions, se plaint de sa malchance et dénigre certains de ses propres sujets, tout en les encourageant à soutenir le roi de France. Ce monologue de cent quarante vers est interrompu par deux rondeaux, un premier dans lequel Ludovic se lamente et un second dans lequel les Milanais se plaignent. Dans la dernière strophe, engendrée par le nom de l'auteur en acrostiche, l'*acteur* encourage son public à remercier Dieu, à qui les Français doivent leur victoire[2].

Le contexte historique

Dès sa montée sur le trône en avril 1498, Louis XII souhaita conquérir le duché de Milan, sur lequel, en tant que dernier héritier de la maison Visconti, il croyait avoir des prétentions légitimes, conséquence du mariage de son grand-père, Louis d'Orléans, avec Valentina Visconti en 1387[3]. La famille Sforza avait remplacé les Visconti à la tête de Milan en 1450 et, en 1494, Ludovic Sforza, dit le More, obtint le pouvoir et reçut du roi des Romains, Maximilien, l'investiture du duché de Milan[4].

Pour préparer la prise de Milan, le monarque français s'assura l'alliance de la Savoie, de l'Angleterre, de l'Espagne,

---

[2] Pour une analyse plus approfondie de cette œuvre, voir Cynthia J. Brown, *The Shaping of History and Poetry in Late Medieval France: Propaganda and Artistic Expression in the Works of the Rhétoriqueurs*, Birmingham: Summa, 1985, 37-42 et Balmas, 23-28.

[3] Pourtant, d'après John S. C. Bridge, *A History of France from the Death of Louis XI*, Oxford: Clarendon, 1929, t. III, 38-43, les prétentions de Louis XII étaient en réalité assez douteuses en raison de la prise du pouvoir des Sforza, soutenue par les Lombards.

[4] Ce fut le More qui avait tant humilié Louis lors d'une confrontation militaire à Novare en 1495, à l'époque où le roi précédent, Charles VIII, cousin de Louis XII, rentrait en France de sa victoire à Naples. Voir Frederic J. Baumgartner, *Louis XII*, New York: St. Martin's Press, 1994, 105-16 et la note aux vers 160-71 de l'*Union des Princes* ci-dessous (175).

des Suisses, de Venise, du pape et même celle de l'archiduc impérial[5]. En août 1499 l'armée de Louis XII, sous le commandement de Gian Giacomo Trivulzio, d'origine milanaise, partit d'Asti et réussit à conquérir plusieurs villes dans le duché de Milan. Le 6 septembre, quatre jours après la fuite de Ludovic en Allemagne pour trouver des renforts, les soldats français prirent possession de la ville capitale[6]. L'entrée de Louis XII à Milan le 6 octobre 1499 marquait la réalisation de son rêve. Cependant, même avant son retour en France un mois plus tard, la situation se détériorait.

La faiblesse de Trivulzio et le mécontentement des Milanais sous l'autorité française précipitèrent en effet le retour de Ludovic Sforza à Milan en février 1500 avec des troupes auxiliaires, qui lui permirent de reprendre plusieurs villes principales du duché. Pourtant, en avril, les hommes de l'armée du roi, regroupés cette fois-ci sous le commandement de Louis de La Trémouille, reprirent le dessus. Ludovic, déguisé en soldat allemand, fut saisi le 10 avril alors qu'il fuyait Novare, ville devant laquelle les Français avaient mis siège. Lorsque le roi de France, resté à Lyon, reçut la nouvelle de la capture de Ludovic (le 11 avril, selon Jean d'Auton), il la fit annoncer hâtivement au public par un imprimé[7].

---

[5] Pour des renseignements sur cet épisode, voir D'Auton, I, 92-108; Bridge, III, 38-69; Baumgartner, 116-18; et Robert Scheller, «Gallia Cisalpina: Louis XII and Italy 1499-1508», *Simiolus*, 15, 1 (1985), 7-13.

[6] Les hommes dans le *Castello*, ou le château fort de la ville, sous Bernardino da Corte, qui était censé attendre le retour de Ludovic avec des renforts, finirent par capituler le 17 septembre 1499.

[7] Beaucoup de pamphlets et de poèmes en français, italien et latin annoncèrent la prise de Ludovic au public. Voir D'Auton, I, 110-11, n. 3; 269, n. 1; 278-84; Scheller, «Gallia Cisalpina», 12, n. 27; Jean-Pierre Seguin, *L'Information en France de Louis XII à Henry II*, Genève: Droz, 1961, n° 10-11; et Michael A. Sherman, «The Selling of Louis XII: Propaganda and Popular Culture in Renaissance France, 1498-1515», Diss. University of Chicago, 1974, 91-94. Pour une étude de l'image de Louis XII en tant que libérateur des Italiens du «tyran» Ludovic, voir Didier Le Fur, *Louis XII 1498-1515*, Paris: Perrin, 2001, 117-23.

Les *Lettres nouvelles de Milan* constituent la première œuvre politique de Gringore qui nous soit parvenue[8]. Aucun document n'indique que le pamphlet politique qu'il rédigea à l'occasion de cet événement était une commande officielle du roi, comme La Clavière le présume[9]. Mais il n'est pas impossible que Gringore cherchait à se faire reconnaître par la Cour grâce à cet imprimé[10].

Les traditions littéraires

Gringore ne rédigea pas les deux lettres officielles qui débutent son œuvre[11], mais il est possible qu'il ait écrit la description des fêtes organisées à Paris, où il vivait à l'époque. Les strophes I-IV de l'œuvre proprement dite présentent en effet une reprise, sous forme poétique, des idées associées aux documents liminaires en prose. S'il est de sa plume, ce passage nous autoriserait à associer Gringore au mouvement des pamphlétaires de propagande examiné par Jean-Pierre Seguin.

L'œuvre entière se compose non seulement de passages en prose, mais aussi de vers strophiques et de formes fixes[12]. Ce

---

[8] Gringore venait de faire publier son *Chasteau de Labour* en octobre 1499 (Paris: Philippe Pigouchet pour Simon Vostre) et il préparait sans doute à la même époque que les *Lettres nouvelles* son *Chasteau d'Amours*, qui parut en décembre 1500 (Paris: Philippe Pigouchet pour Simon Vostre). Pour des renseignements sur ces œuvres, voir Brown, *Poets, Patrons, and Printers*, 79-85. Une édition critique de ces deux œuvres moralisatrices paraîtront dans le troisième volume des *Œuvres de Pierre Gringore*.

[9] D'Auton, I, 266, n. 3.

[10] Balmas, 21-22, est du même avis.

[11] Balmas (51ff) souligne les nombreuses inexactitudes dans les lettres qui parurent dans l'œuvre de Gringore. En suggérant que le roi fit rédiger la lettre le 10 avril au soir près de Lyon et qu'il ajouta le post-scriptum le lendemain, il conteste la source des deux pièces de nouvelles telles que Jean d'Auton les décrivit, ainsi que les chiffres employés pour indiquer le nombre de combattants des deux côtés.

[12] Balmas, 23, croit que le titre de l'œuvre n'est pas à propos, puisque Gringore ne rédigea pas les deux lettres. Mais il est probable que l'auteur (ou son imprimeur) choisit consciemment le titre de son ouvrage pour attirer des

prosimetrum est une forme que l'on retrouve dans de nombreux textes rédigés par les rhétoriqueurs pendant la deuxième moitié du XVe siècle et le début du suivant[13]. Exploitant les formes panégyrique et invective de la rhétorique épideictique, l'auteur des *Lettres nouvelles de Milan* donne à chaque dimension rhétorique de ses vers – célébration, confrontation, complainte et condamnation – une forme poétique différente (voir ci-dessous). Trois rondeaux, dont le sujet anticipe les autres locuteurs ou y fait écho, sont intercalés à travers le poème.

En s'appuyant artificiellement sur les conventions littéraires dans la construction de son œuvre, l'auteur finit par rénover la tradition par l'emploi du vers à des fins politiques. Il se place ainsi dans la lignée de Rutebeuf. D'une manière moins oratoire que celle d'Alain Chartier et d'autres écrivains contemporains, Gringore fait de la propagande poétisée sous forme théâtrale[14].

Quoique la partie poétique de l'œuvre se présente comme un *débat*, il ne s'agit pas de ce genre en réalité. Selon la tradition des débats littéraires, qui trouvèrent leur source dans les *tensos* (*partimens*) des troubadours, chaque voix présentait des arguments pour ou contre une idée. Dans le soi-disant débat des *Lettres nouvelles*, les deux parties finissent par avoir plus ou moins la même opinion, puisque les Italiens, que critiquent les Français, se condamnent aussi.

---

lecteurs potentiels, une idée renforcée par les nombreux exemples ultérieurs de sa sensibilité aux possibilités publicitaires de l'imprimerie. Voir Brown, *Poets, Patrons, and Printers*.

13   Voir Henry Guy, *L'Ecole des Rhétoriqueurs*, tome I de *L'Histoire de la poésie française au XVIe siècle,* Paris: Champion, 1910, 102-03 et Paul Zumthor, *Le Masque et la lumière : la poétique des rhétoriqueurs*, Paris: Seuil, 1978, 240-43.

14   Balmas, 62-67, croit que la source la plus probable des *Lettres nouvelles de Milan* était un poème anonyme intitulé le *Grant Jubillé de Millan*, écrit dix jours auparavant, mais sa démonstration de l'influence de cette œuvre sur Gringore n'est pas tout à fait convaincante. Balmas, 67-73, suggère aussi qu'Alione d'Asti subit l'influence de Gringore quand il rédigea la *Conqueste de Loys douziesme roy de France sur la duchée de Milan. Avec la prinse du seigneur Ludovicque*, qui ne parut qu'en 1522.

INTRODUCTION								69

De même, la complainte de Ludovic se distingue des complaintes traditionnelles[15], car, au lieu d'attirer la sympathie du lecteur, comme le faisait France dans le *Quadrilogue invectif* d'Alain Chartier (1422), Grèce dans la *Complainte de Grèce* de Jean Molinet (1464), ou Chrestienté dans la *Ressource de la Chrestienté* d'André de La Vigne (1494), Ludovic se présente de telle sorte que le lecteur se sente repoussé par lui et par ses compatriotes.

Toujours est-il que le cadre dramatique dans lequel Gringore choisit d'introduire les diverses réactions à la capture de Ludovic Sforza, sous forme de dialogue et de monologue, est un espace théâtral qui annonce son avenir en tant que dramaturge[16].

La versification

Le nombre de syllabes. Les trois cent vingt-six vers qui se trouvent dans les *Lettres nouvelles de Milan* sont soit décasyllabiques (139) soit octosyllabiques (181)[17]. Les vers décasyllabiques se divisent presque toujours en hémistiches de quatre et six syllabes[18]. Gringore emploie la césure lyrique aussi souvent que la césure épique, se montrant ainsi un peu expérimentateur[19].

La syllabation de certains vers est assez particulière. Dans quelques vers le *-e* final d'un mot tombe devant une consonne au milieu d'un hémistiche (vv. 8, 32, 195, 255). Comme la version *P* de cette œuvre, la seule qui nous soit parvenue, est assez

---

[15] Sur la complainte, voir Claude Thiry, *La Plainte funèbre*, Turnhout: Brepols, 1978 et Dora Yabsley, dans son édition de la *Plainte du Désiré* de Jean Lemaire de Belges, Paris: Droz, 1932, 25-47.

[16] Oulmont, *Pierre Gringore*, 253-54 et Balmas, 24-25, soulignent l'aspect théâtral de cette œuvre aussi.

[17] Six vers (41, 47, 257, 263, 272, 278) ne comprennent que quatre syllabes, puisqu'ils représentent la première moitié du refrain du rondeau.

[18] Dans un cas, le vers décasyllabique se divise en deux hémistiches de cinq syllabes (v. 232).

[19] Sur les trois cent vingt-six vers du poème, vingt-quatre vers, soit 7%, ont une césure épique, dont dix-neuf font tomber le *-e* final et cinq le *-es* final. Dans neuf vers, le *-e* muet à la césure s'élide avec le premier mot du deuxième hémistiche. Dix-sept vers, soit 5% des vers, ont une césure lyrique.

fautive, suggérant que Gringore n'eut pas l'occasion de soigner lui-même son texte imprimé, il y a plusieurs autres vers qui sont hypométriques (vv. 212, 214, 324) ou hypermétriques (v. 8).

Formes strophiques. Les *Lettres nouvelles de Milan,* dont la première partie contient des lettres en prose, consistent également en un scénario quasi théâtral versifié de plusieurs formes strophiques. Cette variété métrique caractérise de nombreuses œuvres politiques de Gringore. Dans ce texte, il s'agit de[20]:

deux septains octosyllabiques:	ababbcc (XVI-XVII)
cinq huitains décasyllabiques:	abaabbcc (I-IV, XXXII)
onze huitains octobsyllabiques:	ababbcbc (V-XV)
[un neuvain décasyllabique:	aabaabbcc (XXIII) = un dizain décasyllabique manqué]
neuf dizains décasyllabiques:	aabaabbcbc (XVIII-XXII, [XXIII] XXIV-XXVI, XVIII)
quatre dizains octosyllabiques:	aabaabbcbc (XXVII, XXIX-XXXI)
trois rondeaux octosyllabiques:	AabbaaabA aabbaA (vv. 33-47, 249-63, 264-78)

En faisant allusion aux septains (XVI-XVII), Balmas prétend que «le ultime due ottave mancano di un verso ciascuna» (24). Mais le sens des vers dans les deux septains est tout à fait logique; il ne semble pas y avoir de vers manquants.

Les Ytaliens

XVI	Lombars se monstrent gens de care	136
	Et ont en plusieurs lieux renom,	
	Quant on leur demande denare,	
	Ilz respondent: «Messaire, non»!	
	N'esse pas bonne opinïon?	140
	Car on dit en commun usaige:	
	Qui a du content, il est saige.	

---

[20] Bien que les schémas de rimes présentés ci-dessus soient répétés de la manière indiquée, les rimes mêmes changent de strophe en strophe.

Les Françoys

XVII   Vous nous avez par trop pillez,
      Lombars, deceptis usuriers;   144
      Plusieurs Françoys sont exillez,
      Riches estes de leurs deniers.
      Mais ilz vous seront rendus chiers,
      A vostre deshonneur et honte: 148
      Tousjours enfin fault rendre compte.

En outre, la différence entre le schéma de rimes dans ces deux strophes octosyllabiques (*ababcc*) et celui des huitains octosyllabiques (*ababbcbc*) suggère qu'il ne s'agit pas du tout d'un vers manqué, comme Balmas le prétend, mais plutôt d'un choix conscient de la part de Gringore, qui cherchait à varier la métrique dans les deux strophes qui terminent le débat entre les Italiens et les Français[21].

En revanche, nous rejoignons Balmas quand il fait référence à un dizain auquel manque un vers (25), car le seul exemple d'une strophe à neuf vers (XXIII) est vraisemblablement un dizain décasyllabique manqué. Comme dans le cas des septains, une comparaison entre le schéma de rimes du neuvain (*aabaabbcc*) et celui des dizains décasyllabiques (*aabaabbcbc*) suggère que l'avant-dernier vers (non pas le dernier) de la strophe XXIII, un vers à la rime *b*, manque. Mais à la différence des septains, où la logique des vers n'est pas problématique, le sens et la grammaire des derniers vers du «neuvain» sont effectivement bizarres, ce qui semble confirmer l'absence de l'avant-dernier vers:

      Tresmiserable, chetif, despourveu, las
      Me puis nommer, car force est que je laisse,
      Prenant congié de toute gentilesse.   (vv. 206-08)

---

[21] L'hypothèse proposée par Balmas de deux huitains dans lesquels un vers ferait défaut serait admissible si le septième vers de chaque septain (vv. 142, 149) était une rime *b* en *-on* ou en *-iers*, car cela impliquerait nécessairement l'absence d'un huitième vers, à savoir une rime *c*. Or, ce n'est pas le cas, puisque le dernier vers existant de ces deux strophes est à la rime *c*.

Sans complément d'objet direct, le verbe *laisse* à la fin du vers 207 ne semble pas être employé correctement d'un point de vue grammatical[22]. Il est vraisemblable, pourtant, que le complément d'objet direct se trouvait dans le vers suivant qui manque et que celui-ci se terminait par une rime *b* (*-las*).

De plus, la présence d'une seule strophe à neuf vers au milieu d'une série de dizains décasyllabiques semble contredire l'emploi conscient de cette forme par l'auteur. Il est vrai que Gringore alterne souvent des formes strophiques à travers son œuvre, mais, à la différence de Balmas qui considère cette alternation «senza apparente motivo» (8), nous croyons voir une certaine logique dans ces choix, une logique qui n'admettrait pas facilement l'existence d'un neuvain isolé. Les quatre strophes d'introduction et la dernière strophe de conclusion des *Lettres nouvelles de Milan*, là où l'*acteur* s'exprime implicitement ou explicitement, se présentent en huitains décasyllabiques (I-IV, XXXII), tandis que les Français et les Italiens s'échangent des strophes de huitains octosyllabiques (V-XV), sauf dans leurs dernières répliques qui sont déclamées en septains octosyllabiques (XVI-XVII). Le soliloque de Ludovic se distingue de celui des interlocuteurs précédents par sa forme en dizains décasyllabiques (XVIII-XXII, [XXIII], XXIV-XXVI, XXVIII) et en dizains octosyllabiques (XXVII, XXIX-XXXI). La fin de la première partie de son discours est marquée par un changement de décasyllabes en octosyllabes (XXVII), ce qui annonce deux rondeaux en octosyllabes, dont le premier (vv. 249-263) résume tous les soucis de Ludovic lui-même («Or suis je prins») tandis que la deuxième (vv. 264-78) récapitule les sentiments des Milanais («Le More est prins»). Dans une strophe en décasyllabes (XXVIII) Ludovic reprend son discours, blâmant son astrologue

---

[22] Il se peut que le deuxième hémistiche du vers 207 veuille dire *car c'est la force que je laisse*, mais cette interprétation nous paraît forcée. En outre, cette construction ne se présente pas souvent dans les textes polémiques de Gringore. Par contre, l'auteur se sert très souvent de l'expression *il est force que* ou *force est que*, comme c'est le cas au vers 204 de la même strophe, où celui qui parle, Ludovic Sforza, regrette son départ involontaire de Milan.

et regrettant l'alignement néfaste des astres à l'origine de sa mauvaise fortune ; en trois strophes d'octosyllabes (XXIX-XXXI) il attaque ses propres sujets. Il apparaît donc que quand Gringore change de forme strophique dans cette œuvre, c'est toujours à la fin ou au début d'une nouvelle section de vers.

Quant aux rondeaux, nous nous dissocions quelque peu de l'interprétation de Balmas dans son édition, car il ne tient pas suffisamment compte du problème du refrain. En nous fondant sur le seul des trois rondeaux qui présente le premier vers du refrain au milieu et à la fin du poème (voir les vers 272 et 278), nous ajoutons le refrain – ou au moins le rentrement du refrain – à la fin des deux autres rondeaux (voir les vers 47 et 262), quoiqu'il soit absent de l'imprimé des *Lettres nouvelles de Milan*, dans le but de maintenir une uniformité qui ne caractérise pas, il est vrai, l'édition ancienne[23].

Les rimes. Les rimes les plus utilisées par Gringore dans ses *Lettres nouvelles de Milan* sont : *-ance* (23), *-esse* (18), *-aige* (12), *-oy* (9), *-ains* (8), *-ement* (8), *-quez* (8) et *-ire* (8). Les mots employés le plus fréquemment à la rime sont *plains* (4), *France* (3), et *roy* (3). Dans les quatre premières strophes où la voix de l'*acteur*-narrateur s'exprime, l'auteur fait preuve de son expérience poétique en exploitant des rimes batelées, ce qui perturbe le sens de certains vers (voir les vv. 20-21, 29-30). En outre, le rondeau aux vers 33-47 est rempli de jeux linguistiques, car les deux rimes du poème (*-iquez* et *-ique*) produisent une confusion délibérée entre les formes similaires des mêmes verbes. De temps à autre, Gringore crée des jeux verbaux autour d'un mot et de ses composés. Par exemple, aux vers 52-55, on trouve les répétitions suivantes :

> Et puis que guerre vous **bat** tant,
> Dictes ce mot : le **bas** nous blesse.
> Les gens du roy, en s'es**bat**ant,
> Vous ont monstré leur grant noblesse.

[23] Il est fort probable que le typographe ou l'imprimeur aient confondu le refrain du premier rondeau, *Ytaliens ytaliqués*, avec les rubriques *Les Ytaliens* qui s'ensuivent, car au vers 41, la présence de l'article défini est une erreur.

Aux vers 112-119, le poète exploite l'idée que les Milanais amassent de l'argent et des armes. Huit vers après l'annonce par les Italiens eux-mêmes que *Nous amassons de grans tresors* (104), leurs adversaires les critiquent en disant :

> Vous les avez bien **amassez**,
> Les escus aux armes de France,
> Mais ilz seront tous des**amassez**,
> Et les **amassans** en souffrance,
> Les Françoys ont bonne esperance,
> Premier qu'il soit jamais ung an,
> De peser a bonne balance
> Vos testons et gros de Milan.

On découvre aux vers 222-223 l'exploitation du mot *franc* sur le même mode :

> Le roy Louÿs vous tiendra en **franchise** ;
> **François** sont **francz**, c'est leur droicte devise.

Mais c'est la limite de son experimentation dans cette œuvre, peut-être parce que Gringore a composé les *Lettres nouvelles de Milan* dans un assez bref délai. Ce manque de temps pourrait expliquer également l'absence de rimes extrêmement riches dans le poème, la plupart étant des rimes suffisantes d'une syllabe. Quelques rimes seulement sont de deux ou trois syllabes[24].

Gringore emploie souvent l'enjambement dans son œuvre, soit près de cinquante fois. C'est le discours de Ludovic qui se caractérise par un recours particulièrement assidu à l'enjambement, comme le passage suivant le confirme :

> Les lansquenetz m'ont joué de fins tours
> Et plusieurs Suysses au son de leurs tabours
> M'ont relinqui, et les Genetz aussi.
> Je meurs de deuil, je suis quasi transi
> D'aspre couroux qui me tient et oppresse,
> Quant il est force que je me voie ainsi
> Aprehendé, et mon renom s'abesse. (vv. 173-179)

---

[24] Voir les vers 31, 34, 37, 38, 39 ; 48, 50 ; 49, 51 ; 64, 66 ; 65, 67 ; 112, 114 ; 143, 145 ; 160, 180, 183, 184 ; 190, 191, 193, 194 ; 241, 244, 245, 247 ; 278, 279, 282, 283 ; et la rime équivoquée *la mer-l'amer* aux vv. 284, 286.

De même, la dernière strophe, engendrée par l'acrostiche de Gringore, fait preuve d'un emploi poussé de l'enjambement:

> Gentilz Françoys, soyez de la victoire
> Remercïans Jesus le Createur.
> Il nous appert que l'euvre meritoire
> Nous vient du Ciel. Dieu est notre adjuteur.
> Gloire, triumphe, magnificence, honneur
> Ont conquesté a Milan [les] gens d'armes.
> Regretz, souspirs Ludovic en son cueur
> En a souvent, et pleure maintes larmes. (vv. 319-26)

Enfin, dans les *Lettres nouvelles de Milan*, Gringore recourt souvent à des épiphonèmes pour marquer la fin d'une strophe (voir les vv. 16, 24, 78-79, 86-87, 142, 159, 199, 217, 218, 288).

LE TEXTE

Editions

Il n'existe qu'une seule version contemporaine des *Lettres nouvelles de Milan* de Pierre Gringore, dans une édition anonyme. Balmas publia la première édition moderne de l'œuvre en 1955, en faisant remarquer qu'elle avait échappé à l'attention des anciens éditeurs de Gringore, Charles d'Héricault et Anatole de Montaiglon.

P (BnF Rés. Lb[29] 21)

Edition sur papier, s. l. n. d. [Paris: Pierre Le Caron, 10-20 avril 1500].[25] 6 ff. à 1 col. de 39 ll au plus, in 4°, car. goth., a[1]-a[6]. Titre (f. 1[r]): *Lettres nouuel= // les de milan. Auec les regretz du seigneur Ludouic.* Sous le titre une gravure sur bois d'un

---

[25] Ces renseignements sur l'imprimeur et le lieu de publication sont tirés des notes manuscrites de Brigitte Moreau dans l'exemplaire de cette œuvre à la Bibliothèque nationale de France à Paris (*P*). Nous adoptons la datation de l'œuvre suggérée par Balmas, 7, au lieu de la datation plus ouverte de Moreau («post 15 avril»). Balmas croit que Gringore aurait mentionné l'entrée des Français à Milan le 17 avril, s'il en avait été informé.

prisonnier dont les yeux sont bandés et qui monte à l'envers un cheval devant la porte d'une ville (Fig. 1)[26]. Le texte des *Lettres nouvelles de Milan* se trouve aux folios 1ᵛ-6ʳ. Au f. 2ʳ on trouve le titre: *Sensuyt le debat des francois con // tre le sire Ludouic. Auec les regretz di- //celuy & complainte des milannoys.* F. 6ʳ: Signature en acrostiche de l'auteur. Le folio 6ᵛ est blanc.

Références: BnF *Catalogue des Imprimés*, t. 64, 787; Brunet 1746; Copinger 2794; *Gesamtkatalog*, X, 2, n° 11533; Graesse, 157; Oulmont 32-33; Tchémerzine, VI, 42.

B (Edition d'E. Balmas)
Milan-Varese, 1955; reprint Cisalpino, 1968, pp. 1-107.

L'Etablissement du texte

Nous nous servons de la seule version contemporaine qui nous soit parvenue, *P*, comme base de notre édition. Quant elle est fautive, nous avons fait des corrections, qui sont signalées dans les notes à la suite du texte édité. Les lettres ou les mots ajoutés en correction se trouvent entre crochets. Les variantes dans la version *B* sont reproduites en bas de page ainsi que les leçons non acceptées dans *P*.

---

[26] Balmas, 57, suggère que cette gravure sur bois fut fabriquée spécialement pour cette publication.

Lettres Nouvelles de Milan (f° 1ʳ)

(f° 1ᵛ) **N**os amez et feaulx, nous avons ce matin receu les lettres de noz lieuxtenans, c'est assavoir de nostre armee de dela les montz, par lesquelles ilz nous rescripvent et font sçavoir que le seigneur Ludovic s'en est fouy avec cent chevaulx et a laissé et habandonné toute son armee et artillerie dedans nostre ville de Novarre. Et a l'heure que nosditz lieuxtenans et armee sont approchez dudit Novarre, est sorty d'icelle ville ung capitaine des Bourguignons, appellé le capitaine Pietres, lequel s'est venu rendre et a fait l'appoinctement de luy et de tous les autres Bourguignons pour estre [a] nous et a nostre service. Pareillement dient que le baillif de Dijon estoit allé audit Novarre pour traicter et pratiquer les Suysses dudit seigneur Ludovic qui estoient dedans en nombre de quatre mille, qui ne demandoient que payement. Et au regart des lansquenetz, ilz ne sçavent encores qu'il en adviendra, car les Suysses de nostre dicte armee ne les vouloient prendre a mercy. Toutesfois nosditz lieuxtenans mettront peine que le tout se rendra a la moindre effusion de sang que faire se pourra. Desquelles choses nous avons voulu vous en escripre et advertir, car nous sçavons certainement que vous en serés tresjoyeux comme ceulx qui ayment et desirent la prosperité de nous et de nostre royaume. Donné a Lyon le x jour d'avril.

Depuis ces lettres nous avons eu certaines nouvelles que ledit seigneur Ludovic, en se cuydant sauver en habit de cordelier, a esté prins. Et par composition nous est demouré toute son artillerie et la ville de Novarre, et .xix. mille hommes qu'il avoit s'en sont allez par ladicte composition. Ainsi signé Loys. Et au dessoubz Robertet.

---

l. 9 *B* faict – l. 10 *B* autres *manquent* – l. 17 *B* merci – l. 18 *B* le *manque* – l. 21 *B* serez

Desquelles nouvelles, le sabmedy, veille de Pasques fleuries, et le lundy et mardy ensuyvans, furent faictes processions generalles a Paris. Et le mecredy ensuyvant, .xv. jour dudit avril, fut chanté *Te Deum laudamus* en Nostre Dame de Paris, en la presence de messeigneurs de Parlement, des Comptes, de l'Hostel de la Ville, et plusieurs aultres nobles personnaiges. Et au soir furent fais les feux parmy les rues et carrefours de ladicte ville. Dont petis et grans menoient grant joye de la noble victoire et conqueste.

S'ensuyt le debat des François con (f° 2ʳ)
tre le sire Ludovic. Avec les regretz d'i-
celuy et complainte des Milannoys.

I **R**esveillez vous, gentilz, joyeux Françoys,
Mistes, courtois, car il en est saison.
Prenez coursiers, armures et harnoys,
Rompez gros bois en faisant vos tournoys,
Et des Valoys exaulsez le blason.
Jamais Jason, qui conquist la toison,
N'eut tel renom es mers orïentales,
Comme les Françoys ont maintenant aux Ytales.

II Bons capitaines et gensdarmes loyaulx,
Qui aux assaus estes preux et hardis,
Tous les Lombars maliçïeux et faulx,
Subtilz et caulx, avez fais liberaulx.
Ils sont vassaulx de leurs lieux interditz,
Comme estourdis, des foïs plus de dix.
En fais, en ditz, mal tenu leur promesse :
Ung noble cueur doit monstrer sa noblesse.

III Dieu a aydé au trescrestïen roy
Quant son arroy a si tresbien conduit,
Car selon droit, raison, justice et loy,
Ludovic voy happé en desarroy,

l. 33 *B* mercredy – 3 *B* cousiers – 19 *B* foy

TEXTE ÉDITÉ   79

           Doulx, simple, quoy. Dieu mercy, plus ne fuit!
           Or est son bruit adnullé et destruit.
           Tresmal instruit il est en fait de guerre:
           Nul bien ne vient d'avoir d'autruy la terre.   24

IV   Se multitude de gens font la bataille,
           Certes, Dieu baille la victoire ou luy plaist;
           Se avez bon droit, n'ayez peur qu'Il vous faille.
           Plus dru que paille, chassez ceste chiennaille,   28
           Chose qui vaille ne font, a peu de plait,
           Et bref, leur plait a tous Françoys desplaist.
           Bref, ce couplet dis en mode messaire:
           Foy de Lombart est reputee faulsaire.   32

                         Rondeau

           Italïens ytaliqués,
           Contre Françoys ne repliquez,
           Car certes pour toute replique,   (f° 2ᵛ)
           D'esguillons peingnans on vous picque,   36
           Et les maulx p[o]ur vous appliquez,
           Sur gens de France practiquez;
           Par voz blasons les toppiquez,
           Et ne vivez que de practique,   40
                    Ytalïens.

           Vostre More plus ne invoquez,
           Vous estes juc au sang picquez,
           Car vostre regard basilique   44
           A fait au siege apostolique
           Du tort beaucoup. Or repliquez,
                    [Ytalïens]

                         Les Françoys

V   Tremblez, Ytalïens, tremblez,   48
           Vous estes subgetz maintenant;

37 *B* [...], *P* pnur – 39 *B* vos – 41 *B* Ytalïens *manque*, *P* Les Ytaliens – 47 *BP* Ytalïens *manque*

Tous voz gens sont desassemblez,
Nul n'est pour vous la maintenant.
Et puis que guerre vous bat tant,   52
Dictes ce mot: le bas nous blesse.
Les gens du roy, en s'esbatant,
Vous ont monstré leur grant noblesse.

Les Ytaliens

VI Le gentil More Ludovic   56
    Avoit fait bien grande assemblee,
    Mais, puis qu'il est happé au bric,
    Force qu'el soit desassemblee.
    Il cuydoit partir a l'emblee   60
    Pour refaire quelque autre amas;
    Sa fantasie est bien troublee,
    Il est prins comme contumas.

Les Françoys

VII Pour toute resolutïon   64
    Ludovic est prins et tenu:
    Cordelier sans devotïon
    Es mains des Françoys est venu.
    C'estoit a luy tresmal congneu   68
    Se mettre en abit de simplesse,
    Car de plusieurs est maintenu
    Pour ung homme plain de finesse.   (f° 3ʳ)

Les Ytaliens

VIII L'oyseau qui est dedans la caige,   72
     Il tasche d'eschapper souvent,
     Et pensez qu'il eust esté saige,
     S'il eust gangné quelque convent
     Ung peu de pluye abat grant vent,   76

75 *B* couvent

Aussi on a peu combatu.
Tel plusieurs fois les verges vent,
Qui en est le premier batu.

Les François

IX Avez vous pas vostre droit prince
    Maintenant? Que voulez vous dire?
    Se ung estrange vous point et pince,
    Raison avez d'y contredire :
    Le roy est vostre chef et sire,
    Et Ludovic usurpateur.
    Bonne ouaïlle tousjours desire
    D'avoir son tresjuste pasteur.

Les Ytaliens

X Nous sommes joyeux que le roy
   Est venu et en faisons feste,
   En honorant son noble arroy,
   Joyeux sommes de la conqueste.
   Ludovic a nostre requeste
   N'a pas tous les jours bataillé –
   Qui trop entreprent, peu acqueste –,
   Mais nous l'avons avitaillé.

Les Françoys

XI Vous faictes tousjours des beaulx beaulx
    Quant estes en subgectïon,
    Et s'il y a quelque[s] desbaulx,
    Vous prenez vindicatïon.
    En effect, pour conclusïon,
    Nul ne peut entendre voz cas,
    Quant il auroit l'opinïon
    De quatre cens mille advocas.

79a *B* francoys – 98 *BP* quelque

Les Ytaliens

XII Nous amassons de grans tresors (f° 3ᵛ) 104
 Durant que la guerre nous dure;
 Tousjours nous tenons des plus fors,
 Nous nourrissans en nostre ordure.
 Herbes pour nostre nourriture 108
 Mengons; puis, quant vient au resveil,
 Pour recreer ung peu nature,
 Comptons ces escus au soleil.

Les Françoys

XIII Vous les avez bien amassez, 112
 Les escus aux armes de France,
 Mais ilz seront tous desamassez,
 Et les amassans en souffrance,
 Les Françoys ont bonne esperance, 116
 Premier qu'il soit jamais ung an,
 De peser a bonne balance
 Vos testons et gros de Milan.

Les Ytaliens

XIV Le roy misericordïeux 120
 Se monstre, nous le congnoissons,
 Car en plusieurs et divers lieux
 L'avons congneu par ses façons.
 Quant nous luy desobeÿssons, 124
 Il n'en appete point vengence;
 En nostre mal nous nourrissons,
 Se trompons gens, c'est nostre usance.

Les Françoys

XV Mais, dictes moy, est il memoire 128
 Qu'en guerre, bataille ou assault,
 Ayez conquis quelque victoire?
 Vostre deffence rien ne vault,

	Mais tousjours fuÿr vous en fault,	132
	Comme ung regnart en son terrier.	
	Car de vostre honneur ne vous chault	
	Nemplus qu'a ung faulx usurier.	

Les Ytaliens

XVI	Lombars se monstrent gens de care	136
	Et ont en plusieurs lieux renom,	
	Quant on leur demande denare,	
	Ilz respondent: «Messaire, non»!	(f° 4ʳ)
	N'esse pas bonne opinïon?	140
	Car on dit en commun usaige:	
	Qui a du content, il est saige.	

Les Françoys

XVII	Vous nous avez par trop pillez,	
	Lombars, deceptis usuriers;	144
	Plusieurs Françoys sont exillez,	
	Riches estes de leurs deniers.	
	Mais ilz vous seront rendus chiers,	
	A vostre deshonneur et honte:	148
	Tousjours enfin fault rendre compte.	

Ludovic

XVIII	Adieu, Milan, cité plaisante et belle,	
	La ou j'ay eu triumphe solennelle;	
	Je prens congié a force et maulgré moy,	152
	Or suis je prins et tenu en tutelle.	
	Pour Millannois onc prise ne fut telle,	
	Par quoy je pleure et suis en grant esmoy;	
	Lombars, Lombars, desnué je me voy;	156
	De la duché de Milan on m'estrange.	
	Pour duc avez le trescrestïen roy:	
	En peu de temps l'homme son estat change.	

154 *B* en

XIX	Franc soulois estre, or suis je en servitude,	160
	En tromperie ay mise mon estude,	
	Qui me tournë a ung grant prejudice.	
	Las, se le roy est rigoreux et rude,	
	Je suis perdu, a nul n'ay habitude.	164
	L'homme mauvais est reprins de son vice.	
	J'ay entreprins par subtille malice	
	De mettre hors les Françoys d'Ytallie;	
	Mais il est force que le roy me nourrice	168
	Et que en sa grace humblement me humilie	

XX	Tous mes gensdarmes, fuyez vous en le cours;	
	Impossible est que me donniez secours.	
	Lombars, criez au noble roy mercy.	172
	Les lansquenetz m'ont joué de fins tours	
	Et plusieurs Suysses au son de leurs tabours	
	M'ont relinqui, et les Genetz aussi.	
	Je meurs de deuil, je suis quasi transi (f° 4ᵛ)	176
	D'aspre couroux qui me tient et oppresse,	
	Quant il est force que je me voie ainsi	
	Aprehendé, et mon renom s'abesse.	

XXI	Mais toutesfoys je congnois clerement	180
	Que n'avoie droit de faire empeschement	
	Au roy Loÿs, car c'est son heritaige;	
	Car je ne suis descendu nullement	
	De la lignee des ducz, mais simplement	184
	Je suis nourry par le noble lignaige.	
	Se par folie et imprudent couraige	
	Ung peu trop hault je me suis eslevé,	
	Vent est venu, ou ung soubdain oraige,	188
	Qui rudement m'a navré et grevé.	

XXII	Soubz France suis en hostaige tenu,	
	Et n'ay rentes, terre ne revenu;	
	Dieu de son dard si m'a voulu frapper.	192
	En malle heure a Milan suis venu,	
	Par les François ay esté retenu:	

177 *B* courroux – 180 *B* toutesfois – 188 *B* un – 194 *B* francoys

TEXTE ÉDITÉ   85

        Impossible est que soie sceu eschapper,
        Leurs ennemys sçavent bien attrapper.   196
        Je l'apperçoy par ma cruelle prise ;
        Au mortel monde je ne saiche leur per :
        L'homme se blasme quant ung autre desprise.

XXIII   Adieu les nobles de toute Lombardie,   200
        Piteux adieu convient que je vous die,
        Regretz et pleurs ay en lieu de soulas.
        Comme fumee passe ma seigneurie.
        Bref, il est force que tous les jours je crie   204
        Incessamment, bien mille fois, « Helas » !
        Tresmiserable, chetif, despourveu, las
        Me puis nommer, car force est que je laisse,
        Prenant congié de toute gentilesse.   208

XXIV   Ha, conseilliers ! Mal m'avez conseillé,
        Pour mon proffit n'avez pas bien veillé.
        J'ay entreprins une trop haulte chose,
        Car [trop] soubdain on m'a bien resveillé,   212
        De quoy je suis si fort esmerveillé
        Que nuyt et jour [je] ne dors ne repose.   (f° 5ʳ)
        Or avez vous une tresnoble rose,
        Qui maintenant sur vous espanouÿt.   216
        L'homme propose et enfin Dieu dispose,
        L'un se courouce et l'autre s'esjouÿt.

XXV   Adieu marchans, loyaulx en marchandise,
        Couroucez vous, s'il vous plaist, de ma prise,   220
        Et avec moy faictes regretz et plains.
        Le roy Louÿs vous tiendra en franchise ;
        François sont francz, c'est leur droicte devise.
        D'honnesteté les ay trouvez tous plains,   224
        Mais je leur ay, par villes et par plains,
        Faulsé promesse, c'est pour quoy je suis prins.
        Piteusement pleurë et me complains,
        Car envis meur[t] qui ne l'a pas aprins.   228

201 *P* couvient – 208 *B* gentiliesse – 209 *B* conseillers – 212 *BP* trop *manque*
(-1) – 214 *BP* je *manque* (-1) – 228 *BP* meurs

XXVI Nobles François, plains de hault efficace,
       Je me submetz du tout a vostre grace.
       Se j'ay mal fait, qu'il me soit pardonné.
       J'ay eu autresfois avec vous audace :   232
       Le bon roy Charles, a qui Dieu mercy face,
       Par ma finesse fut ung jour (bien) estonné,
       Mais quant il vit mon fait desordonné,
       Il mist ses gens en si honneste run,   236
       Que m'en fouÿs ainsi que habandonné,
       Et si avoye lors des gens dix contre ung.

XXVII Or est deffailly ma puissance,
       Malheur vient sur moy et s'avance,   240
       Je ne sçay de quel pied dancer.
       Force est que je prenne pacience,
       Et que je pleure en diligence
       Pour mes meffais recompenser.   244
       Helas ! et qui eust peu penser
       Ce desplaisir qui m'est venu ?
       Je suis quasi prest de insenser,
       Quant me voy ainsi detenu.   248

                        Rondeau

       Or suis je prins par la vaillance
       Des Françoys, qui a coups de lance
       M'ont poursuyvi jusques au nic.
       Tel crioit : « Vive Ludovic » !   (f° 5ᵛ)   252
       [Q]ui dit maintenant « Vive France » !

       En ung habit de l'Observance
       M'estoye mis par mon ignorance,
       Parmy mes gens en bloc et en blic.   256
           Or suis je prins.

       Je n'ay a nul homme fiance,
       Car je n'ay force ne puissance,

---

245 *B* pu – 246 *B* Le desplaisir – 253 *P* Sui – 255 *B* m'estoys

Puis que je suis happé au bric. 260
C'est fait plus tost que dire pic,
Si conclus pour toute substance :
　　　[Or suis je prins]

Autre rondeau

Le More est prins par subtillesse, 264
Rien n'y a vallu sa finesse
Il sera regenté soubz France,
Françoys le tiennent en souffrance.

Or devinez a quel fin esse, 268
Genetz : c'est a vous grant simplesse
D'avoir faulsé vostre promesse,
Car non obstant vostre alïance,
　　　Le More est prins. 272

Milannoys monstrent leur feblesse,
Rompans la foy de gentillesse.
Lombars sont mis en oublïance,
Lansquenetz suysses en ballance, 276
Par gens preux, plains de hardïesse,
　　　Le More est prins.

Ludovic

XXVIII Mon astrologue a mal astrologué,
Le cours du temps tresmal epilogué ; 280
Mars m'aist contraire, Saturne m'est plaisant,
Pluto me tient pour homme subrogué ;
Jupiter m'a trop fort interrogué,
Lors que Phebus m'estoit trescler luysant ; 284
Se Neptunus me fut ung jour duysant
Quant Zephirus me conduit par la mer,
Boreas m'est pour le joud'uy cuisant :
Aprés doulceur il fault gouter l'amer. 288

263 *BP* Or suis je prins *manque* – 287 *B* le jourd'uy

XXIX   Or esse par lache couraige
        Que je suis tenu en servage, (f° 6ʳ)
        Dont grandement je me soussie;
        C'est au prejudice et dommaige 292
        Des Milannoys. Vent ou oraige
        Ont gasté ma nigromancie;
        Mon astrologue fantasie
        Soubz l'art magique quelque chose 296
        Pour me transporter en A[si]e,
        Avec Pr[i]am, je le suppose.

XXX   Ha! conars Lombars inhumains,
        Vous devïez mettre les mains 300
        A la paste soubdainnement.
        Mais de la lacheté estes plains,
        Par quoy je crie et me complains
        De vous, voire publiquement, 304
        Car vous avez fait laschement
        De me laisser ainsi surprendre.
        Je pry a Dieu devotement
        Que je vous puisse trestous veoir pendre. 308

XXXI   Ne vous meslez jamais de guerre,
        Autre plaisance vous fault querre,
        Vous ne sçavez que c'est a dire.
        On vous assault sur vostre terre, 312
        Et fuyez [l]e bon gré saint Pierre.
        Ay je tort se je creve d'ire?
        Nenny, c'est une droicte lire
        De voz faiz, par quoy fault que je die 316
        Que tout par tout on orra lire
        La lacheté de Lombardie.

L'acteur

XXXII   Gentilz Françoys, soyez de la victoire
        Remercïans Jesus le Createur. 320

---

297 *BP* aise – 298 *B* [...], *P* pram – 313 *BP* que bon gré – 317 *B* dire

Il nous appert que l'euvre meritoire
Nous vient du Ciel. Dieu est nostre adjuteur.
Gloire, triumphe, magnificence, honneur
Ont conquesté a Milan [les] gens d'armes.
Regretz, souspirs Ludovic en son cueur
En a souvent, et pleure maintes larmes.

324 *BP* les *manque* (-1)

Lettres nouvelles de Milan

Notes

l. 1: Selon La Clavière, éditeur des *Chroniques de Louis XII* de Jean d'Auton, les faits historiques indiquent que Louis XII n'aurait pas pu avoir fait écrire ces paroles avant la fin de l'après-midi du 10 avril : « Cette proclamation est datée, rétrospectivement et inexactement, de *Lyon, le 10 avril*; on voit qu'elle fut rédigée à la Tour-du-Pin ; le post-scriptum et l'adjonction d'une chanson sur la prise de Ludovic prouvent qu'en réalité elle ne put être livrée à l'impression que plus tard » (D'Auton, 266-67, n. 3).

l. 2: Les *lieuxtenans* en question sont Louis de la Trémouille, Louis de Luxembourg, et Gian Giacomo Trivulzio.

ll. 8-9: Voir la référence de D'Auton, I, 252 : « Ung nommé le capitaine des Pietres, du parti du seigneur Ludovic, ce rendit, celle nuyt, au conte de Ligny, dont furent les Bourguignons mal contans ; car ilz cuydoyent celluy capitaine l'ung de tous ceulx de leur party pour le seigneur Ludovic plus asseuré ».

l. 12: Le bailliff de Dijon fut Antoine de Bessey, baron de Trichastel et seigneur de Longicourt, capitaine des Suisses. Il avait accompagné Charles VIII à Naples et participé à la bataille de Fornoue (Fornova) en 1495. Bessey aurait joué un rôle dans la capture de Ludovic (D'Auton, I, 260-61).

l. 14: D'Auton, 249, parla de 400 hommes d'armes bourguignons, 800 Lombards, 4000 « chevaulx legiers », et 8000-20 000 Allemands et lancequenesz. La Trémouille prétendit : « si estoient que lansquenetz que suisses, de XIII a XIIII^m, et de Lombards de IIII a V^m, et d'ommes d'armes, de Bourguignons et Lombars, environ III^m chevaulx » (D'Auton, 356). Balmas met en question ces chiffres (voir ci-dessus, 67, n. 11).

l. 23: Louis XII était à Lyon en 1500 quand il envoya cette lettre.

ll. 25-26: Les renseignements sur le déguisement de Ludovic le More sont contradictoires. Les témoignages assez fiables, comme celui de Jean d'Auton (D'Auton, I, 54-59) et de Louis de la Trémouille (D'Auton, I, 356-7), racontent que Ludovic essaya de se cacher parmi les soldats suisses en se déguisant comme un Allemand. Jean Bouchet semble être le seul autre à répéter les détails à propos d'un costume de cordelier, circulés apparemment par la Chancellerie royale pour des buts propagandistes (Balmas, 54-56). Puisque le bois dans la version *P* reproduit cette version-ci, Balmas semble avoir raison qu'il fut créé spécifiquement pour cette édition.

l. 26: Noter que dans l'imprimé *P* il n'y a pas d'accord entre le participe passé *demouré* et le sujet du verbe *toute son artillerie et la ville de Novarre et .xix. mille hommes...*

l. 28: Il s'agit de Florimond Robertet, secrétaire du roi, et membre d'une famille importante dans l'administration royale des rois Charles VIII et Louis XII.

ll. 30-31: En 1500 *Pasques fleuries*, qui désignait le dimanche des Rameaux, eut lieu le 12 avril.

vv. 6-7: Comparaison classique entre Louis XII et Jason.

v. 8: Ce vers, tel qu'il se présente dans la version *P*, est hypermétrique, même si on considere que le *-e* final de *comme* tombe devant la consonne suivante. Dans ce texte le mot *maintenant* compte toujours comme trois syllabes (voir les vers 51, 81, 216).

v. 15: Référence au fait que les Lombards avaient soutenu l'usurpation de la souveraineté légitime du duché milanais de la famille Visconti par Ludovic Sforza. Il n'y a pas d'accord entre le participe passé *tenu* et *leur promesse*, probablement parce que cela aurait impliqué un vers hypermétrique.

v. 17: C'est le roi de France, Louis XII. Voir Le Fur, 221-37, pour une étude de cette expression et une discussion de son emploi stratégique par les publicistes de Louis XII.

v. 28: Noter l'absence d'un accord entre l'adjectif *dru* et le nom qu'il modifie *chiennaille* (ou *vous* sous-entendu), ce qui aurait impliqué un vers hypermétrique.

v. 32: Voir Giuseppe Di Stefano, *Dictionnaire des locutions en moyen français*, Montréal: CERES, 1991, 493.

v. 33: Le terme péjoratif *ytaliqués* réapparaît dans la *Moralité* du *Jeu du Prince des Sotz* (v. 82) que Gringore écrivit douze ans plus tard (Oulmont, *Pierre Gringore*, 253), mais ce sont les Français qui seront décrits ainsi dans cette future pièce.

v. 37: Dans l'imprimé *P* des *Lettres nouvelles de Milan* on trouve *pnur*. Le typographe fit-il une erreur en cherchant à imprimer le mot *pour*?

v. 41: L'imprimeur semble avoir confondu le rentrement du refrain de ce rondeau – *Ytaliens* – avec la rubrique *Les Ytaliens* qui s'emploiera à plusieurs reprises à la suite du rondeau (voir les leçons rejetées).

vv. 44-46: Allusion aux mauvaises relations entre Milan et le pape à cette époque-là. En juillet 1499 à la suite de l'arrêt d'un chambellan papal dans les états de Ludovic Sforza, le pape Alexandre VI avait menacé Ludovic d'excommunication (voir Bridge, III, 71).

v. 47: Prenant comme modèle la deuxième reprise du rentrement du refrain du troisième rondeau de cette œuvre au vers 278, nous fournissons ici le rentrement, qui manque dans la version *P*.

v. 48: Gringore emploiera cette menace, tirée de la bible (I Chronique 16,30; Psaumes, 96, 9; Isaïe, 32,11) dans d'autres œuvres comme l'*Entreprise de Venise* (1505) où l'on trouve le vers suivant: *Tremblez, tremblez, bourgoys Veniciens* (v. 197).

v. 53: *La bat nous blesse* veut dire que nous avons notre part de souffrance (voir Di Stefano, 64). Voir aussi James Woodrow Hassell, Jr., *Middle French Proverbs, Sentences, and Proverbial Phrases*, Toronto: Pontifical Institute of Mediaeval Studies, 1982, B18. Le jeu de mot avec *bas*, parties sexuelles, était courant en moyen français (Alain Rey et Sophie Chantreau, *Dictionnaire des expressions et locutions*, Paris: Le Robert, 1993, 58).

v. 66: Gringore suit les indications dans les lettres qu'il fit reproduire quant au déguisement de Ludovic en franciscain. Voir ci-dessus, *Notes*, ll. 25-26.

v. 76: Expression proverbiale qui veut dire qu'il suffit de peu de chose pour renverser la bonne fortune. Voir Joseph Morawski, *Proverbes français antérieurs au XVe siècle*, Paris: Champion, 1925, n° 100; Elisabeth Schulze-Busacker, *Proverbes et expressions proverbiales dans la littérature narrative du moyen âge français: recueil et analyse*, Genève: Slatkine, 1985, n° 506, n° 1624; Di Stefano, 700; et Hassell, P201.

v. 80: Référence à la légitimité des droits de Louis XII sur le duché de Milan.

vv. 82-83: Il faut comprendre que l'étranger auquel Gringore se réfère ici est Ludovic, non pas le roi de France.

vv. 86-87: Cette référence à un pasteur et à ses suivants comme sa *bonne ouaille* est une image qui reviendra très souvent dans les écrits de Gringore. Voir, par exemple, les *Folles Entreprises* dans le premier tome

NOTES

des *Œuvres complètes de Pierre Gringore*, Héricault et Montaiglon, éds, 65, 66, 69, etc.

vv. 88-89: C'est un des rares exemples où l'auteur ne se sert pas du subjonctif après une expression d'émotion, comme en français moderne.

v. 94: Ce vers offre une reformulation de l'expression proverbiale «En grand fardeau n'est pas l'acquest». Voir Hassell, F21.

v. 98: La version *P* fournit l'adjectif indéfini au singulier au lieu de l'adjectif au pluriel.

v. 103: Les Milanais sont associés aux avocats en raison de leur réputation de gens rusés.

vv. 112-19: Gringore exploite la polyvalence du mot *écus* au vers 113 où il fait référence aux armes après avoir invoqué le sens numismatique. Au vers 119 il fait allusion encore une fois à l'argent, quand il parle des *testons* et des *gros* de Milan. Il joue aussi sur «écu au soleil», monnaie créée sous le règne de Louis XI (*Trésor de la langue française*, Paris: CNRS, 1991, t. XV, 618). Balmas souligne le fait que Gringore, qui ne devait pas bien connaître les affaires italiennes, parle de l'argent français au lieu de l'argent italien ici (103, n. 38). Voir ci-dessus la discussion de l'exploitation des rimes basées sur l'idée d'amasser (74).

vv. 116-19: Ces vers confirment l'idée de Balmas que Gringore rédigea cette œuvre avant que les nouvelles au sujet de la réoccupation de Milan par les Français le 17 avril 1500 soient parvenues au public parisien.

vv. 120-25: Lors du premier séjour de Louis XII à Milan en septembre 1499, le roi se comporta d'une manière modérée envers les Milanais.

vv. 134-35: Ces vers et la strophe suivante soulignent bien l'attitude des Français envers les Lombards, qui, comme les Vénitiens, sont considérés comme avares et motivés uniquement par l'argent, non pas par l'honneur selon le code chevaleresque. Le mot *content* au vers 142 a un double sens (= comptant, *contempt*) qui renforce cette critique.

v. 136: Le mot *care*, placé à la rime, semble être une forme italianisée de *cure* qui rime avec *denare* au vers 138.

v. 151: Le mot *triumphe* est modifié par un adjectif au féminin, non pas au masculin comme en français moderne.

v. 157: Le mot *duché* était soit masculin soit féminin en moyen français.

vv. 173-75: Ludovic fait allusion ici au fait que les Suisses-Allemands (voir ci-dessus, *Notes, l. 14*), soldats mercenaires allemands, jouèrent un rôle critique dans sa capture. Leur refus de se battre précipita la victoire des Français sur les Milanais (D'Auton, I, 252-55). D'après D'Auton, I, 260, quelques Allemands finirent par identifier Ludovic pour les Français qui l'emprisonnèrent par la suite (mais voir 260, n.1).

vv. 180-89: Gringore fait dire par Ludovic qu'en fin de compte il n'avait pas le droit de détenir le pouvoir dans le duché de Milan.

v. 198: Emploi du verbe *savoir* au lieu du verbe *connaître*, comme ce serait le cas en français moderne, dans une forme subjonctive, vraisemblablement pour renforcer l'idée d'une situation impossible

v. 207: Le sens de ce vers où le verbe *laisse* n'a pas de complément d'objet direct nous fait croire qu'un vers avec une rime en *-as* manque après le v. 207, une hypothèse soutenue par le fait que c'est une strophe à neuf vers et non pas un dizain comme les strophes qui l'entourent. Voir ci-dessus la discussion à ce sujet (71-72).

v. 209: Le responsable du retour de Ludovic à Milan était le cardinal Ascanio (Balmas, 105, n. 49).

v. 212: Ce vers étant hypométrique, nous avons ajouté le mot *trop* au premier hémistiche.

v. 214: Ce vers étant hypométrique, nous avons ajouté le mot *je* au deuxième hémistiche.

v. 217: Expression proverbiale qui veut dire que les desseins des hommes tournent fréquemment au contraire de leurs espérances. Voir Rey et Chantreau, 433 et Pierre-Marie Quitard, *Dictionnaire étymologique, historique et anecdotique des proverbes et des locutions proverbiales des autres langues*, Genève: Slatkine, 1968, 311.

v. 228: La forme verbale *meurs* ne s'accordant pas avec la troisième personne *qui*, nous avons corrigé le texte.

vv. 232-38: Ludovic fait référence à sa confrontation avec le roi de France Charles VIII lors de la bataille à Fornoue en 1495. En réalité Ludovic n'y était pas présent. Gringore semble avoir recréé certains détails dans ce passage, car les Français, non pas les Italiens, s'en fuirent (Balmas, 106, n. 53).

v. 234: Ce vers est hypermétrique.

v 253: Le premier mot de ce vers dans la version *P* étant *Sui*, nous l'avons corrigé.

v. 254: Deuxième référence de Gringore au fait que Ludovic s'était habillé comme un franciscain pour fuir des Français.

v. 266: Ludovic passa ses derniers jours en prison en France au château de Loches près de Lyon. Il y mourut en 1508.

v. 279: Comme beaucoup d'hommes de son temps, Ludovic croyait à l'astrologie. Les deux astrologues célèbres qu'il consultait à sa cour étaient Ambrogio da Rosate et Admodoro (ou Armodoro) (Balmas, 107, n. 58).

v. 281: Le verbe *aist* devrait se comprendre comme *est*. Ludovic invoque un scénario mythologique pour expliquer le changement de sa fortune en méfortune. Le dieu martial l'a abandonné tandis que le dieu de la fraude et des *saturnales* le soutient. Jupiter (Louis XII?) ne s'est pas fié à Ludovic quand le soleil brillait sur lui. Le dieu de la mer a soutenu Ludovic au moment où tout était doux, mais le vent glacial domine à présent.

v. 297: La leçon dans la version *P* à la rime (*aise*) est évidemment une erreur, car il faut une rime en -*asie* ici.

v. 298: La leçon dans la version *P* (*pram*) n'a aucun sens. Les dictionnaires n'offrent pas d'exemple d'expression proverbiale avec le nom *Priam*.

v. 313: Le sens de ce vers, tel qu'il se présente dans l'imprimé *P*, n'est pas clair (voir les leçons rejetées).

v. 324: Ce vers est hypométrique sans l'addition de l'article *les*.

LA PITEUSE COMPLAINTE DE LA TERRE SAINTE

Introduction

Résumé de l'œuvre

Terre Sainte prie tous les princes et les prélats chrétiens de la sauver de sa souffrance et de la dévastation que lui apportent les Turcs corrompus et paiens. En encourageant à plusieurs reprises les chefs européens à arrêter leurs guerres insensées les uns contre les autres, elle fait appel à une croisade unifiée d'Européens sous le commandement du roi de France. Bien que les *Turcsz inhumains* (v. 142) soient ses vrais ennemis, ce sont les ecclésiastiques qu'elle attaque pour leurs vies luxueuses, leur exploitation de bénéfices, leur gourmandise, leur immoralité et leurs autres actions outrageuses. Terre Sainte critique également les princes d'avoir maltraité leurs sujets et d'avoir poursuivi des buts plus avares que chrétiens. Dans son monologue, elle fait directement appel à Dame Noblesse, aux Chrétiens et, à la fin, à Louis XII lui-même.

Le contexte historique

L'appel de Terre Sainte fait écho à la croisade prêchée par le pape Alexandre VI en 1500[27]. A l'automne 1499, sous la menace

---

[27] Voir Emile Picot, *Catalogue des livres de la Bibliothèque de M. le Baron James de Rothschild*, Paris: Morgand, 1884, t. I, 304. Pour les détails ci-dessous, nous nous appuyons sur Louis Pastor, *Histoire des papes depuis la fin du moyen âge*, trad. Furcy Raynaud, t. V, Paris: Plon, 1898, 80-91 et sur Bernard Quilliet, *Louis XII*, Paris: Fayard, 1986, 262-66.

Figure 2 :
La Piteuse Complainte de la Terre Sainte (BnF Rothschild 494), page de titre

du péril turc, le pontife avait écrit à tous les princes de la Chrétienté pour les prier d'envoyer des ambassadeurs à Rome en vue de la formation d'une ligue contre les Turcs. Le 11 mars 1500, un conciliabule des représentants de la France, de l'Empire, de l'Angleterre, de l'Espagne, de Naples, de Venise, de la Savoie et de Florence eut lieu à Rome. Insistant sur le devoir de tous les états chrétiens de défendre Venise contre une attaque des Turcs, le pontife se plaignit du manque d'engagement de l'empereur, de la France et de Naples.

Le 1er juin 1500, Alexandre VI lança un appel aux armes pour la défense commune, dans lequel il dénonça les cruautés perpetrées par les Turcs contre la Chrétienté et leur intention de conquérir Rome. Cette bulle, publiée dans la langue de chaque diocèse, décréta une dîme, pendant trois années consécutives, sur tous les bénéfices ecclésiastiques et sur les traitements des fonctionnaires des Etats de l'Eglise. Le pape menaçait d'excommunication tous récalcitrants.

En juillet 1500, les ambassadeurs de Louis XII conclurent un traité à Bude avec le roi de Hongrie et de Bohême et le roi de Pologne, traité dans lequel ils juraient une alliance contre les Turcs. L'Empire, l'Espagne et le Portugal s'engagèrent en faveur de la croisade tandis que les Anglais, les Ecossais et les Scandinaves s'en tinrent à des promesses plus évasives. Le 11 novembre 1500, la France et l'Espagne signèrent le traité secret de Grenade, qui prévoyait essentiellement une attaque coordonnée contre le royaume de Naples, sans négliger la croisade contre les Turcs.

En 1501, les Français décidèrent d'attaquer la forteresse ottomane de la grande île de Mytilène. Vingt galées sous le commandement de Philippe de Ravenstein partirent pour l'Adriatique dans le but de rejoindre les flottes de Venise et des chevaliers de Rhodes. Cependant, on mit fin à l'expédition à la mi-octobre en raison de la défaite désastreuse face aux Turcs, un événement qui devait marquer la dernière croisade française[28].

---

[28] Voir D'Auton, II, 149-204 pour plus de détails. Il est vrai, pourtant, que la France continuait à envisager la possiblité d'une croisade contre les Turcs,

Les traditions littéraires

La complainte politique et le monologue dramatique constituent la base littéraire de la *Piteuse Complainte de la Terre Sainte*. Son modèle lointain vient vraisemblablement des complaintes associées à la croisade de Rutebeuf[29]. Mais la *Piteuse Complainte* rappelle à bien des égards une forme rhétorico-poétique particulièrement prisée des prédécesseurs et des contemporains de Gringore, tels Jean Molinet et André de La Vigne. Tout comme Terre Sainte, Grèce, dans la *Complainte de Grèce* que Jean Molinet écrivit en 1464, adressa ses plaintes et son encouragement à participer à la croisade qui se préparait à l'Eglise, aux nobles européens, et aux Français[30], plaçant à la tête de cette expédition envisagée le duc de Bourgogne, Philippe le Bon. Terre Sainte, de son côté, accorde ce même rôle au roi Louis XII. Il est à noter qu'une reformulation de la *Complainte de Grèce*, intitulée la *Complainte de la Terre Sainte et aultres provinces adjacentes detenue en la main des infideles*, parut sous forme imprimée, peut-être vers la même époque que la *Piteuse Complainte* de Gringore. Dans cette

---

car, le 13 octobre 1501, elle accepta d'aider les Allemands contre les Turcs et en décembre de cette même année, par le Traité de Trente, Louis XII promit 50 000 hommes à l'Empire pour sa croisade contre les Turcs (Baumgartner, 141-42).

[29] Voir, par exemple, la *Complainte de Constantinople*, la *Complainte d'Outremer* et la *Nouvelle Complainte d'Outremer* de Rutebeuf; il s'agit d'une lamentation sur l'état misérable de la Chrétienté en Orient. Les complaintes qui caractérisent un bon nombre de ses autres poèmes sur la croisade se rapportent à la mort d'un héros de croisade, comme dans la *Complainte du comte Eudes de Nevers*, la *Complainte du roi de Navarre*, la *Complainte du comte de Poitiers*, etc. Voir l'édition d'E. Faral et J. Bastin, Paris: Picard, 1977, t. I, 409-516. Oulmont, *Pierre Gringore*, 74, fait un lien entre Rutebeuf et Gringore, mais il estime que les œuvres de celui-là furent plus réussies (258).

[30] Dans son édition de l'*Union des Princes* de Gringore, Milan: Pubblicazioni della Università Cattolica, 1977, 56, Anna Slerca fait le lien entre ces deux œuvres en comparant les vv. 189-91 de la *Complainte de Grèce* aux vers 125 et 185 de la *Complainte de la Terre Sainte*. Voir l'édition de Noël Dupire, *Faictz et Dictz de Jean Molinet*, Paris: SATF, 1936, t. I, 9-26. Dans la *Complainte de Grèce*, rédigée pour le duc Philippe le Bon, Grèce fait appel également aux Bourguignons et aux Anglais.

version renouvelée, l'identité des locuteurs et certaines références sont modifiées et se rapportent plutôt à Charles le Téméraire[31].

Terre Sainte s'insère également dans la lignée de Dame Chrestienté, protagoniste de la *Ressource de la Chrestienté*, rédigée par La Vigne en 1494 et publiée en 1495, puis six fois entre 1498 et 1525[32]. Cette dernière se plaignait en effet de son état dissolu et de son abandon par les princes européens tout en faisant un appel à une croisade à l'époque où le prédécesseur de Louis XII, Charles VIII, se préparait à traverser l'Italie pour se rendre à Jérusalem[33]. Quoique cette œuvre, rédigée en prosimètre, fût engendrée par le songe de *l'acteur*, qui joue un rôle plus important dans le scénario politique, le message du personnage principal et l'exploitation de la rhétorique exhortative, accusative et laudative ressemblent à ce qui se présente dans la *Piteuse Complainte de la Terre Sainte*.

Si l'on tient compte des critères avancés par Emile Picot, la *Piteuse Complainte de la Terre Sainte* apparaît également comme un monologue dramatique[34]. Seule la voix de Terre Sainte se présente sur la scène, et, en s'exprimant d'une manière simple, directe, mais provocatrice, elle adopte une rhétorique vitupérative

---

[31] Martin Lempereur publia une édition de cette œuvre à Anvers en 1532; une réédition parut en 1533. Une autre œuvre intitulée la *Complainte de Constantinople, composee par Molinet et envoyee aux nobles crestiens* avait été publiée à Lyon ca. 1520. Voir Avenir Tchémerzine, *Bibliographie d'éditions originales ou rares des auteurs français des XVe, XVIe, XVIIe, et XVIIIe siècles*, Paris: Plee, 1932, t. VIII, 374 et Picot, *Catalogue Rothschild*, IV, n° 2818.

[32] Pour des détails, voir notre édition de la *Ressource de la Chrestienté*, Montréal: CERES, 1989.

[33] Le modèle de Dame Chrestienté et de Terre Sainte était vraisemblablement Dame France dans le *Quadrilogue invectif* d'Alain Chartier (1422), l'écrivain français le plus admiré par les rhétoriqueurs.

[34] Voir son *Monologue dramatique dans l'ancien théâtre français*, Mâcon, 1886-88; reprint Genève: Slatkine, 1970. Oulmont, *Pierre Gringore*, 257, identifie la *Piteuse Complainte* comme «une sorte de monologue dramatique». Pour une discussion du monologue dramatique, voir aussi Alan E. Knight, *Aspects of Genre in Late Medieval French Drama*, Manchester: Manchester University Press, 1983, 88-90 et Charles Mazouer, *Le Théâtre français du moyen âge*, Paris: SEDES, 1998, 359-73.

et exhortative plutôt qu'épideictique, comme certaines de ses homologues. Pourtant Terre Sainte se montre partiale à Louis XII, le seul personnage à qui elle adresse ses doléances. C'est qu'il est le prince le plus proche de Dieu ainsi que son père allégorique (vv. 212-15) et que, par conséquent, il est le plus habileté à commander l'expédition contre les Turcs[35]. Dans la dernière strophe du poème, Terre Sainte se confond avec l'*acteur*, ou avec l'auteur-narrateur, car ses paroles, qui incitent tous les princes européens – ainsi que les lecteurs – à agir dans son intérêt, surgissent du nom même de Gringore.

La versification

La grande variété de formes strophiques et les nombreux schémas de rimes dans la *Piteuse Complainte de la Terre Sainte* contredisent l'affirmation d'Oulmont selon laquelle Gringore employait rarement des jeux de rimes[36].

Le nombre de syllabes. Les deux cent trente-neuf vers sont soit décasyllabiques (199), soit octosyllabiques (40). Sur les cent quatre-vingt-dix-neuf vers décasyllabiques, qui se divisent presque toujours en hémistiches de quatre et six syllabes[37], soixante-et-un vers, soit 31%, ont une césure épique et quarante font chuter le *-e* final, dix-huit le *-es* final, et trois le *-ent* final. Dans trois vers, le *-e* muet à la césure s'élide avec le premier mot du deuxième hémistiche (vv. 107, 127, 181) tandis que trois vers se caractérisent par une césure lyrique (vv. 63, 167, 238). Gringore se montre donc très conservateur dans son emploi des césures.

---

[35] Voir Cynthia J. Brown, «Patterns of Protest and Impersonation in the Works of Pierre Gringore», dans *Vernacular Literature and Current Affairs in France, England and Scotland, 1500-1530*, éds. Jennifer Britnell and Richard Britnell, Aldershot: Ashgate, 2000, 19-23, pour un développement de ces idées.

[36] *Pierre Gringore*, 258.

[37] Dans quelques cas, le vers décasyllabique se divise en deux hémistiches de cinq syllabes (vv. 1, 61).

Quelques remarques s'imposent quant à la syllabation des mots particuliers. Dans certains vers, le *-ent* final d'un verbe à la troisième personne du pluriel (vv. 20, 23, 24) ou le *-es* final d'un mot (v. 11) tombent devant une consonne au milieu d'un hémistiche. Dans deux cas, le *-es* final d'un mot tombe devant une voyelle (vv. 21, 131). Dans tous les cas le *-e* à l'intérieur d'un mot, que ce soit un adverbe en *-ment* (par exemple, vv. 88, 110, 209), un substantif (par exemple, vv. 52, 179, 238) ou un verbe (par exemple, v. 159), compte comme une syllabe.

Le texte de Gringore comporte de nombreux hiatus, autre signe de son conservatisme. Les mots tels que *payens* comportent la diérèse (vv. 11, 41). Mais on trouve les deux formes dans d'autres mots tels que «guerroyer», qui compte comme quatre syllabes dans un cas (v. 61), tandis que dans un autre vers il compte comme trois syllabes (v. 102). Les terminaisons *-tion/-cion/-yon/-ion*, *-iance*, *-ieux*, et *-ien* comptent toujours comme deux syllabes[38]. Les mots clés *Crestiens*, *Crestiens*, ou *crestienne* (vv. 9, 24, 42, 52 122, 127, 212, 230, 234) comportent donc toujours la diérèse, ce qui renforce d'autant plus l'importance de ces mots dans le monologue de Terre Sainte.

Formes strophiques. La *Piteuse Complainte* comporte dix formes strophiques différentes. C'est une variété étonnante, étant donné que le poème ne compte que vingt-huit strophes. Il s'agit de :

trois versions de *huitains décasyllabiques* :
    abaabbcc (I-IV, XV-XVII, XX, XXII, XXIV, XXVII-XXVIII)
    abbaabba (XXI)
    ababcbc (XXV-XXVI)

deux versions de *huitains octosyllabiques* :
    abaabbcc (IX-XII)
    aababbcc (XXIII)

deux versions de *neuvains décasyllabiques* :
    abaabbccb (V-VIII)
    aabaabbcc (XIII)

---

[38] Mais les mots *chiens* (v. 12) et *rien* (v. 92) comptent comme une syllabe.

une version de *dizains décasyllabiques*:
    aabaabbcbc (XIX)

deux versions de *douzains décasyllabiques*:
    aabaabbccaca (XIV)
    aabaabbccddc (XVIII)

Gringore exploite ces différentes formes, qui ne se suivent pas dans un ordre bien déterminé, pour exprimer l'instabilité psychologique, politique, et morale du protagoniste.

Les rimes. L'emploi de nombreux jeux de rimes vient intensifier l'impression d'instabilité suscitée par les multiples formulations strophiques, mais il renforce aussi l'appel impératif de Terre Sainte ainsi que son anxiété. Dans la première strophe du poème, par exemple, la rime *a* en *-oy* est reprise trois fois à la césure des vers 2, 4, et 5 et la rime *b* en *-ance* est reprise deux fois à la césure des vers 6 et 7 pour former des *rimes batelées*. Elles sont suivies d'une rime équivoquée (*c*):

> Princes triumphans, augmenteurs de **foy**,
> Regardez m**oy**, et ayez souven**ance**
> Qu'on me governe sans justice, sans l**oy**.
> Gastee me v**oy**: car prince, duc ne **roy**   4
> Ne prent esm**oy** de ma dure grev**ance**;
> Nul ne s'av**ance** de monstrer sa puiss**ance**
> Ma doule**ance** me grefve au cueur le **scens**:
> Qui pert le sien, il pert quasi le **scens**.   8

Ce même système se répète dans les strophes II-IV, XV-XVI, XVII (sans rime équivoque), XXII et XXIV (sans rime équivoque). Dans la strophe XXVII, les rimes *a* et *b* sont batelées. Les *rimes batelées* des vers 130-34 intensifient d'une manière calculée les attaques verbales de Terre Sainte.

La combinaison de rimes batelées et équivoquées s'emploie même plus systématiquement dans la strophe XII, où presque chaque vers contient une rime intérieure à la césure:

> Esperitz mistiques, nobles legisla**teurs**,
> Doc**teurs**, rec**teurs**, interpret**ez**, lis**ez**

INTRODUCTION 105

>Les nobles faitz de hardis comba**teurs**,
>Bons conduc**teurs**, devocïeux pas**teurs**: 96
>Pars bonnes m**eurs** furent treffort pr**isez**.
>Vous div**isez** comme male adv**isez**
>Et despr**isez** vos proesmes et a**mys**.
>Il est mauld**it** qui ce trouble y **a mis**. 100

Dans les strophes IX-XI, qui sont mises en valeur par le passage à des vers octosyllabiques au milieu d'un poème en décasyllabes, intervient le jeu poétique de la *rime couronnée* où chaque vers se termine par deux mots qui riment, rendant plus difficile la compréhension:

>J'apperçoy bien que no**blesse blesse**,
>Et qu'ella mis ses es**batz bas**,
>Car pour le jourdhuy **lesse lesse**
>D'unÿon quant a**dresse dresce** 80
>Pour faire gens et sou**las las**;
>Sans le conseil d'avo**cas, cas**
>Enormes se font maintenant;
>Pour povres nul n'est main tenant. 84

Dans l'avant-dernière strophe (XXVII) on retrouve une exploitation de la terminaison *-ïon* au moyen de rimes batelées. Tous ces jeux linguistiques font appel à la tradition des rhétoriqueurs, tels que Molinet et La Vigne, qui cherchant aussi à exploiter les possibilités de la langue eurent recours à des jeux de rimes similaires dans la *Complainte de Grèce* et la *Ressource de la Chrestienté* entre autres[39].

---

[39] Sur les rhétoriqueurs, voir Zumthor, *Le Masque et la lumière*, 218-77 et Brown, *Shaping*. Parmi les nombreuses études récentes sur les rhétoriqueurs, voir Jean Devaux, *Jean Molinet, indiciaire bourguignon*, Paris: Champion, 1996; Michael Randall, *Building Resemblance: Analogical Imagery in the Early French Renaissance*, Baltimore: The Johns Hopkins University Press, 1996; David Cowling, *Building the Text: Architecture as Metaphor in Late Medieval and Early Modern France*, Oxford: Clarendon, 1998; Adrian Armstrong, *Technique and Technology: Script, Print, and Poetics in France, 1470-1550*, Oxford: Clarendon Press, 2000; et Perrine Galand-Hallyn et Fernand Hallyn, éds., *Poétiques de la Renaissance: le modèle italien, le monde franco-bourguignon et leur héritage en France au XVIe siècle*, Genève: Droz, 2001.

Les rimes les plus riches sont des rimes de trois syllabes qui se trouvent deux fois dans le poème (*maintenant – main tenant*, vv. 83-84; *acheté – lacheté*, vv. 238-39); il y a quatre rimes léonines (vv. 15-16; 51, 53, 54; 190-91; 208, 210). Il arrive souvent que Gringore réussisse à créer dans une strophe des rimes riches ou léonines entre deux ou trois rimes, mais l'addition d'une troisième ou d'une quatrième rime à la même série les réduit toutes à des rimes suffisantes[40]. Quelquefois les rimes riches ou léonines se font parce que tous les mots sont construites sur le même radical (vv. 75-76; 91-92; 104-05). Le même mot s'emploie à la rime dans cinq cas, soit dans un sens différent ou dans une expression différente (vv. 7-8, 61/65, 165/67), soit dans une fonction grammaticale différente (vv. 181-82).

Les rimes les plus utilisées dans la *Complainte de la Terre Sainte* sont: *-ance* (13), *-esse* (13), *-ainte, aincte* (7) et *-aintes* (3), *-as, atz* (8), *-eurs* (5) et *-teurs* (3), *-is, itz* (7), *-ion* (4) et *-tion* (3). Les mots employés le plus fréquemment à la rime nous signalent les thèmes principaux du poème: *complainte* (4) et *sainte* (3).

L'enjambement est souvent employé par Gringore dans cette œuvre, soit plus de cinquante fois. L'allitération, comme celle de la strophe XV, vient souvent ajouter à la tension chez Terre Sainte déjà renforcée par les jeux de rimes. Gringore emploie fréquemment la technique typique des rhétoriqueurs, à savoir l'épiphonème, où un proverbe signale la fin d'une strophe (voir, par exemple, les vers 8, 16, 76, 92, 175, 207, 231). La strophe XVIII fait preuve d'un jeu plutôt rhétorique, *l'anaphore*, qui se caractérise par des répétitions de *l'article + le substantif + le présent du subjonctif*. Il y a une présence frappante de l'impératif dans ce poème, ce qui concourt au ton harcelant du protagoniste; on trouve cinquante emplois de cette voix grammaticale dans les deux cent trente-neuf vers. La dernière strophe se remarque par l'acrostiche du nom de l'auteur, une «signature» fréquente dans les œuvres de Gringore.

---

[40] Voir, par exemple, *blasmer-entamer-l'amer-mer* (vv. 43, 46, 47, 50); *couraige-raige-servaige* (vv. 60, 62, 63); *endure-dure-murmure* (vv. 233, 236, 237). Mais voir aussi *laidures-ordures-dures* (vv. 33, 35, 36).

LE TEXTE

Editions

Le texte complet de la *Piteuse Complainte que fait la Terre Sainte aux Princes, Prelatz et Seigneurs crestiens* nous est parvenu en trois éditions. A notre connaissance, il n'en existe aucune version manuscrite. Nous en donnons la première édition moderne.

R (Paris, BnF Rothschild 494)

Edition sur papier. [Lyon]: Pierre Mareschal et Barnabé Chaussard[41], [ca. 1500]. 6 ff. à 1 col. de 30 ll. au plus, in-4°, car. goth., a¹-a⁶. Titre (f. 1ʳ): *La piteu // se co(m)plai(n) // te q(ue) fait la terre // Sainte aux Princes. Pre // latz. & seigneurs crestie(n)s*. Sous le titre la marque de Pierre Mareschal et Barnabé Chaussard (Fig. 2)[42]. Le texte de *La Piteuse Complainte* se trouve aux folios 2ʳ-6ʳ. Au f. 2ʳ on trouve le titre: *La complainte de la terre sainte // adressante aux princes prelatz et // seigneurs crestiens*. F. 6ʳ: DEO GRATIAS. Le folio 6ᵛ est blanc.

Références: Baudrier, XI, 479; *Gesamtkatalog*, X, 2, n° 11532; Gültlingen, I, 29, n° 3; Oulmont, 33; Picot, I, 304; Tchémerzine, VI, 41a

C (Chantilly, Musée Condé, III. F. 94)

Edition sur papier, in-4°, car. goth. Paris: Nicolas Chrestien, s.d. [1547-57][43]. Titre: *Les faitz et gestes du // preux Godeffroy de // Boulion / & de ses cheualeureux freres // aussi plusieurs cronicques et hystoires tant du // roy sainct Loys que de plusieurs autres cheualiers. LXVII*. Gravure sur bois d'un chevalier identifié comme *godefroy*

---

[41] Henri Baudrier, *Bibliographie lyonnaise*, Paris: Nobele, 1964, *t.* XI, 479: «La marque 2 usée et brisée à quatre endroits dans la bordure du haut est certainement employée dans ce volume au XVIᵉ siècle».

[42] Ce fut Picot, *Catalogue Rothschild*, I, 304, qui identifia cette marque et la reproduisit dans son œuvre. Selon lui, Pierre Mareschal et Barnabé Chaussard étaient des imprimeurs à Lyon de 1493-1515.

[43] Philippe Renouard, *Répertoire des Imprimeurs Parisiens, Libraires, Fondeurs de Caractères et Correcteurs d'Imprimerie*, Paris: Minard, 1965, 84, date la carrière du libraire-imprimeur Nicolas Chrestien de 1547 à 1557.

de billon tenant une banderole et un écu. Le texte de la *Piteuse Complainte* se trouve aux folios EEE v^r -EEE viii^r. Au folio EEE v^r on trouve le titre suivant: *La complaincte de la terre saincte adressant aux / princes / prelatz / et seigneurs chrestiens.* Fol. E viii^r: Après la dernière strophe de la *Piteuse Complainte*: *Cy finent les faitz de Godeffroy de Boulion et // de plusieurs autres princes et barons. Nouuelle= // ment imprimez a Paris par Nicolas Chrestien // demourant en la rue neufue nostre Dame a len = // seigne de lescu de France.* Marque de l'imprimeur.

Références: Brunet, II, 1637; Chantilly Catalogue, 169, n° 833.

T (Tchémerzine, VI, 41c)

Une autre version (sans date ni lieu) de la *Piteuse Complainte*, comprenant trois gravures sur bois, est citée par Tchémerzine, mais nous n'avons pas réussi à la retrouver. Le bois qui aurait figuré au verso du folio 8 de cette édition vient des *Folles Entreprises*, publiées par Gringore en 1505. Puisque les bois de ce dernier ouvrage avaient vraisemblablement été faits spécialement pour ce livre, la version *T* ne peut pas dater d'avant le 23 décembre 1505.

Tchémerzine (VI, 41b) et Picot (*Catalogue Rothschild* I, 304), se basant probablement sur Brunet[44], attribuent par erreur à Gringore un texte qui s'intitule la *Complainte de la Terre Sainte et aultres provinces adjacentes detenue en la main des infideles*. C'est un ouvrage différent imprimé par Martin L'Empereur à Anvers pour Jean de La Forge (à Tournay) en 1532[45]. Il s'agit d'une réécriture de la *Complainte de Grèce* que Jean Molinet rédigea en 1464[46].

Il apparaît que Pierre Gringore rédigea sa *Complainte de la Terre Sainte* entre le 1er juin 1500, date de l'appel du pape, et le

---

[44] Jacques-Charles Brunet, *Manuel du libraire et de l'amateur de livres*, Paris: Dorbon-Ainé, 1865, t. II, 196.

[45] Voir Picot, *Catalogue Rothschild*, IV, n° 2818 et Tchémerzine, VIII, 374.

[46] Voir la note 31, ci-dessus. Nous remercions Adrian Armstrong de nous avoir fourni le texte de cette œuvre.

18 octobre 1501, date de la défaite de la flotte française par les Turcs à Mytilène. Les vers 146-57 font en effet appel à la formation d'une ligue contre les Turcs par Louis XII, roi de France, Ferdinand le Catholique, roi d'Espagne, le roi de Pologne et le roi de Hongrie. Le fait que Terre Sainte fasse allusion à toutes les disputes entre les princes européens suggère en outre que l'auteur écrivit son œuvre peu de temps après la bulle papale, et peut-être même avant le traité entre la France, la Hongrie et la Pologne en juillet 1500. Il est probable que Gringore eut l'idée lui-même de rédiger la *Complainte*, vraisemblablement par réaction à l'appel du pape en juin 1500 et comme moyen d'attirer l'attention de la Cour peu de temps après avoir donné ses *Lettres nouvelles de Milan* (avril 1500). Il s'agit d'une des trois œuvres polémiques de Gringore publiée à Lyon (voir aussi l'*Entreprise de Venise* et la deuxième édition de l'*Espoir de paix*), ce qui fait croire aussi qu'elle parut en été 1500, avant le 21 juillet, 1500, quand le roi quitta Lyon[47].

L'Etablissement du texte

Comme base de notre édition, nous nous servons du plus ancien des textes imprimés au seizième siècle qui nous est parvenu, à savoir celui qui fut publié à Lyon vers 1500 (*R*) du vivant de l'auteur. Pourtant, la version *R* est quelquefois fautive ; la version plus récente (*C*), qui est vraisemblablement postérieure à la mort de Gringore vers 1539, a souvent de meilleures leçons, que nous avons quelquefois adoptées. La version *C* possède des formes plus modernes comme *veulent* au lieu de *vueillent* (v. 67). Les variantes qui ne relèvent pas uniquement du domaine de la graphie sont reproduites en bas de page ainsi que les leçons non acceptées dans *R*. Si la correction de notre texte n'est pas basée sur une version existante, nous l'avons signalée par des crochets.

---

[47] Quilliet, 261.

La Piteuse Complainte (f° 1ʳ)
que fait la Terre Sainte
aux Princes, Prelatz et Seigneurs crestiens

I **P**rinces triumphans, augmenteurs de foy, (f° 2ʳ)
 Regardez moy, et ayez souvenance
 Qu'on me governe sans justice, sans loy.
 Gastee me voy: car prince, duc ne roy 4
 Ne prent esmoy de ma dure grevance;
 Nul ne s'avance de monstrer sa puissance.
 Ma douleance me grefve au cueur le scens:
 Qui pert le sien, il pert quasi le scens. 8

II Eslevez vous, tresnobles Crestïens,
 Trouvez moyens que soye recouverte;
 Les infidelles Turcz, Sarrazins paÿens,
 Pires que chiens, m'ont mise en leurs lïens; 12
 Je les soustiens et suis pour eulx ouverte.
 C'est vostre perte ample, clere et aperte;
 Par voix experte deussiez crier alarme:
 Tel est joyeulx qui dedens l'oeul a lerme. 16

III Notables princes, muez voz grans discors
 En bons accordz, et usez d'accordance;
 Faictes la paix et soyez tous recors
 Que mains sont mors, qui estoyent puissans, fors, 20
 Pour voz confors; faictes doncques acco[r]ddance,
 A coupz de lance monstrez vostre puissance,
 Faictes nuysance a ceulx qui hayent la croix:
 Bons Crestïens pevent dire, je la croys. 24

IV L'ung contre l'autre jamais ne debatez, (f° 2ᵛ)
 Car vous gastez voz corps, voz biens, vostre ame;
 De prendre guerre sans raison vous hastez,
 Par esbatz telz souvent vous esbatez, 28

1 *C* Triumphans princes – 6 *R* puissace – 21 *CR* accoddance – 22 *C* coup

TEXTE ÉDITÉ

        Couchans battez, perdans regnon et fame.
        O guerre infame, par qui maint homme et femme
        Sont a difame, en deuil muent les chans :
        Fraternité n'est plus dessus les champs.   32

V   Guerres, opprobres, injures et laidures,
        L'ung contre l'autre eslevez tous les jours,
        En vous mirant en puantes ordures,
        Et eslevez loix estroictes et dures   36
        Quant vous tenez voz bobans et sejours,
        Se par cautelle gaignez villes et tours.
        L'ung contre l'autre j'en fais griefve complaincte,
        Car moy qui suis nommé la Terre Saincte   40
        Contre payens desire voz estours.

VI   Bons Crestïens, ostez la convoitise
        Des biens mondains, car ilz sont a blasmer ;
        Honnorez Dieu, augmentez son eglise ;   44
        Sur infideles faictes vostre entreprinse,
        Sans voz freres meurtrir ny entamer.
        Prenez le doulx et laïssez l'amer,
        Ainsi qu'on[t] fait princes du temps jaditz,   48
        Qui pour la foy se monstrerent hardis,
        En combatant sur terre et dessus mer.

VII   Pompes, orgueil, bobance, vanité
        Aux Crestïens l'ennemy habandonne,   (f° 3^r)   52
        Ce qui les garde de vivre en unité,
        En vraye amour, doulceur, fraternité ;
        C'est que le riche le povre mal guerdonne.
        Ou est celluy maintenant qui [or donne]   56
        Pour exaulcer la loy de Jesucrist,
        Ainsi qu'on trouve redigé par escript
        En ce beau livre qui batailles ordonne ?

---

35 *C* ardures – 45 *R* vostre *manque* – 48 *C* Ainsi que firent les princes dessus-ditz, *R* Ainsi qu'on fait princes – 49 *R* foy furent si hardis (-1) – 50 *C* sur la mer – 56 *CR* ordone – 59 *R* Au livre des batailles si bien ordonné

VIII Prenez que princes ayent hardy couraige 60
 De guerroÿer d'estoc et de taille
 Contre paÿens infames, plains de raige,
 Qui me tiennent en exil et servaige.
 De jour en jour cuident qu'on les assaille; 64
 Leurs conseillers ne mettent au bas taille,
 Mais sont contens ne bouger de leur lieu.
 D'or et d'argent vueillent faire leur dieu;
 A leurs voisins font souvent la bataille. 68

IX Maint prince dessus la terre erre,
 Royaulmes et empire empire,
 Parquoy fault Dieu guerre requerre;
 Sa grace, qui cueurs serrez serre 72
 Dame amour, sans luy dire de yre
 Aucun mot; comme mire mire
 Les maulx qu'il nous voit advenir:
 Secours peult trop mettre a venir. 76

X J'apperçoy bien que noblesse blesse,
 Et qu'ella mis ses esbatz bas,
 Car pour le jourdhuy lesse lesse (f° 3ᵛ)
 D'unÿon, quant adresse dresce 80
 Pour faire gens et soulas las;
 Sans le conseil d'avocas, cas
 Enormes se font maintenant;
 Pour povres nul n'est main tenant. 84

XI Las! Je me voy estainte, tainte
 De deul, quant trouvez argent gent,
 Dicte la Terre Saincte. sainte
 Estroictement. Complaincte painte 88
 Est en mon cueur; maint convent vent
 Son honneur et mal content tend
 De se venger, s'il est possible:
 A cueur vaillant rien impossible. 92

65 *R* conseilles – 66 *R* content – 67 *C* veullent – 69 *R* erre *manque* (-1) – 78 *C* qu'el a – 87 *C* sceinte

TEXTE ÉDITÉ

XII   Esperitz mistiques, nobles legislateurs,
       Docteurs, recteurs, interpretez, lisez
       Les nobles faitz des hardis combateurs,
       Bons conducteurs, devocïeux pasteurs :   96
       Par bonnes meurs furent treffort prisez.
       Vous divisez comme mal advisez
       Et desprisez voz proesmes et amys.
       Il est mauldit qui ce trouble y a mis.   100

XIII   Deussiez vous pas du bon accord entendre
       A gueroyer, pour me ravoir pretendre,
       Et que tous princes fussent ensemble unis,
       Sans l'ung sur l'autre ainsi guerre entreprendre ?   104
       Et par ainsi vous povez bien comprendre
       Que ses faulx chiens seroyent tous pugnitz.   (f° 4ʳ)
       De vostre terre avez esté bannis
       Par les discordz qui sont meuz entre vous :   108
       Dieu a povoir de vous preserver tous.

XIV   Premierement a vous, Dame Noblesse,
       Je viens vers vous et ay prins mon adresse,
       Vous suppliant que me facez aidance.   112
       Considerez la douleur et l'angoisse,
       Le mal, l'injure qui mon povre cueur presse ;
       De mon grief mal ayez dont souvenance.
       C'est vostre lieu, faictez y demourance,   116
       Prenez armeures, hardiment vous armez,
       Et assemblez gens nobles, bien famez,
       Qui prennent cueur avec leur hardiesse ;
       Les deffaillans desprisez et blasmez :   120
       Le vertueux doit monstrer sa proesse.

XV   Vous Crestïens, venez de toutes pars,
       Soyez espars par la terre payenne ;
       Les infidelles plus despis que liepars,   124
       Paillars, pillars, et infames pendars,
       Frappez de dars tant que Atropos les tienne.

---

106 *C* trestous pugnitz – 115 *C* la souvenance – 117 *C* hardiement – 122 *C* Bons Chrestiens

Loy crestïenne on augmente et soustienne,
Tost tost qu'on vienne pour me donner secours : 128
Ceulx qui ont haste courent souvent le cours.

XVI J'ay entendu que l'ung l'autre pillez
Et essillez par batailles et assa[u]lx,
Que voz subgetz battez et mutilez, 132
Navrez, taillez, tormentez, tenaillez, (f° 4v)
Et bataillez, commettans plusieurs maulx.
Mains rappors faulx sont de gens desloyaulx ;
Aprés travaulx on prent repos qui peult : 136
Pour peu de chose, bien grant debat se meult.

XVII Ne faictes plus batailles ny effors,
Griëfz ne tors a voz frerez humains ;
Soyez piteux, doulx, et misericors, 140
Remplis d'accors, vous monstrans fermes, fors,
Comme fiers fors, contre Turcz inhumains.
Soyez tous plains de beaulx regretz et plains
Par champs, par plains, affin que Dieu vous face 144
Aprés la mort veoir sa tresdoulce face.

XVIII Assemblez vous de gens ung millïon,
Faictes que l'aigle soit avec le lÿon,
Et la croix double face vostre advangarde, 148
Le porc a pic aye dominacïon,
Tenant l'armine soubz sa protectïon,
Environné de serpens qui le garde.
Le faon de l'aigle de ça, de la regarde, 152
La vache heurte, le lievre court devant,
Le cyne volle qui baille ung passe avant,
Et les liepars enclos d'eaue sortissent ;
Les combateurs pour la foy ne perissent, 156
Car ilz ont Dieu, qui est leur poursuyvant.

XIX Bref, se chascun voulloit faire raison,
On trouveroit des gens de grant maison,

---

131 *R* assaalx – 138 *R* batailles ny guerre – 149 *C* ait dominacion – 158 *C* ce chascun – 159 *R* de gens

TEXTE ÉDITÉ 115

        Entreprenans la guerre aux infideles ; 160
        Mais maintenant il court autre saison, (f° 5ʳ)
        Car on fait guerre a bien peu d'achoison :
        En lieux estranges en courent les nouvelles.
        L'ung contre l'autre faictes guerres mortelles, 164
        Et vous deussez tacher faire la paix.
        Ostez discordz, rancunes, et cautelles,
        Quant esperance me plaist et la paix.

XX   Desployez moy ses riches estandars, 168
        Picques et dars, lances et javelines,
        Passotz, rappieres, vouges, trousses et arcs,
        Gentilz souldars, venez de toutes pars
        Monstrer voz ars, troussez ses coullevrines ; 172
        Blans comme cysnes vous armez, monstrez signes
        Que les royaulmes e[n] debatz deprisez :
        Sans entreprise les gens ne sont prisez.

XXI   Il ne demeure au monde seulement 176
        Que le renom, le demourant se pert,
        Parquoy ung prince qui est prompt et expert
        Doit demonstrer qu'il a entendement,
        Affin qu'il soit perpetuellement 180
        Mis en cronique et qu'on die en appert
        Qu'il a esté prompt, subtil, et appert,
        Plain de conseil et parlant saigement.

XXII   Je presuppose que messieurs les prelatz 184
        Sunt tous pres las d'escouter mes complaintes ;
        En benefices mettent trop leurs soulas,
        Car leurs ducatz m'ont informé du cas.
        Leurs grans estatz m'ont fait des doleurs maintes, (f° 5ᵛ) 188
        Plus n'ont mains joinctes, se ce n'est par extraintes ;
        Fictïons fainctes font en leurs tabernacles,
        Je ne dy pas qu'ilz sont symonïacles.

---

167 *C* Quant d'esperance si plaist – 169 *C* avelines – 174 *CR* et – 177 *C* se part – 181 *C* en expert – 188 *C* de doleurs

XXIII	La revenue de Saincte Eglise	192
	Deust en ung beau tronc estre mise	
	Pour exaucer Crestïenté;	
	Mais el est bien ailleurs promise,	
	Comme j'ay experimenté.	196
	Le prelatz est alimenté	
	Comme appartient, je vous asseure,	
	Mais il en prent oultre mesure.	

XXIV	Voyons nous pas les pasteurs gaudisseurs,	200
	Troteurs, coureurs aux champs et aux vilages,	
	Noiser, debattre, laissans les bonnes meurs?	
	Ilz sont volleurs mondains, joyeux chasseurs,	
	Non pourchasseurs, ouaïlles aux dommages;	204
	Mais par oultrages font de divers ouvrages	
	Qui sont sauvages. On le peut bien comprendre:	
	Brief, qui fait mal, il en est a reprendre.	

XXV	Faictes ung pact et ung complot ensemble,	208
	Tant clercs que layz, principalement France,	
	Car se le faictes, je suppose et me semble	
	Que je seray bien tost hors de souffrance.	
	Trescrestïen, j'ay en vous ma fiance,	212
	A vous s'adresse ma piteuse complainte;	
	Vous plaise donc donner vostre aliance	
	A vostre fille nommee la Terre Sainte.	(f° 6ʳ)

XXVI	Gens de conseil, conseillez aux seigneurs	216
	Qu'ilz me supportent en ma povre foiblesse;	
	Pour me affranchir se monstrent combateurs,	
	En exaltant la fleur de gentillesse.	
	Qu'ilz ne s'amusent desormais a richesse,	220
	Ne l'un ne l'autre faire guerre et debatz,	
	Montent en mer pour monstrer leur prouesse:	
	J'endure tout, contre nulz ne combatz.	

XXVII	Mettez effet a ma narratïon,	224
	Conclusïon, sans vous suis demouree;	
	Obtemperez a ma peticïon;	

Divisïon, debatz, discentïon,
Abusïon m'ont trop deshonnoree. 228
Quelque journee je seray atournee
Et gouvernee de Crestïens sans doubte :
Vaisseau s'emplit bien souvent goutte a goutte.

XXVIII Grans et petits, monstrez vous liberaulx, 232
Rememorez les peines que j'endure ;
Je suis deserte, se Crestïens loyaulx
Ne me sequeurent en mes penetreux maulx.
Guerre m'assault, qui est trop aspre et dure. 236
Ordonnez donc qu'on oste la murmure,
Redarguante ceulx qui ont lacheté :
En bargaignant tel l'a cher acheté.

La Piteuse Complainte de la Terre Sainte

Notes

vv. 25-38: Précipitées en grande partie par le désir du roi de France de s'approprier certains territoires en Italie (Milan, Naples, etc.), des tensions existaient entre Louis XII et d'autres chefs européens, y compris Maximilien Ier, roi des Romains et futur Empereur, Ferdinand, roi d'Espagne, le pape Alexandre VI, la république de Venise et Henri VII, roi d'Angleterre. Mais Terre Sainte semble faire référence plus générale aux conflits historiques entre les diverses puissances européennes depuis la prise de Constantinople par les Turcs Ottomans en 1453, des conflits qui les avaient empêchés de s'unir en croisade au nom de la Chrétienté. Par exemple, l'expédition victorieuse à Naples de Charles VIII, prédécesseur de Louis XII, en 1494-95, était censée être la première étape d'une telle croisade, mais les tensions entraînées par la présence française en Italie menèrent à de nombreux conflits entre les différents chefs européens par la suite. Dans les strophes VII, XIII, XVI et XIX Terre Sainte se plaint de nouveau au sujet de ces mésententes.

v. 31: Comprendre: *Ils changent les chants en deuil.*

v. 40: Noter que *nommé* est incorrectement présenté au masculin, sans doute pour maintenir le vers décasyllabique. Comparer au vers 215: ...*vostre fille **nommee** la Terre Sainte.*

v. 47: La syllabation de ce vers est problématique. Le vers est-il hypométrique par erreur, ou faudrait-il compter *laissez* comme trois syllabes?

v. 48: Une référence aux princes qui furent partis en croisade auparavant. Pour des renseignements généraux, voir Jonathan Riley-Smith, *The Crusades: A Short History*, New Haven: Yale University Press, 1987. Dans la version R de la *Piteuse Complainte* l'imprimeur (ou plutôt le typographe) semble avoir oublié le *t* à la fin de l'auxiliaire. Noter que la version plus récente, *C*, emploie le passé simple au lieu du passé composé et change le reste du vers: *Ainsi que **firent** les princes dessusditz.*

v. 56: Quoique la leçon donnée dans les deux versions soit *ordonne*, la leçon *or donne* est meilleure pour distinguer cette rime de celle au vers 59 ainsi que pour le sens du vers.

v. 59: S'agit-il du *De re militari* de Végèce dont de nombreuses traductions existaient à l'époque? En 1488, par exemple, Antoine Vérard

NOTES

avait fait publier *L'Art de chevalerie* qui, quoique présentée comme une traduction de Végèce, était en réalité la première version imprimée du *Livre des faits d'armes et de chevalerie* de Christine de Pizan.

v. 61: Ce vers est hypométrique si le mot *guerroyer* ne compte pas comme quatre syllabes, mais la division du vers en deux hémistiches de cinq syllabes n'est pas idéal. De plus, *guerroyer* ne compte que comme trois syllabes au vers 102.

vv. 69-76: Comme c'est souvent le cas chez les rhétoriqueurs, l'emploi poussé des rimes, ici des rimes couronnées, rend difficile l'interprétation de certains passages dans cette strophe, en particulier les vv. 72-74. Il faut comprendre: *Sa grace, qui cueurs serrés serre, dame* [=surpasse] *amour, sans lui dire aucun mot d'ire; comme un médecin, il mire* [=regarde] *les maux...* Noter que *empire* employé comme substantif au v. 70 se présente au singulier, là où on s'attendrait à le trouver au pluriel, et le verbe *empire* s'accorde avec le substantif le plus proche. La rime couronnée ainsi que la rime au singulier sont ainsi gardées.

vv. 79-81: Comprendre: *La noblesse renonce aux liens d'une union quant elle fait des démarches pour rendre malheureux les gens et leurs plaisirs.* Jean Molinet emploie cette même rime couronnée, *adresse dresse*, dans sa *Complainte de Grèce* (v. 45).

vv. 87-88: Comprendre: *[Moy qui suis] appelée la Terre Sainte, ceinte étroitement.*

v. 106: Dans ce vers *ses* = ces.

v. 110: La mention de la personnification de Dame Noblesse est la seule trace d'une mise en scène allégorique qui rappelle celle de la *Ressource de la Chrestienté* d'André de La Vigne ou du *Quadrilogue invectif* d'Alain Chartier. Ce personnage disparaît, pourtant, au milieu des autres références plutôt humaines.

v. 114: Le verbe *presse* s'accorde avec le substantif le plus proche (*l'injure*), comme c'est souvent le cas en moyen français.

v. 116: *C'est vostre lieu* fait allusion à l'idée que la Terre Sainte, Jérusalem, appartenait aux chefs chrétiens.

vv. 147-55: L'aigle désigne Maximilien Ier, le roi des Romains; le lion, Venise; le porc épic, Louis XII; l'ermine, Anne de Bretagne, duchesse de Bretagne et reine de France; le serpent, les Milanais; le faon de l'aigle, Philippe le Beau, fils de Maximilien, et gouverneur des Pays Bas; la vache, le pape Alexandre VI; les léopards, les Anglais. La croix double désigne probablement le roi de Hongrie. Il se peut que le cygne fasse allusion aux ducs de Clèves, la mère de Louis XII étant Marie de Clèves. Il est impossible de déterminer ce que désigne le lièvre. Sans associer l'emblème particulier à l'individu, Picot, *Catalogue Rothschild*, I, 304, prétendit que ce passage faisait référence à Ferdinand, roi d'Espagne, à Jean-Albret, roi de Pologne, et à Ladislas, roi de Hongrie, mais il se trompe en disant que Jean-Albret fut roi de Pologne, car il fut roi de Navarre. Je suis très reconnaissante à Robert Scheller pour ses commentaires judicieux au sujet de ces symboles.

v. 149: *Aye* ne compte que comme une syllabe.

v. 158: *Faire raison* à la rime de ce vers anticipe la devise que Gringore adoptera quelques années plus tard: *Raison partout, partout raison, tout par raison*.

vv. 168, 172: *Ses* semble se référer à *la paix* du vers 167.

v. 173: Blanc, la couleur des hommes croisés au nom de Dieu. *Armé à blanc* veut dire *portant des armes d'acier*.

v. 174: Les deux versions, *R* et *C*, présentent *et*, qui n'a pas de sens.

vv. 178-83: Cette référence à un prince qui saurait se montrer vertueux prépare l'adresse directe à Louis XII lui-même au vers 212. Cette strophe fait découvrir la conscience chez l'auteur du rôle important du chroniqueur en perpétuant la mémoire d'un homme de grande action. S'agit-il d'un appel voilé au roi de France pour du soutien financier ou même un poste à sa cour?

vv. 184-207: La critique de la corruption des ecclésiastiques était répandue depuis longtemps, et elle deviendrait pour Gringore un des sujets constants dans ses œuvres. Nous ne sommes pas très loin des années de la Réforme.

vv. 203-04: Au lieu de rechercher (et de poursuivre) des paroissiens, les pasteurs se plaisent à poursuivre des activités mondaines qui leur sont agréables et dissolues. Il y a aussi un jeu de mots sur l'idée d'*une messe de chasseur*, qui est une messe très courte donnée par un pasteur qui cherche à l'achever aussitôt que possible. Voir Randall Cotgrave, *A Dictionarie of the French and English Tongues*, London, 1611, reprint Columbia: University of South Carolina Press, 1950, Qiii[r].

v. 212: Référence au roi de France qu'on décrit toujours comme *treschrestien*. Voir ci-dessus la note au vers 17 des *Lettres nouvelles de Milan*.

vv. 224-25: Comprendre: *Réalisez ce que je demande dans mon récit (faites une croisade) et mettez-y fin.*

v. 239: Le sens de ce dernier vers veut dire: *Même en marchandant, on l'a acheté cher. Bargaigner* avait aussi le sens d'*hésiter au sujet de quelque chose* (*Trésor de la Langue Française*, IV, 189).

L'ENTREPRISE DE VENISE

Introduction

Résumé de l'œuvre

En s'adressant directement à Venise et aux Vénitiens, le narrateur de ce poème accuse ces derniers d'avoir usurpé le territoire des chefs européens et les menace d'une confrontation militaire organisée par les princes européens, au cours de laquelle les Vénitiens perdraient leur honneur et leurs biens. L'interlocuteur ne fait qu'attaquer le comportement répréhensible des Vénitiens depuis la fondation de leur ville, en particulier leur amour immoral de l'argent. Il dresse une liste des terres et des villes que les Vénitiens spolièrent d'une manière inique à la papauté, à l'Empire, aux rois de France, d'Espagne, et de Hongrie, au duc d'Autriche, au marquis de Mantoue, ainsi qu'aux ducs de Ferrare et de Savoie. Par contraste, dans la dernière strophe, engendrée par l'acrostiche du nom de l'auteur, le narrateur fait appel aux *gentilz Françoys* (v. 234), pour soutenir leur *preux roy* (v. 232).

Le contexte historique

Le 10 décembre 1508 la Ligue de Cambrai fut signée[48]. Le premier traité, rendu public, mit fin à la guerre de Gueldres

---

[48] Nous nous appuyons sur les études suivantes dans cette discussion du contexte historique : Baumgartner, 192-97 ; Bridge, IV, 1-42 ; Ivan Cloulas, *Jules II*, Paris : Fayard, 1990, 173-78 ; Christine Shaw, *Julius II: The Warrior Pope*, Oxford : Blackwell, 1993, 209-43 ; Michael Sherman, « The Selling of Louis XII », 161-64, et « Political Propaganda and Renaissance Culture :

Figure 3: *L'Entreprise de Venise* (BnF Rés. Ye 4108), page de titre

entre les Français et les Bourguignons et établit la paix entre Maximilien et Charles d'Autriche d'un côté, et Louis XII et le duc de Gueldres (Charles d'Egmont) de l'autre. Le dessein avoué était la préparation d'une croisade contre les Turcs à laquelle participeraient aussi le pape et les rois d'Angleterre, de Hongrie et d'Espagne. Le même jour fut signé un traité secret qui conclut une alliance entre les puissances européennes contre la République de Venise. Leur but était d'attaquer Venise avant le 1er avril 1509, avec Louis XII à la tête de l'expédition, et de lui reprendre les possessions au roi d'Espagne, à l'empereur, au pape et au roi de France. S'ils entraient dans la Ligue, le roi de Hongrie ainsi que les duc de Savoie et de Ferrare et le marquis de Mantoue récupéreraient également leurs territoires perdus. Le roi d'Angleterre pouvait aussi participer à cette alliance.

Les Vénitiens découvrirent l'existence de cette alliance avant la fin janvier 1509, mais en France la nouvelle de cet accord secret ne fut pas rendue publique avant le 14 mars quand Louis XII en envoya la notification au Conseil de Paris qui la reçut le 23 mars. De son côté, le pape, qui ne s'était pas présenté à Cambrai, attendit jusqu'au 23 mars 1509 avant de signer le traité.

Le fait qu'à la fin de l'*Entreprise de Venise* (voir les strophes XXIX-XXXII) Gringore met dans la bouche de l'*acteur* des menaces d'une attaque militaire imminente contre Venise suggère que l'auteur était au courant du but secret du Traité de Cambrai quand il rédigea son œuvre.

Comme Michael Sherman l'indique, ce moment marque le vrai début de la guerre pamphlétaire de Louis XII, par laquelle il cherchait à contrôler l'opinion publique en France[49]. En fait,

---

French Reactions to the League of Cambrai, 1509-10», *The Sixteenth Century Journal*, VIII, Supplément (1977), 97-128; et Robert W. Scheller, «L'Union des princes: Louis XII, his allies and the Venetian campaign 1509», *Simiolus*, 27, 4 (1999), 195-243.

[49] Sherman, «Selling», 162, explique: «Publication of the secret treaty of Cambrai marks the beginning of the most fascinating period of Louis XII's reign: a period marked by the formulation and operation of an extremely prolific and apparently successful propaganda machine at or around the royal

la critique de Venise que l'on trouve dans l'*Entreprise de Venise* s'adresse moins aux Vénitiens eux-mêmes, qui n'auraient probablement jamais lu ce pamphlet, qu'au public français, dont le soutien importait à Louis XII, alors qu'il devait trouver des moyens de financer son expédition militaire en Italie. Cet objectif était devenu plus difficile à atteindre après les défaites que ses armées avaient subies au royaume de Naples en janvier 1504, mais la victoire du roi à Gênes en 1507 signalait bien que Louis XII n'avait nullement l'intention d'abandonner l'Italie.

Les traditions littéraires

Cette diatribe contre les Vénitiens fait écho à d'autres œuvres de propagande de Gringore et de ses contemporains[50]. Comme dans ses *Lettres nouvelles de Milan*, où les Milanais étaient dénigrés, les Vénitiens sont accusés dans l'*Entreprise de Venise*. Pourtant, à la différence des deux œuvres de propagande précédentes

---

court. Starting with the war against Venice, and ending only with Louis' death in 1514, the king's policies were buttressed and his campaign accompanied by full-scale pamphlet wars. The writers include some anonymous scribblers, but also quite a few identifiable personalities. Many of those who are known to us are also known to have been patronized at court, or, more to the point, were in the circle of writers supported by Queen Anne, who had a much keener literary and aesthetic sense than her husband».

[50] En fait, d'autres œuvres à ce sujet parurent à la même époque, y compris la *Concorde du genre humain* et la *Légende des Vénitiens* de Jean Lemaire de Belges; *Le Libelle des cinq villes d'Ytallye contre Venise* et les *Ballades de Bruyt Commun sur les aliances des roys* d'André de La Vigne; les *Epistres envoyees au Roy treschrestien dela les montz par les estatz de France* de Jean d'Auton; les *Excellentes vaillances, batailles et conquestes du roy de la des mons* d'un poète anonyme; et l'*Union des Princes* de Gringore (voir ci-dessous). La version *T* de l'*Entreprise de Venise* se trouve dans un volume qui contient de nombreux pamphlets anonymes au sujet de Venise, y compris deux éditions de la *Complainte de Venise* et *La mauvaistié et obstinacion des Veniciens contre le roy avec unes lettres envoyees de par Monsieur le grant Chanselier* (voir Picot, *Catalogue Rothschild*, IV, n° 2823). Voir la discussion de Gérard Defaux et Thierry Mantovani au sujet de ces textes polémiques, en particulier du *Blason de foy faulsée* et de la *Complainte de Venise*, dans leur edition des *Deux Recueils* de Jehan Marot, Genève: Droz, 1999, 401-20. Voir aussi. Brown, *Shaping*, 80-81, pour une discussion littéraire de l'*Entreprise de Venise*.

de Gringore, ce n'est plus la voix collective des Français qui vitupère l'ennemi ou le monologue dramatique d'une personnification, comme Terre Sainte, qui est mise sur la scène. C'est la voix de l'*acteur*, l'alter ego de Gringore lui-même, qui, en rendant bien plus directe la critique de Venise, change la nature du texte littéraire d'une mise en scène semi-théatrale en une harangue qui n'a plus rien de fictif.

La versification

Le nombre de syllabes. Tous les vers dans l'*Entreprise de Venise* sont décasyllabiques, et ils se divisent presque toujours en hémistiches de quatre et six syllabes[51]. Sur les deux cent trente-huit vers du poème, 19%, soit quarante-six, ont une césure lyrique (dont deux se placent devant un mot commençant par une voyelle), tandis que 3%, soit neuf, ont une césure épique, dont sept font chuter le -*e* final, et deux le -*es* final. Dans trois vers, le -*e* muet à la césure s'élide avec le premier mot du deuxième hémistiche (vv. 109, 146, 177). A la différence de la *Piteuse Complainte de la Terre Sainte*, qui la precede de huit ou neuf ans, les césures lyriques dominent les césures épiques dans l'*Entreprise de Venise*, une indication que Gringore se montrait plus novateur dans son emploi des césures. Dans quelques vers, le -*e* final ou le -*es* final tombe devant une consonne au milieu d'un hémistiche (vv. 3, 4, 115, 117). Dans un cas, le -*es* final d'une préposition tombe devant une consonne (v. 218). La terminaison -*ent* de la troisième personne du pluriel tombe devant une consonne dans un vers (v. 17). Dans tous les cas sans exception, le -*e* féminin à l'intérieur d'un mot, que ce soit un adverbe en -*ment* (voir, par exemple, vv. 12, 23, 81, 82) ou un verbe (voir, par exemple, vv. 201, 206, 207, 238), compte comme une syllabe.

---

[51] Dans un cas, le vers décasyllabique se divise en deux hémistiches de cinq syllabes (v. 10) et dans quelques cas il se divise en hémistiches de six et quatre syllabes (vv. 24, 57, 158, 215). Le vers 58 se divise en hémistiches de sept et trois syllabes.

Le texte de Gringore contient un certain nombre de hiatus, mais moins que dans ses œuvres précédentes. La terminaison *-ien* est dissyllabique (vv. 8, 22, 174, 197; 16, 64, 134, 198, 200), mais les mots *bien* et *rien* sont monosyllabiques (vv. 18, 168)[52]. De même, la terminaison *-tion* est dissyllabique (voir, par exemple, vv. 188, 189).

Les formes strophiques. Les deux cent trente-huit vers de l'*Entreprise de Venise* sont répartis en trois formes strophiques:

> vingt-neuf septains décasyllabiques: ababbcc (I-XXVIII, XXXII)
> trois neuvains décasyllabiques: aabaabbcc (XXIX-XXXI)
> un huitain décasyllabique: ababcbc (XXXIII)

Comme dans presque toutes ses œuvres que Gringore signe par un acrostiche à la fin, la dernière strophe est un huitain à cause des huit lettres de son nom. Les trois neuvains sont remarquables, à la différence des septains, non seulement par le changement de structure poétique, mais encore par l'agressivité plus marquée des paroles qui contiennent pour la première fois des détails sur une invasion internationale imminente.

Les rimes. A la différence d'autres de ses écrits, telle que la *Piteuse Complainte de la Terre Sainte*, Gringore n'insiste pas sur des jeux de rimes dans l'*Entreprise de Venise*, signe que l'œuvre fut rédigée peut-être rapidement. Dans quelques cas, là où il s'agit de deux mots rimés, des rimes à trois syllabes apparaissent (vv. 163-65, 188-89, 229-30), mais en général les rimes ne sont pas très riches, se limitant à une ou deux syllabes. Dans un cas on trouve une rime pauvre (vv. 190, 192). Une rime équivoquée caractérise les vers 48-49: *mettre, maistre*. Pourtant des schémas de rimes compliquées comme les rimes couronnées et enchaînées, qui sont significatives des œuvres des rhétoriqueurs et d'autres textes de Gringore, sont absents de l'*Entreprise de Venise*. Les rimes les plus utilisées sont celles en *-aige* ou *-age* (8), *-ance* (15), *-illes* (8) et *-ise* (8), celle-ci mettant en relief la ville de

---

[52] Voir, pourtant, que la rime avec *rien* au vers 167 est *sïen*, une leçon corrigée par les autres versions (voir les variantes).

Venise, que l'auteur attaque. En effet, le mot *Venise* se place le plus fréquemment à la rime (quatre fois – vv. 3, 71, 181, 205), et *Venicïens*, qui comporte la diérèse, s'y trouve une fois (v. 197). *France* est placé à la rime trois fois (vv. 61, 75, 232).

Gringore emploie l'enjambement plus souvent que d'habitude dans l'*Entreprise de Venise*, à savoir plus de cinquante fois. La strophe XVIII offre un bon exemple de cette exploitation de l'enjambement, ce qui a pour effet de renforcer la récrimination à l'encontre de Venise:

> Considerez qu'estes trop triumphans
> Et que Dieu veult que vous rendez de brief
> Villes, citez aux tresnobles enfans
> De l'Archeduc, ou ung tresgrant meschef
> Vous adviendra, car le roy est le chef
> Et gardien. Se ne rendés leurs villes,
> Pugnis serez, destructeurs de pupilles. (vv. 120-126)

L'emploi fréquent de l'impératif dans ce poème met en relief le dénigrement de Venise. Cette voix grammaticale s'y trouve trente-six fois dans deux cent trente-huit vers.

LE TEXTE

Editions

Le texte complet de l'*Entreprise de Venise* nous est parvenu dans quatre editions contemporaines et dans un manuscrit qui fut transcrit d'après la première édition (G), dont il contient le colophon. Une traduction en néerlandais de l'*Entreprise de Venise* fut publiée à Anvers vers 1514 par Michiel van Hoochstraten[53]. En 1858 Charles d'Héricault et Anatole de Montaiglon ont publié une édition de l'*Entreprise de Venise* dans le premier tome de leurs *Œuvres complètes de Gringore*. Les éditeurs du XIXe siècle n'ont cependant donné aucune des variantes des autres versions:

---

[53] Je suis très reconnaissante à Robert Scheller pour avoir attiré mon attention sur cette édition.

ils se sont contentés de transcrire la version G. Nous donnons par conséquent la première édition critique de cette œuvre.

G (Paris, BnF Rés. Ye 4108)

Edition sur papier. S.l.n.d [Paris: pour Pierre Gringore, mars-avril 1509]. 8 ff. à 1 col. de 21 ll., in-8°, car. goth. Titre (f. 1ʳ): *L en // treprinse de venise // Avecques les citez / chasteaux / fortresses // et places que usurpent les veniciens des // Roys / Princes et Seigneurs crestiens // 10* (Fig. 3)[54]. Dans la marge à droite du titre se trouvent les mots manuscrits rédigés vers 1700: *par P. Gringore*. Dans la marge inférieure, la même main a ajouté: *S. aº // Sur la ligue de Cambrai conclue contre les Venitiens // entre le Pape Jules II, l'empereur Maximilian, louis XII, // et le Roi d'Espagne ferdinand, le 10 Decembre 1508*. Au-dessous du titre une autre main a écrit: */ 10*.[55] Le texte de *L'Entreprise de Venise* se trouve aux folios 2ʳ-8ʳ. Au folio 8ʳ est imprimé le privilège suivant: *Il est dit part l'ordo(n)nance de iustice que // nul ne pourra imprimer ne vendre ce p(rese)nt // traicte fors ceulx a qui Pierre gringore // acteur & compositeur dicelluy les baillera // et distribuera. Et ce sur peine de confisca // tion desd(itz) liures imprimez / & damande ar= // bitraire. iusques apres le iour de pasques // prochainement venant*[56]. Le folio 8ᵛ est blanc.

Références: BnF *Catalogue des Imprimés*, t. 64, 783; Oulmont, 35, nº 4[57]; Tchémerzine, VI, 70.

---

[54] Voir aussi Tchémerzine, VI, 71, fig. II, pour une reproduction de cette page de titre.

[55] Ce chiffre indique que le texte fut à l'origine la dixième pièce dans un recueil qui dut être cassé vers 1855.

[56] Voir Tchémerzine, VI, 71, fig. III, pour une reproduction de ce dernier folio.

[57] Oulmont considère que cette édition fut la troisième et que la version *L2* en fut la première. Bien qu'il donne la cote Rés. Ye 4108 pour cette soi-disant troisième édition, le titre fourni est légèrement différent de celui de notre version G. La cote qu'Oulmont donne pour la quatrième édition (Rés. Ye 1429) renvoie par erreur à une autre œuvre (*Le Doctrinal des filles à marier*).

S (Soissons, Bibliothèque municipale, Ms. 204)

Manuscrit sur papier, XVIe siècle. Titre (feuille de garde) d'une main moderne: *Poesies françoises et traité des langues*. Le texte de l'*Entreprise de Venise* se trouve aux folios 85[r]-91[r]. Au f. 85[r] on trouve le titre: *L Entreprise de Venise avec les villes cytes chasteaulx forteresses et places que usurpent lesditz Venitiens des roys princes et seigneurs crestiens*. Aux fos. 90[v]-91[r] le privilège suivant se présente: *Il est dictz par ordonnance de justice // que nul ne pourra imprimer ne vendre // ce present traitie fors ceulx a qui piere // gregoire acteur et compositeur dicelluy // les baillera et distribura et ce sur // paine de confiscation desditz livres // imprimez et damande arbitraire jusques // apres le jour de Pasques prochainement venant*.
Références: Oulmont, 35.

T (Paris, BnF Rothschild 2823)

Edition sur papier. s.l.n.d. [Paris: Jean Trepperel[58], après le 9 avril 1509]. 8 ff. à 1 col. de 23 ll. au plus, in-8°, car. goth. A[1]-A[8]. Titre (f. 1[r]): *L Entreprise de venise a= //uec les villes cytez chasteaulx forte // resses et places que usurpent lesditz venicie(n)s // des roys princes et seigneurs crestiens*. Sous le titre, un bois représente l'auteur à genou présentant son livre à un seigneur assis[59]. Au verso du titre un bois montre une armée pénétrant dans une ville. Le texte de l'*Entreprise de Venise* se trouve aux folios 2[r]-7[v]. F. 7[v]: *De bien en mieux*[60]. Au f. 8[r] un bois représente des hommes d'armes près d'un camp. Au f. 8[v] un bois avec un homme noble haranguant les troupes. Le folio 8[v] est blanc.

---

[58] Dans le *Catalogue Rothschild*, IV, 151, Picot identifie les caractères typographiques comme étant ceux de Jean Trepperel et de ses successeurs.

[59] Comme le *Catalogue Rothschild*, IV, 151 l'indique, cette même image fut employée par Pierre Le Dru dans ses éditions de l'*Union des Princes* et de la *Coqueluche* de Pierre Gringore. Voir Tchémerzine, VI, 70, fig. I, pour une reproduction.

[60] Selon Picot, *Catalogue Rothschild*, IV, 152, ce n'est pas la devise de Gringore, mais celle de Maximien. Le fait que le vers 234 manque dans la dernière strophe de la version *T* (voir les variantes) rend difficile la reconstruction du nom de l'auteur dans l'acrostiche.

Références: Oulmont, 35 (n° 2); Picot, IV, 151-52; Tchémerzine, VI, 71[61]

L1 (Paris, BnF Rés. Ye 1204)
Edition sur papier. s.l.n.d. [Lyon: P. Maréchal et B. Chaussard, après le 9 avril 1509]. 8 ff. à 1 col. de 21 ll. au plus, in-8°, car. goth., a¹-a⁸. Titre (f. 1ʳ): *L Entreprise // de venise // auec les vil= // les citez cha // steaulx: forteresses et // places que vsurpent // et detiennent lesditz // venicie(n)s: des Roys // ductz pri(n)ces & seign(eu)rs // crestiens*[62]. Au verso du titre un bois des armes de France[63]. Le texte de l'*Entreprise de Venise* se trouve aux folios 2ʳ-8ʳ. F. 8ʳ: *Finis*. Au f. 8ᵛ un bois représente un enseignant assis à son pupitre et un étudiant debout devant lui lisant un livre[64].

Références: BnF *Catalogue des Imprimés*, t. 64, 783; Brunet, 1748; Graesse, 157; Tchémerzine, VI, 69.

L2 (Paris, BnF Rothschild 496)
Edition sur papier. s.l.n.d. [Lyon: P. Maréchal et B. Chaussard[65], après le 9 avril 1509]. 8 ff. à 1 col. de 21 ll. au plus, pet. in-8°, car. goth., a¹-a⁸. Titre (f. 1ʳ): *L Entreprise // de venise // auec les vil= // les citez. cha // steaulx: forteresses et // places que usurpent // et detiennent lesditz // veniciens: des Roys // ductz pri(n)ces & seign(eu)rs // crestiens*[66]. Au verso du titre un bois des armes de France avec *A dieu venise.* imprimé au-dessus. Le texte

---

[61] Paul Lacroix, *Louis XII et Anne de Bretagne: Chronique de l'Histoire de France*, Paris: Hurtrel, 1882, 406, attribue à tort cette édition à Jean Molinet.

[62] Pour une reproduction de cette page de titre, voir Tchémerzine, VI, 69.

[63] Tchémerzine, VI, 69 a tort de dire que l'expression *A Dieu Venise* s'y trouve aussi. Il confond la version *L1* avec la version *L2*.

[64] Voir Tchémerzine, VI, 69, pour une reproduction.

[65] Dans le *Catalogue Rothschild*, IV, 307, Picot indique que les caractères typographiques sont ceux de Pierre Mareschal et Barnabé Chaussard, imprimeurs à Lyon de 1493-1515. Ils avaient publié la *Piteuse Complainte de la Terre Sainte* de Gringore (voir ci-dessus) avant l'*Entreprise de Venise*.

[66] Voir Picot, *Catalogue Rothschild*, I, 306, pour une reproduction de la page de titre.

de l'*Entreprise de Venise* se trouve aux folios 2ʳ-8ʳ⁶⁷. F. 8ʳ: *Finis*. Au f. 8ᵛ un bois montre un moine offrant son livre à un homme assis dans une chaire gothique qu'accompagnent deux témoins. Au-dessus de la gravure est imprimé: *A dieu venise*.
Références: Baudrier, XI, 482; Gültlingen, I, 34, n° 38; Oulmont, 34-35 (n° 1); Picot, I, 306-07.

A (Leyde, Bibliotheca Thysiana)
Edition sur papier. Anvers: Michiel van Hoochstraten, s.d. [ca. 1514]. 6 ff. à 1 col. de 30 ll. au plus, in-4°, car. goth., a¹-a⁶. Titre (f. 1ʳ): *Venegien // Djt es de cause daer om(m)e dattet gheschil rijst // tussche(n) den Venetianen / en den Roomsche(n) // keyser en den Coninck va(n) Vranrijck / en andere(n) // diuerschen princen hertoghen en meer anderen // kersteliken coninghen hier na ghenarreert / van // landen stede(n) / en casteelen / die sy den selue(n) Paus // Keyser / Coningen en ander hertoge(n) en princen // tonrechte onthouden*⁶⁸. Au-dessus du titre un bois montre un empereur intronisé et un clerc debout devant lui. Derrière le clerc, une fenêtre s'ouvre sur un homme à cheval, précédant une foule de gens. Au folio 1ᵛ on trouve le titre *Venegien*. Le texte court sur les folios 1ᵛ-6ᵛ. Au folio 6ᵛ se présente le colophon suivant: *Gheprint Tantwerpe(n) bi die drie candela // ren bi mi michiel va(n) hoochstraten*.
Référence: Bibliotheca Belgica, V, n° V20; Nijhoff-Kronenberg, n° 2114.
Autre exemplaire: Gand, Universiteitbibliotheek, R 1042.

H (Héricault et Montaiglon)
Paris: Jannet, 1858, éditeurs Charles d'Héricault et Anatole de Montaiglon (Tome I des *Œuvres complètes de Gringore*).

---

[67] Voir Picot, *Catalogue Rothschild*, I, 307, pour une reproduction de la première strophe de cette version.

[68] Traduction: *Venise: c'est la raison pour laquelle il y a des conflits entre les Vénitiens et l'Empereur romain et le roi de France et plusieurs autres princes, ducs et plusieurs autres rois chrétiens. Ce qui s'ensuit est l'histoire des régions, villes et châteaux qu'ils détiennent à tort du pape, de l'empereur, des rois et d'autres ducs et princes mentionnés ci-dessus.* Je suis reconnaissante à Susie Sutch pour cette traduction.

L'Entreprise de Venise Avecques Les citez, chasteaux, forteresses et places que usurpent les Veniciens des roys, princes et seigneur crestiens. Le texte de l'*Entreprise de Venise* se trouve aux pages 145-56.

La présence du privilège à la fin de la version *G* nous permet de considérer celle-ci comme la version la plus ancienne et la plus fiable, celle que Gringore contrôla lui-même, puisqu'il chercha à la protéger, comme il le faisait systématiquement depuis la publication des *Folles Entreprises* en décembre 1505[69]. Le privilège n'offre pourtant pas de renseignements sur l'imprimeur de cette édition. S'agirait-il de Pierre Le Dru, à qui Gringore confia la publication de ses premières œuvres pour lesquelles il avait obtenu un privilège? Quant à la date de publication de la version *G*, nous savons qu'un *terminus post quem* est la signature de la Ligue de Cambrai le 10 décembre 1508. Mais il est possible de préciser davantage le *terminus post quem*. Le fait que les véritables intentions des signataires de ce traité soient restées secrètes lors des négociations et un certain temps après suggère que l'*Entreprise de Venise* soit plus récente de quelques mois. En fait, la coalition des chefs européens contre Venise et leur attaque imminente furent connues publiquement à Paris entre le 14 et le 23 mars 1509, puisque le roi rédigea alors sa lettre annonçant l'alliance contre Venise, que le Conseil reçut le 23 mars.

Quant au *terminus ante quem*, l'allusion faite dans le privilège de la version *G* devrait coïncider avec la fin du contrôle de Gringore sur la publication de l'*Entreprise de Venise*: *jusques apres le jour de Pasques prochainement venant*. Etant donné la nature transitoire du sujet du pamphlet politique, il est certain que Gringore rédigea cette œuvre avant le 14 mai 1509, date de la victoire des Français sur les Vénitiens à Agnadello. L'emploi de l'expression *prochainement venant* renvoie au 9 avril, le jour après Pâques en 1509. En supposant que le privilège dura au moins une

---

[69] Pour des renseignements sur Gringore, le premier écrivain de littérature française qui ait procuré un privilège d'auteur, voir Brown, *Poets, Patrons and Printers*, 34-38.

semaine[70], nous suggérons que Gringore fit publier l'*Entreprise de Venise* avant le 2 avril 1509. Nous en datons par conséquent la publication entre le 14 mars et le 2 avril 1509. Les versions *T*, *L1* et *L2* parurent probablement à partir du 10 avril 1509; elles furent sans doute imprimées avant la victoire d'Agnadello le 14 mai 1509.

Si la date limite du privilège s'étendait plus d'un an jusqu'à Pâques 1510, à savoir le 31 mars 1510, le *terminus ante quem* de parution de la version *G* et des autres versions doit être considérablement repoussée. Mais le cas semble peu probable, étant donné la nature éphémère de cette sorte de pamphlet politique et l'expression *prochainement venant* dans le privilège, qui implique que le jour après Pâques était proche. De plus Gringore précisait souvent une date limite quand il obtenait un privilège pour un an (voir, par exemple, les *Folles Entreprises* de 1505). Quoiqu'il soit difficile de le vérifier, nous croyons que Gringore fit publier l'*Entreprise de Venise* quelques semaines, sinon quelques jours, avant l'*Union des Princes*, car la date limite du privilège de l'*Entreprise de Venise*, le jour après Pâques, précède celle de l'*Union des Princes*, le jour de saint Jean-Baptiste, à savoir le 24 juin (voir ci-dessous).

Une comparaison des variantes du titre seul des cinq versions du début du XVIe siècle de l'*Entreprise de Venise* nous permet de constater une évolution par addition de mots entre la version *G* et les versions *L1* et *L2*. La soi-disant progression des titres des cinq versions françaises de l'*Entreprise de Venise* se présente de la façon suivante (c'est nous qui soulignons)[71]:

---

[70] Armstrong, *Before Copyright*, 123, donne quelques exemples de privilèges accordés en 1514 qui duraient huit jours, mais il semble qu'ils furent assez rares. Elle confirme que «literary works which were closely linked with events of the moment...tended to receive fairly short-term privileges». Gringore obtint un privilège bref pour son *Union des Princes* et sa *Chasse du cerf des cerfs* (voir ci-dessous).

[71] Dans ces exemples, nous avons résolu les abréviations, régularisé la distinction entre *u* et *v*, et ajouté de la ponctuation qui ne se trouve pas dans les versions originales. Il est à remarquer que le mot *Avecques* dans la version *G* s'écrit toujours comme *avec* dans toutes les autres versions.

- *G* L'entreprise de venise *Avecques* les citez, chasteaux, fortresses et places que usurpent les veniciens des Roys, Princes et Seigneurs crestiens.
- *S* L'Entreprise de Venise *avec* les **villes**, cytes, chasteaulx, forteresses et places que usurpent **lesditz** Venitiens des roys, princes et seigneurs crestiens.
- *T* L'Entreprise de venise *avec* les **villes**, cytez, chasteaulx, forteresses et places que usurpent **lesditz** veniciens des roys, princes et seigneurs crestiens.
- *L1* L'Entreprise de venise *avec* les **villes**, citez, chasteaulx, forteresses et places que usurpent **et detiennent lesditz** veniciens des Roys, **ductz**, princes et seigneurs crestiens.
- *L2* L'Entreprise de venise *avec* les **villes**, citez, chasteaulx, forteresses et places que usurpent **et detiennent lesditz** veniciens des Roys, **ductz**, princes et seigneurs crestiens.

Dans le titre de *S*, le mot *villes*, absent de *G*, se trouve devant *cytes*, et le mot *lesditz* se place devant *Venitiens*, ce qui suggère une étape plus tardive que *G*, bien que *S* soit un manuscrit, et une étape plus ancienne que *T*, *L1*, et *L2*, qui ont *villes* dans des titres qui sont mêmes plus élaborés. La présence du privilège à la fin de *S*, la seule autre version qui la contient, signale que ce manuscrit est basé sur *G*, un phénomène qui n'était pas aussi rare que l'on pourrait croire pendant cette période de transition du manuscrit à l'imprimé. Mais la version *S* ne date pas nécessairement d'avant les versions *T*, *L1* et *L2*. Il est à remarquer que le nom de Gringore dans le privilège dans *S* s'écrit comme *piere gregoire*[72].

Dans le titre de la version *T*, on note l'ajout des mêmes mots que dans le titre de *S*, *villes* et *lesditz*, absents de la version *G*, mais il n'y a pas de privilège de Gringore, ce qui confirme que c'est une édition plus tardive que *G* et qu'elle parut vraisemblablement après le 9 avril 1509. La présence d'un bois au titre qui paraît dans deux autres œuvres sous la direction de Gringore imprimées par Pierre Le Dru vers la même époque suggère la

---

[72] Pour d'autres différences entre le privilège tel qu'il se présente dans *G* et *S*, voir les variantes.

possibilité d'une association entre cet imprimeur et Jean Trepperel[73]. Les versions *L1* et *L2*, qui observent la même mise en page, mais qui se distinguent l'une de l'autre par la présence de bois distincts et de légères différences dans la présentation de lettres majuscules, d'abréviations, d'orthographe et de ponctuation, possèdent les mêmes modifications au titre que *S* et *T*. Mais elles contiennent trois mots de plus, à savoir *et detiennent* placés devant *lesditz* et *ductz* placés après *Roys*. Ces «additions» suggèrent que *L1* et *L2* sont des versions plus tardives que les autres.

Il est probable que la version *A*, qui mentionne des *ducs* (*herrtogen*) dans le titre, se base sur les versions françaises les plus tardives, *L1* et *L2*. Cependant, le traducteur de la version *A* a transformé la métrique des textes français en adoptant uniquement des huitains décasyllabiques à la rime *abaabbcc*. En outre, le nom de Gringore en acrostiche disparaît dans la traduction de la dernière strophe du poème.

L'établissment du texte

Comme base de notre édition, nous nous servons du plus ancien et du plus fiable des textes imprimés qui nous est parvenu, celui qui fut publié sous le contrôle de Gringore vers la fin de mars 1509. Pourtant la version *G* est quelquefois fautive. Dans six cas nous avons corrigé une leçon fautive dans *G* seul par la leçon qui se trouve dans toutes les autres versions contemporaines (vv. 60, 86, 87, 91, 129, 139). Dans cinq autre cas où il y avait divergence entre *G* et toutes les autres versions contemporaines, nous avons gardé la leçon de *G* (vv. 58, 83, 154). Les variantes se divisent plus ou moins en deux groupes, celles des versions *S* et *T* et celles des versions *L1* et *L2*. Celles-là ont sept leçons en commun, ce qui suggère un rapprochement entre *S* et *T*. Celles-ci ont seize leçons en commun, ce qui n'est pas surprenant, étant donné l'apparenté typographique entre *L1* et *L2*.

---

[73] Voir ci-dessus les notes 58 et 59.

Les variantes qui ne relèvent pas uniquement du domaine de la graphie (sauf dans le cas de *H*) sont reproduites en bas de page ainsi que les leçons rejetées dans *G*. Nous ne tenons pas compte ici des différences entre la version néerlandaise (*A*) et les cinq versions en français.

L'Entreprise de Venise

I   **R**iche cité, situee et assise   (f° 2ʳ)
Dessus la mer qu'on dit Adriatique,
Qui par ton nom es appellee Venise,
Terres d'aultruy as eues par voye oblique.   4
Redoubter dois vengence deïfique,
Car qui d'aultruy usurpe l'heritaige,
Sur luy en vient la perte et le dommaige.

II   Venicïens, soyez tristes, pansifz,   8
Considerés par sens ou par folie
Que en l'an quattre cens cinquentë et six
Fut destruicte quasi toute Ytalie,
Et mesmement la cité tant jolie,   12
Tresfameuse, dicte Acquileÿa,
Par les Hongrés et leur roy Athilla.

III   Gens de villes, chasteaulx, bourgs et villages,
Pour le dangier des inconvenïens,   16
Estoient fuitifz en isles marescages;
La saulvoient femmes, enfans et biens,
Lors trouverent les façons et moyens,
Eulx fugitifz, comme j'ay recité,   20
D'edifier Venise la cité.

IV   Venicïens, vous y residez tous.   (f° 2ᵛ)
Qui vous y mist? Vous mesmes seulement.
Gens assemblés estes, entendez vous,   24
Qui biens d'aultruy prenez injustement.
Il y a ja certes trop longuement
Que vous tenez sans seigneur telle terre:
Orgueilleux sont humilïez par guerre.   28

V   Gens assemblez se sont en vostre ville,
De plusieurs lieux assez s'i en transporte,

---

1 *ST* scitué – 3 *T* part – 8 *ST* tristes et pensifz – 12 *T* mesment (-1) – 15 *L1L2* ville – 26 *L1L2* longnement – 29 *L2* se font – 30 *L2* en *manque*

Et ne vous chault s'ilz ont fait chose ville
Mais que force de denare on vous porte. 32
Soit bien, soit mal, vous leur ouvrez la porte,
Et les faictes bourgoys ainsi que vous:
Tout vous est ung s'ilz sont saiges ou folz.

VI Imaginez que vous serez enclos 36
En vostre isle, puis qu'appetés la guerre,
Et que perdrés honneur, pecune et los,
Quelque chose que vous sachés requerre.
Chascun prince desire avoir sa terre; 40
Vous usurpez ce qui leur appartient:
Fol est celluy qui faulx procés soubstient.

VII Pensés a vous bien tost, explorateurs (f° 3ʳ)
Des biens d'aultruy; songez, imaginez 44
Que vous estes comme ouailles sans pasteurs,
Mal conseillez et mal endoctrinez,
Quant les terres des princes retenez
Et que taschez en eulx discorde mettre: 48
Les disciples sont inconstans sans maistre.

VIII Au vray, plusieurs sont informez du cas
Que vous tenez de rente en Ytalie,
A faulx tiltre, huit cens mille ducas, 52
Dont acoustrez vostre cité jolie.
Or voyez vous que noblesse se alie
Pour recouvrer ce que vous usurpés.
Terres d'aultruy sans raison occupés. 56

IX Cent vingt et cinq lieues de long tenés,
Soixante et cinq de large, sans doubtance,
Des Ytalles. Sans raison soubstenés
Qu'ilz sont a vous: c'est mal dit, en substance. 60

---

31 *S* s'il – 33 *L1* vots – 35 *T* si sont – 41 *L1L2* ce que – 43 *L1L2* expoliateurs – 48 *L1L2ST* entre eulx discord – 57 *ST* cinq lieues long detenez, *L1L2* cinq lieues de long detenez – 58 *L1L2ST* Soixante cinq – 59 *S* Des Ytalie, *L1L2* Des Ytallies – 60 *G* Qu'il

TEXTE ÉDITÉ 141

        Le roy Pepin, treschrestien roy de France,
        En a donné certaine quantité
        Devotement a la papalité.

           Les terres qui appartiennent au pape //
              que tiennent les Venicien   (f° 3ᵛ)

X   Le dessusdit Pepin trescrestïen   64
         Volut donner a l'Eglise Rommaine,
         Durant le temps du bon pape Adrïan,
         Les deux citez que maintenant ramaine
         A ce propos, dont prenez le demaine :   68
         C'est Ravane et Cerme. Bien savez
         Que sans cause les deniers en avez.

XI   Considerez vostre forfait, Venise,
         Et redoubtez vostre male meschance ;   72
         Rendez, rendez a Catholique Eglise
         Le don donné par le preux roy de France,
         Ou vous serez de bien brief en souffrance.
         Ne soyez pas rigoureuse et amere   76
         A l'Eglise : cognoissez la a mere.

           Les villes et citez appartenantes //
            a l'Empire que les Veniciens detiennent

XII   Il est saison que vous vous desistez
         De ce qu'avés conquis injustement ;
         Sur l'Empire vous tenez troys citez   80
         Contre raison, on le voit clerement ;   (f° 4ʳ)
         Quattre vingts ans y a tant seullement
         Que l'Empirë avoit ja jouÿssance
         De Padue, de Veronne et Vincence.   84

XIII   En quel dangier estez vous aujourd'uy,
         Se humilité voz rudes cueurs ne inspire ?

63b *S* que *manque* – 64 *L1L2ST* Pepin roy – 72 *S* mal (-1) – 77b *H* retiennent – 78 *S* vous vos desistes – 82 *H* ce vers manque – 83 *L1L2ST* avoit la joyssance, *H* avoit ja en joyssance – 86 *G* vous rudes cueurs

Ou aurez vous confort, conseil, apuy,
Quant vous grevez saincte Eglise et Empire ? 88
Impossible est que vostre bien n'empire ;
Retribüer biens d'aultruy n'ayez honte :
Tousjours en fin force est de rendre compte.

    Les terres appartenantes au roy de //
    Hongrie que tiennent lesditz Veniciens

XIV   Or avez vous de voz circunvoisins 92
Prins les terres, voire par pillerie,
Par quoy n'aurez au besoing plus d'affins
Pour soubstenir la vostre seigneurie.
Considerez que le roy de Hongrie 96
N'est pas content que vous tenez ses lieux :
Qui pert le sien ne peut estre joyeux.

XV   Rendez luy tost ses places, Dalmacie, (f° 4ᵛ)
Jarca aussi ; gardez de le fumer. 100
Sa Majesté est assez advertie
Que vous tenez sur luy mains portz de mer
Et plusieurs villes ; on peult bien estimer
Que en joïssez sans droit et sans raison : 104
Dieu pugnist tout en temps et en saison.

    Les terres appartenantes au duc //
    d'Autriche que tiennent lesditz Veniciens

XVI   Vous retenez, ainsi qu'on peut cognoistre,
De la duché d'Autriche entre voz mains
Une ville que nous appellons Mestre, 108
Mesme la ville ou la cité de Trains.
Des biens d'aultruy voz coffres en sont plains,
Trop assemblez tresors en une masse :
Fors aymer Dieu, toute chose se passe. 112

---

87 *G* conseil et apuy (+1) – 91 *G* fin fault rendre compte (-2) – 92 *L1* circnn-voisins, *S* vous circunvoisins – 101 *L1* adverite – 105 *ST* pugnit – 109 *ST* Travis aussy de ce sommes certains

| XVII | Or tenez vous en Marquitra[v]isanne
D'icelluy duc plusieurs paÿs fertilles,
Et deux citez nommeez Saltran, Hutdanne,
Avec plusieurs aultres places et villes
Devers le Traict qu'avez eues par Castilles,
D'aultres aussi tirant en Veronnoix,
A faulx tiltre, sans raison et sans loix. | 116
(f° 5ʳ) |

| XVIII | Considerez qu'estes trop triumphans
Et que Dieu veult que vous rendez de brief
Villes, citez aux tresnobles enfans
De l'Archeduc, ou ung tresgrant meschef
Vous adviendra, car le roy est le chef
Et gardien. Se ne rendés leurs villes,
Pugnis serez, destructeurs de pupilles. | 120

124 |

Les villes appartenantes a l'evesque //
du Treist que tiennent lesditz Veniciens

| XIX | De l'evesque du Treist vous usurpez
Et detenez la ville de Romiere ;
Plusieurs villes de luy vous occupez.
De les rendre vous fault trouver maniere ;
Long temps avez tiré le cul arriere,
Mais maintenant il vous fault apparoistre :
L'homme ne peult tousjours en vertu estre. | 128

132 |

Les terres appartenantes au Roy a //cause de la duché de Millan. (f° 5ᵛ)
que lesditz // Veniciens detiennent

| XX | Le tresillustre et trescrestïen roy,
Loys douziesme, puissant bellicateur,
Vous monstrera vostre erreur et desroy,
Car de Millan est naturel seigneur. |
136 |

---

113 *GL1L2ST* marquitranisanne, *H* marche Trevisanne – 114 *L1L2* fertille – 115 *T* Salitran (+1) – 117 *H* Castille – 119 *L1L2* faulx tiltres – 121 *L1L2* rendiez – 126 *S* destructeurs et pupilles – 129 *G* vous *manque* (-1) – 133a *L1L2* au trescrestien Roy de France –133b *ST* Veniciens tiennent

Or tenez vous, dessoubz faincte couleur,
De sa duché villes, citez, chasteaulx:
Dieu n'ayma onc gens traistres, desloyaulx. 140

XXI Vous retenez sa ville de Cremone,
Le Beygamo et ses cités de Bresse.
Ne cuydez pas que tel don il vous donne,
Ne que a bestir a bourgoys il se laisse. 144
Craignez, doubtez sa puissance, proësse;
Prenez exemple a voz circunvoisins,
Les Genevoys: ne faictes plus des fins.

Les terres appartenantes au mar- // quis de Mantue
que tiennent lesditz Veniciens

XXII Se ne rendez au marquis de Mantue 148
Ses deux villes d'Azolle et Pistara
Dedans brief temps, il fault qu'il s'esvertue (f° 6ʳ)
Vous assaillir; son bon droit gardera.
Se possible est, d'aultres villes aura 152
Que vous tenez, qui sont a luy par droit:
Le fol ne croit jusques a ce qu'il reçoit.

Les terres appartenantes au duc de //
Ferrare que lesditz Veniciens tiennent

XXIII Soyez certains que le duc de Ferrare
Vouldra ravoir Roÿgo, l'Abbadie, 156
En vous baillant terrible contrecarre;
Car il y a mise son estudie.
De luy tenez quelque chose qu'on die
Polisine, les environs aussi: 160
Loups ravissans sont tousjours en souci.

---

138 *L1L2* saincte couleur – 139 *G* ville – 141 *H* la ville – 144 *S* ne que abstenir – 146 *S* exemples – 147 *S* Le Genevois, *T* de fins – 154 *L1L2* jusqu'a, *S* jusque a, *T* jucq'a – 160 *T* ennirons

Les terres appartenantes au duc //
de Savoye que usurpent lesditz Veniciens

XXIV Le royaulme de Cipre retenez,
       Qui appartient au bon duc de Savoye;
       Rendez le tost, car, se plus le tenez,   164
       Luy et ses gens se mettront en la voye
       Pour le ravoir. Ne doubtez qu'il s'avoye
       De conquerir ce qu'avez du sïen :   (f° 6ᵛ)
       Qui d'aultruy bien usurpe en fin n'a rien.   168

XXV   Chipre est au duc de Savoye, n'ayez doubte;
       Le roy Janus, son frere, luy donna,
       Et la royne de Chippre, somme toute,
       De bon vouloir luy mist et ordonna,   172
       Venise, dont en se nul bon droit n'a,
       Ne vous aussi, Venicïens robustes :
       Ce que tenez n'est pas a tiltres justes.

XXVI   Feistes vous pas Jacques de Lesignan,   176
       Bastard de Chippres, a force prince et roy
       Dudit Chippre en moins de demy an?
       Aux Chipriens feistes maint grant desroy!
       Et du depuis, il print selon la loy   180
       Une fille a femme de Venise;
       Non sans cause fut faicte l'entreprinse.

XXVII Deux enfans masles eurent en mariage,
       Que detenez a Padue prisonniers   184
       A grant fierté et par aspre courage.
       De mal faire estez trop coustumiers,
       Car vous aymez mieulx ducatz et deniers   (f° 7ʳ)
       Que ne faictes vostre salvatïon :   188
       Maintz sont dampnez par obstinatïon.

161a *S* aux duc – 166 *H* redoubtez – 167 *L1L2ST* ce que tenez – 173 *S* en ce, *T* Venisee donc en ce – 176 *L1L2* Lesiguen, *S* Lesingnen, *T* Lesignen – 178 *L1L2T* Chippres, *S* Chipres en mains de – 179 *S* Au Chipprens, *T* grrant – 180 *L1L2* Et duc depuis, *S* Et depuis (-1) – 182 *L2* eut faicte – 184 *T* Padu – 187 *ST* trop ducatz

Les terres appartenantes au royaulme //
de Pouille que tiennent lesditz Veniciens

XXVIII En la Pouille vous tenez Octrento,
Molla et Tranne, maintz portz de mer et villes,
Menepoly, Brandis, Poligano.
Tous les mondains volez tenir serviles,
Princes et roys cuydez faire pupilles,
Vivans de rap ainsi que oyseaulx de proye :
Tousjours en fin vient ung coup qui tout paye.

XXIX Tremblez, tremblez, bourgoys Venicïens,
Vous avez trop de tresors encïens
Mal conquestez : tost desployer les fault.
Roys, princes, ducz, jeunes et encïens,
Seigneurs, marquis trouveront les moiens
Dedans brief temps de vous livrer l'assault.
Considerez vostre cruël deffault,
Et que pecune qui est tresmal acquise
Effacera le regnon de Venise.

XXX Le porc epic de brief vous picquera, (f° 7ᵛ)
L'aigle de sable lors vous bequetera,
Et les liepars asprement vous mordront,
Le lÿon noir ses dens vous monstrera,
La nouvelle ancre pres de vous se ancrera,
Les espaignolz au boys vous chasseront,
Sur vous Rommains leur chesne planteront,
Et le lievre courra sans plus doubter,
Car les vaches viendront pour vous hurter.

XXXI Capitaines expers, preux chevaliers,
Cueurs d'escuyers, gendarmes et archiers,
Hallebardiers, aussi gens d'ordonnance
Se mettent sus avecques plusieurs piquiers,
Hacquebutiers et subtilz canoniers ;

189a *T* Des terres – 194 *L1L2* et *manque* (-1) – 199 *T* tous desployer – 207 *L2* l'aigle de son bec lors – 217 *L1L2* gens *manque* (-1)

Tresvolentiers monstreront leur puissance; 220
Mainte lance on rompra sans doubtance.
L'aliance faicte entre roys et princes
Subjuguera les barbares provinces.

XXXII Brief, on y va d'ung si noble courage 224
Qu'il n'est homme qui le sceust estimer,
Et si nully n'empesche le passage
Pour y aller sur terre ne sur mer; (f° 8ʳ)
Vulcanus fait ses forneaux enflamer 228
Et Minervë forgë l'artillerie:
Sur les pillars en fin vient pillerie.

L'acteur.

XXXIII Grans et petis, faictes a Dieu priere
Reveramment pour le preux roy de France. 232
Imaginez que d'amour singuliere
Norrit en paix son peuple et sans soufrance.
Gentilz Françoys, vivez en asseurance,
Oncques n'eustez l'honneur que vous aurés; 236
Rememorez, s'on en rompt l'alïance,
En Venise fleurs de liz planterés.

---

220 *H* Qui volentiers – 225 *T* homme qu'il – 232 *H* pieux – 233 *T* ymaginés que d'avour – 234 *T ce vers manque*

L'Entreprise de Venise

Notes

vv. 10-21: Référence à l'attaque sur l'Aquilée par Attila et ses Huns en 456, à la fuite des gens vers les îles marécageuses de la lagune et à l'établissement de Venise.

vv. 29-35: Allusion au fait que les Vénitiens ouvrirent leurs portes à toutes sortes d'immigrés. La définition des Vénitiens comme un peuple motivé par l'argent, thème répandu dans cet écrit ainsi que dans d'autres de l'époque, est ici soulignée pour la première fois.

vv. 54-56: Gringore fait référence à l'alliance politique contre Venise qui fut le résultat du Traité de Cambrai signé le 8 décembre 1508, mais qui resta secret jusqu'au printemps 1509, quant Louis XII préparait ses troupes pour partir en Italie à la tête de l'expédition projetée contre Venise.

vv. 61-70: Allusion à la donation de Ravenne et de Cervie (Cervia) par Pépin le Bref à la papauté au milieu du VIIIe siècle. Toutes les versions de l'*Entreprise de Venise* portent le nom *Cerme*, qui est soit une mauvaise lecture de *Cervie* à une étape de la transmission du texte, soit une erreur de la part de l'auteur. Oulmont, *Pierre Gringore*, 255, remarque que Gringore avait tendance à écrire les noms de villes et de personnes comme il les entendait prononcer, sans les vérifier. Etant donné que Cervie était peu connue des Français en général, cette erreur passa inaperçue à tous les éditeurs. La Ligue de Cambrai nomma aussi les villes de Faenza et Rimini comme appartenant au pape (Quilliet, 387).

Dans leur édition, Héricault et Montaiglon, 145, n. 1, fournirent des notes au texte en citant directement *La totale et vraye description de tous les passaiges, lieux et destroictz par lesquelz on peut passer et entrer des Gaules ez Italies, et segnamment par où passèrent Hanibal, Julius Cesar et les trèschrestiens, magnanimes et très puissans roys de France, Charlemagne, Charles VIII, Louis XII, et le trèsillustre roy François à présent regnant premier de ce nom*, Paris: Toussaint Denis, 1520. Nous nous appuyons sur ces renseignements dans certaines des notes ci-dessous.

v. 63a: Jules II était pape depuis septembre 1503.

v. 77: Pour créer une rime équivoquée Gringore emploie une expression ancienne, *cognoissez la a mere*, pour prier les Vénitiens de reconnaître comme leur mère l'Eglise romaine.

v. 77b: Maximilien I était l'empereur en 1509.

v. 84: La Ligue de Cambrai identifia aussi Rovereto, Trévise, le Frioul, et l'Istrie comme des territoires vénitiens appartenant à Maximilien (Quilliet, 387). D'après la *Totale et vraye description*, les Vénitiens détenaient de l'Empire depuis quatre-vingts ans les villes de Padoue, d'où ils auraient chassé les seigneurs La Carara, de Vicence qu'ils auraient prise des seigneurs Cavalcabonne et de Vérone, d'où ils auraient chassé les seigneurs Lescalla. En février 1508, quand les troupes impériales pénétrèrent dans le territoire vénitien, elles furent repoussées par Venise, qui occupa par la suite quelques autres places du territoire impérial (Baumgartner, 191). Lors de la bataille d'Agnadello entre la France et Venise en mai 1509, l'armée impériale réussit à occuper des régions au nord de Venise et à reprendre Padoue temporairement.

v. 91a: En 1509, Ladislas Jagellon était le roi de Hongrie.

vv. 99-100: Selon la *Totale et vraye description*, les Vénitiens détenaient une partie de la Dalmatie, la ville et le port de Jarra (Zara) entre autres.

v. 105a: En 1509 l'archiduc d'Autriche était le petit-fils de Maximilien, Charles V, qui n'avait que neuf ans.

vv. 106-119: Les endroits mentionnés, Mestre, Traviz, les vallées de Felletrem et de Hutdenne, d'autres villes près de Trieste et de Trento, avaient précédemment appartenu à la maison d'Autriche.

Le mot *Trains* au v. 109 est problématique. S'agit-il d'une mauvaise lecture de Travis (Traviz) lors de la transmission de l'œuvre, ou Gringore se trompa-t-il de nom italien en créant le vers tel que nous le lisons ici? C'est ce que les rédacteurs des versions *S* et *T* semblent avoir pensé, car ils changèrent le vers entier pour faire référence à *Travis* et pour garder la rime en *-ains*: *Travis aussy de ce sommes certains*. Le fait que les versions *L1* et *L2* ont la même leçon que *G* confirment qu'elles sont fondées sur *G* ou sur une autre version perdue dérivant de *G*, au lieu d'être associées aux versions *S* ou *T*.

Quelle est la Marquitranisanne? Héricault et Montaiglon ont changé la leçon de *G* en *marche Trevisanne*, pour faire allusion à la région de Trévise, mais nous préférons garder la leçon de toutes les versions en changeant seulement le *n* en *v*: *Marquitra[v]isanne*. Saltran est difficile à identifier ainsi que Le Traict. Le *Veronnoix* fait référence à la région de Vérone. Le mot *Castilles* est au pluriel vraisemblablement à cause des exigences de la rime (*villes* au vers 116) et fait référence aux grands-parents de l'archiduc Charles V, Ferdinand et Isabelle et à la maison de Castille. Lors du décès inattendu de son père Philippe, fils de l'Empereur Maximilien, en 1506, Charles V acquérit certaines de ces terres. La référence aux *tresnobles enfans de l'Archeduc* n'est pas tout à fait claire, puisque l'archiduc Philippe d'Autriche, qui avait des enfants, mourut en septembre 1506, plusieurs années avant la confrontation avec Venise, et son fils, Charles V, qui le remplaça comme archiduc, n'avait que neuf ans en 1509. Gringore oublia-t-il ce fait?

v. 107: Noter que le mot *duché* pouvait être féminin en moyen français.

v. 126a: En 1509 Pietro Bonomo, un conseiller de l'Empereur Maximilien, était l'évêque de Trieste.

v. 137: Référence à Louis XII et à sa prise récente du duché de Milan (1499, 1500) pour lequel il a reçu l'investiture de l'empereur en avril 1505.

vv. 141-42: Allusion aux villes de Crémone, de Bergame et de Brescia que la Ligue nomma comme appartenant au roi de France.

v. 148: Le marquis de Mantoue était Francesco Gonzague en 1509.

v. 149: Référence aux villes d'Azoulle et de Pescara.

v. 154: Noter l'absence du subjonctif dans ce proverbe. Gringore aura recours au même épiphonème dans son *Obstination des Suysses* (v. 90).

v. 155: En 1509 le duc de Ferrare était Alfonso d'Este.

v. 156: Référence à Rovigo et à la Badie.

v. 160: Polesina est un faubourg de Rovigo qui est situé sur le Pô.

vv. 170-84: Voilà ce qu'explique la *Totale et vraye description*: «Sur M. de Savoye, ilz [les Vénitiens] detiennent, hors du dit pays de Ytalie, le royaulme de Cypre, à luy appartenant par vraye succession de son feu frère le roy Janus, et par donation que en feyst la feue royne de Cypre, sa femme, à la maison de Savoye. Aussi il y a encores deux enfans de feu Jacques de Lusignan, bastard de Cypre, lequel, à l'aide des Vénitiens, en fut fait roy par force d'armes, et depuis le marièrent à une fille venicienne qui est encores en vie (Catarina Cornaro). Et dit l'on qu'ilz detiennent lesdictz enfans prisonniers dedans le chasteau de Padue» (cité par Héricault et Montaiglon, 153, n. 1).

NOTES

vv. 190-92: Référence aux Pouilles et aux villes d'Otrante, de Mola, de Trani, de Brindisi et de Polignano, que la Ligue de Cambrai désignaient comme appartenant au roi Ferdinand d'Espagne.

v. 206-214: Le porc-épic était le symbole du roy Louis XII. L'aigle de sable désigne l'Empire sous Maximilien. Les léopards représentent l'Angleterre d'Henri VII. Selon Héricault et Montaiglon, 155, n. 4, le lion de sable figurait sur les armoiries allemandes, en particulier sur les armes du duché de Juliers. Le chêne fait référence au pape Jules II. *Les espaignolz* constitue un jeu de mots sur le chien (*épagneul*) et celui qui vient d'Espagne. Quant aux vaches, s'agit-il d'une allusion aux Suisses (selon Robert Scheller, les armes d'Uri, un des cantons, portaient la tête d'un taureau noir), ou Gringore fait-il référence à Gaston de Foix, cousin de Louis XII, qui jouera plus tard un rôle militaire héroïque face aux Italiens. Selon Scheller, des vaches figuraient par quatre fois sur les armes des comtes de Foix/Béarne/Narbonne. L'ancre et le lièvre sont difficiles à identifier. Je suis très reconnaissante à M. Scheller pour ses suggestions pertinentes.

vv. 222-23: Ces vers semblent se référer au but secret du Traité de Cambrai, qui était l'invasion de Venise par l'ensemble des participants européens.

v. 236: Autre allusion à la guerre imminente contre Venise qui se préparait.

L'UNION DES PRINCES

Introduction

Résumé de l'œuvre

Dans l'*Union des Princes*, l'*acteur* commence par faire appel au *peuple chrestien* pour soutenir *l'union…entre les roys et princes* (v. 9), à savoir la Ligue de Cambrai (10 décembre 1508), en l'encourageant à suivre le roi pour affronter Venise. Cette harangue se présente brièvement sous forme allégorique où les acteurs principaux sont Miséricorde, Vérité, Paix, Justice, Charité, Force, Prudence et Tempérance. En rappelant aux princes le rapport qui lie cette nouvelle alliance européenne et une future croisade en Terre Sainte, but de la première partie du traité, l'*acteur* demande aux signataires du Traité de Cambrai de préserver la paix, qui finira par honorer la Chrétienté et par punir les Infidèles.

Dans un deuxième mouvement, le narrateur décrit les objectifs du deuxième Traité de Cambrai, celui qui resta secret jusqu'en mars 1509[74], car l'ennemi n'est plus seulement les Turcs, mais aussi les Vénitiens, qui sont critiqués pour leur pratique de l'usure et l'usurpation qu'ils font des territoires des autres princes européens. L'*acteur* attaque Venise en raison de son alliance avec les Turcs et de sa trahison du roi Charles VIII lors de sa campagne en Italie en 1494-95. Il la menace d'être déchue de son honneur et de ses biens. Il fait également référence à sa collusion avec la trahison de Ludovic Sforza[75]. Le pape et l'empereur

---

[74] Voir ci-dessus, l'*Introduction* à l'*Entreprise de Venise* (123-25).
[75] Venise avait empêché le roi de France et son armée de rentrer en France de Naples, qu'ils venaient de conquérir, lors d'une confrontation à Fornoue en

Figure 4: *L'Union des Princes* (BnF Rothschild 2824), page de titre

INTRODUCTION

romain (Maximilien I), le roi de France (Louis XII), le roi d'Espagne (Ferdinand) et le roi de Hongrie (Ladislas), tous comparés aux meilleurs combattants de l'Antiquité et de la mythologie, se préparent à attaquer les Vénitiens.

Les signes de sa destruction imminente et de la victoire de Dieu sont annoncés à Venise au moment où l'espoir d'une croisade se concrétise. Dans les derniers vers du poème, l'*acteur* s'adresse aux signataires de la paix pour les encourager à ne plus combattre entre eux mais à s'unir contre les Infidèles au nom de Dieu.

Le contexte historique

Cette œuvre, qui célèbre la Ligue de Cambrai et fustige Venise, fut publiée après la révélation du traité secret de la paix de Cambrai en mars 1509 et au moment du départ de Louis XII en avril 1509 pour mener campagne en Italie[76]. Celle-ci s'achevera par la célèbre victoire sur Venise à Agnadello en mai 1509. Gringore dut écrire et faire publier l'*Union des Princes* quelques semaines, sinon quelques jours, après son *Entreprise de Venise*, car elle contient des références au départ du roi de France pour l'Italie et aux préparatifs des autres pouvoirs européens (vv. 7-8, 34-35, 73-76, 184, 193-94). L'allusion positive au pape dans l'*Union des Princes* – *le successeur sainct Pierre / Qui est uni, c'est nostre Dieu en terre* (vv. 175-76) –, confirme que le pamphlet est antérieur à l'automne 1509, quand le pape s'enquit de former une ligue contre Louis XII.

---

juillet 1495 (voir ci-dessous les *Notes*, ll. 127-71). Lors de la prise de Milan en 1499/1500, Venise s'était rangée du côté de Ludovic Sforza. Pour des renseignements sur cet événement, voir Yvonne Labande-Mailfert, *Charles VIII et son milieu (1470-1498): la jeunesse au pouvoir*, Paris: Klincksieck, 1975, 379-414.

[76] Pour des renseignements sur la Ligue de Cambrai, voir ci-dessus l'*Introduction* à l'*Entreprise de Venise* (123-26).

Les traditions littéraires

Comme la *Piteuse Complainte de la Terre Sainte*, l'*Union des Princes* se caractérise par une exploitation de rhétorique exhortative (destinée aux Français et à leurs alliés) et condamnatoire (contre Venise), ce qui caractérise les œuvres de propagande des rhétoriqueurs[77]. Il y a donc une contradiction implicite entre l'idée de la paix associée à la Ligue de Cambrai et l'objectif collectif de la guerre contre Venise. Pourtant, comme déjà dans l'*Entreprise de Venise*, le rôle prédominant de l'*acteur* faisant une harangue politique finit par différencier ce poème d'autres écrits plutôt fictifs de l'époque tel que la *Concorde du genre humain* de Jean Lemaire de Belges[78].

La versification

Le nombre de syllabes. Les deux cent quatre-vingt-sept vers décasyllabiques de l'*Union des Princes* se divisent presque tous en hémistiches de quatre et six syllabes, mais dans quelques cas on trouve des divisions en six et quatre syllabes (vv. 189, 200, 210, 213, 278, 279). Les rares exemples de décasyllabes qui se divisent en sept et trois syllabes mettent en relief le nom d'un croisé héroïque du passé, Godefroi de Bouillon (v. 254) et celui de Dieu (v. 287)[79]. Gringore emploie la césure lyrique plus fréquemment que la césure épique, ce qui marque un changement significatif depuis l'*Entreprise de Venise*. Sur les deux cent quatre-vingt-sept vers, trentre-sept du poème, soit 13%, ont une césure lyrique[80], tandis que dix-huit, soit 6%, ont une césure épique, dont douze

---

[77] Voir, par exemple, Brown, *Shaping*.

[78] Voir l'édition de Pierre Jodogne, Bruxelles: Palais des Académies, 1964. Oulmont, *Pierre Gringore*, 259, remarque que l'*Union des Princes* rappelle l'*Entreprise de Venise* et la *Piteuse Complainte de la Terre Sainte*.

[79] Il s'agit des vers suivants: *De Godeffroy de Billon, car j'entens* (v. 254); *En bien faisant son devoir, Dieu gens quicte* (v. 287).

[80] Dans son édition de l'*Union des Princes*, Slerca, 18, compte trente-neuf vers à une césure lyrique, mais elle oublie de compter le vers 278 et elle a tort dans deux cas (vv. 189, 208). Le vers 279 a-t-il une césure lyrique ou *riens* compte-t-il comme deux syllabes pour rimer avec *chrestïens* au vers 278?

font tomber le *-e* final et six le *-es* final[81]. Dans neuf vers, le *-e* muet à la césure s'élide avec le premier mot du deuxième hémistiche. Le fait que le mot *princes*, un mot clé de l'appel du narrateur, soit mis en relief huit fois par son placement à une césure lyrique (vv. 47, 68, 73, 95, 206, 278) suggère que Gringore manipulait consciemment ses césures[82].

Dans ce poème la syllabation irrégulière de certains vers est à remarquer. Dans quelques cas, le *-e*, le *-es*, ou le *-ent* final d'un mot tombe devant une consonne au milieu d'un hémistiche (vv. 52, 111, 140, 154, 156, 185), en particulier quand il s'agit d'un verbe en *-oient* (vv. 52, 154), mais quand le verbe se terminent en *-ent* la dernière syllabe ne tombe pas (vv. 139, 228, 230, 231, 240, 242, 245). Un vers est hypométrique (v. 255)[83]. Pour maintenir les vers décasyllabiques, le mot *bien* compte toujours comme une syllabe; mais les mots *liens* (v. 150) et *riens* (v. 279) comptent comme deux syllabes, vraisemblablement pour rimer avec *Venicïens* et *chrestïens* respectivement. Beaucoup de hiatus figurent dans l'*Union des Princes*; les terminaisons *-ion*, *-ien* (ou *-yen*), *-ieux*, *-ier*, *-iez*, et *-iance* comptent généralement comme deux syllabes[84]. L'enjambement est très fréquent, car il se trouve dans 25% des vers, comme les suivants:

> Est pas la Paix, fille du Dieu des dieux,
> Comme relique et joyau precïeux,
> Baillee en garde entre les nobles mains
> Des alïez? Que demandez vous mieulx,
> Peuple chrestien? Vous estes en voz lieux
> Asseurement recueillans vins et grains,
> Justice luyt et voyages loingtains
> Les princes font, servant Dieu a toute heure. (vv. 28-35)

---

[81] Slerca, 18, ne compte que quinze vers à une césure épique, mais elle omet de compter trois vers (vv. 138, 234, 279).

[82] D'autres mots qui figurent à une césure lyrique sont *anges* (v. 39), *apostres* (v. 40), *vierges* (v. 44), et *traistres* (v. 130).

[83] Slerca, 18, a tort de considérer le vers 182 comme hypométrique, car *vous* manque par erreur dans ce vers dans son édition.

[84] Voir les exceptions aux vers 32 et 256, où *chrestien*, qui figure dans le premier hémistiche, ne compte que comme deux syllabes.

Formes strophiques. L'*Union des Princes* se constitue de trente-et-un neuvains décasyllabiques d'un schéma de rimes *aabaabbcc* et d'un seul huitain décasyllabique, la dernière strophe, aux rimes *abaabbcc*. Le nom en acrostiche de l'auteur (huit lettres) détermine la forme de cette dernière strophe.

Les rimes. La plupart des rimes dans l'*Union des Princes* sont suffisantes ou riches, quoique certains vers présentent des rimes doubles ou léonines (vv. 116, 117; 154, 155, 157, 158; 217, 218, 220, 221. Quelques rimes équivoques s'y trouvent aussi: *editz – et ditz* (vv. 39, 42) et *Savoye – s'avoie* (vv. 191, 193). On trouve aussi des rimes quasi-couronnées: *saincte saincteté* (v. 60), *antique antiquité* (v. 61). Les strophes V-VII, où Gringore souligne l'importance de la Paix de Cambrai, présentent une concentration frappante de rimes. La strophe VI fait écho aux rimes *a* (*entrelassee-compassee-pourchassee-exaulcee*) et *b* (*editz-ditz-Paradis*) de la strophe précédente (V) en adoptant une fois encore les mêmes rimes (*a: desiree-duree-honnoree-decoree; b: unys-pugnis-bannis*). Dans la strophe suivante (VII), la rime *a* (*terre-guerre-querre-requerre*), qui se répète quatre fois, est renforcée par la rime *c* (*faire-deffaire*) qui n'est pas techniquement la même, mais qui se prononçait d'une façon similaire. Comme dans presque toutes ses autres œuvres, Gringore recourt souvent aux épiphonèmes dans le dernier vers de ses strophes (voir, par exemple, les vers 27, 36, 45, 54, 63, 72, etc.).

Les rimes que Gringore emploie le plus fréquemment dans cette œuvre sont celles en *-ance* ou *-ances* (13), *-ité* (11), *-ain* ou *-ains* (10), *-sion* (*-cion*) (10), *-iens* (*-yens*) (9), *-ont* (9), *-ace* (8), *-ens* (8), et *-erre* (8).

LE TEXTE

Editions

Le texte complet de l'*Union des Princes* nous est parvenu en une seule édition du XVIe siècle qui contient un privilège (*G*). En 1977 Anna Slerca publia une édition de cette œuvre (*S*).

G (Paris, BnF Rothschild 2824)

Edition sur papier, s.l.n.d. [Paris: Pierre Le Dru[85], avril 1509]. 8 ff. à 1 col. de 23 ll. au plus, in-8°, car. goth. Titre (f. 1ʳ): *Lunion des princes*. Sous le titre une gravure sur bois de l'auteur qui offre son livre à un homme assis (Fig. 4). Au f. 1ᵛ on trouve le privilège suivant: *Il est permis par iustice a pierre gringore // acteur de ce present liure de le ve(n)dre ou distri // buer et que nul ne le puisse vendre iucques au // iour sainct Jehan baptiste prochaineme(n)t ve= // nant sur peine damende ou de confiscacion des // liures fors ceulx a qui il les baillera a ve(n)dre*. Le texte de l'*Union des Princes* se trouve aux folios 2ʳ-8ʳ. F. 8ʳ: Signature en acrostiche de l'auteur[86]. Le folio 8ᵛ est blanc.

Références: Oulmont, 36-37[87]; Picot, *Catalogue Rothschild*, IV, 152-53; Tchémerzine, VI, 72a

S (Slerca, Anna)

Milano: Vita e Pensiero (Pubblicazioni della Università Cattolica), 1977.

Slerca fut la première à proposer une date de composition bien plus précise qu'Oulmont, Picot ou Tchémerzine ne l'avaient fait, en suggérant que Gringore avait rédigé l'*Union des Princes* entre le 16 et le 27 avril 1509 (14). Il faudrait pourtant donner quelques précisions supplémentaires.

D'abord, le *terminus post quem* proposé par Slerca est susceptible d'erreur. Elle a proposé le 16 avril 1509 comme *terminus post quem*, car c'était le jour où, d'après elle, Louis XII passa les

---

[85] Picot, *Catalogue Rothschild*, IV, 153, identifie les caractères ainsi que le bois de cet imprimé comme appartenant au matériel de Pierre Le Dru.

[86] L'œuvre fait partie d'un recueil de dix-neuf poèmes publiés séparément à l'origine, mais reliés ensemble à la fin du XVIIIᵉ siècle, une anthologie décrite par Picot, *Catalogue Rothschild*, IV, 31-33 (n° 2758). On y trouve deux autres textes de Gringore, à savoir l'*Entreprise de Venise*, éditée ci-dessus, et la *Coqueluche*, qui paraîtra dans le troisième tome. Deux autres poèmes anonymes (n° 9 et n° 11) figurent également dans ce recueil.

[87] Oulmont se trompe de cote en citant l'exemplaire dans la Collection Rothschild comme 2825. L'exemplaire de la Bibliothèque de Fribourg en Suisse mentionné par Oulmont, 36, et Picot, 152, ne s'y trouve plus.

montagnes de Savoie. Mais, en faisant référence aux vers 190-91 de l'*Union des Princes* pour confirmer cette datation, Slerca a omis de citer le vers 192 (en italique ci-dessous), qui change légèrement le sens de ce passage :

> Or est le roy treschrestïen en voye,
> Qui a passé les haultz mons de Savoye
> *Par plusieurs foys ; il sçait bien le chemin.*

Mise en relief par une ponctuation différente de la nôtre[88], l'interprétation proposée par Slerca indique qu'elle pensait que l'expression adverbiale *par plusieurs foys* modifiait la proposition indépendante dans le deuxième hémistiche du vers 192, *il sçait bien le chemin*. Mais cette lecture n'est guère heureuse, car l'expression adverbiale ne s'adapte pas bien à un verbe au présent. Une lecture plus logique associe plûtot l'expression adverbiale avec la proposition subordonnée au vers 191, *Qui a passé les haultz mons de Savoye*. Dans ce cas-ci, le fait d'avoir passé les monts de Savoie est l'action répétée, non pas celle de connaître bien le chemin, qui est une vérité générale. En effet, avant avril 1509, Louis XII avait déjà passé les montagnes savoyardes à plusieurs reprises[89]. Or, il se peut que ce vers se réfère soit aux voyages précédents du roi de France soit à un voyage qu'il vient de faire à travers les montagnes de Savoie, mais il reste vague. Nous croyons donc que les vers 190-92 font allusion au fait que le monarque s'est déjà mis en route, mais qu'il n'a peut-être pas encore franchi les montagnes de Savoie.

Si l'on accepte cette interprétation, il faudrait remettre le *terminus post quem* de l'œuvre à une date plus avancée que le 16 avril 1509. Les renseignements internes de ce texte n'indiquent qu'une période assez imprécise, celle où Louis XII était déjà *en voye* pour l'Italie, celle où il se préparait à aller vers Venise, comme le vers 193 l'indique : *Ne doubtez point que aller*

---

[88] Voir l'édition de Slerca : *Or est le roy tres chrestien en voye, qui a passé les haultz mons de Savoye. Par plusieurs foys il sçait bien le chemin.*

[89] Pour aller à Milan en 1499 et en 1500, à Naples en 1504, à Gênes en 1507, etc.

vers vous s'avoie. L'emploi du participe présent dans une autre allusion à sa mise en route confirme également que le roi était déjà parti: *le roy veult mettre sur champs son train, / **Soy transportant en estranges provinces*** (vv. 7-8). Nous proposons donc comme *terminus post quem* le 10 avril 1509, date à laquelle le monarque français partit de Lyon pour l'Italie avec Georges d'Amboise[90].

Le *terminus ante quem* que Slerca a établi n'est pas non plus fiable. A cause d'une allusion au vers 177 de l'*Union des Princes*, où l'*acteur* se réfère à la possiblité d'une excommunication de la part du pape – *il vous peult tous anathematizer* –, la première éditrice de l'*Union des Princes* a proposé comme *terminus ante quem* le 27 avril 1509. C'était, d'après elle, la date où le pape Jules II excommunia Venise, un acte qui aurait été noté par Gringore. Etant donné que la menace de l'excommunication par le pape était annoncée dans le texte du traité secret de Cambrai[91], Gringore en était vraisemblablement conscient dès le 23, sinon le 14 mars. Pourtant, la bulle papale du 27 avril menaçait d'excommunier Venise vingt-quatre jours plus tard, à savoir le 21 mai, *a moins que*, dans l'entre-temps, elle ne restitue au pontife les territoires qui lui appartenaient. Imprimée à six cents exemplaires et répandue partout, cette bulle n'était finalement pas un acte d'excommunication immédiate[92]. Puisque le 21 mai 1509 figurait comme la date de l'excommunication de Venise, le *terminus ante quem* proposé par Slerca devrait être plus tardif, à savoir le 14 mai 1509, le jour de la victoire des Français sur les Vénitiens.

Il est à noter que le privilège obtenu par Pierre Gringore le protégeait jusqu'au *jour sainct Jehan Baptiste prochainement venant*, c'est-à-dire jusqu'au 24 juin [1509]. L'expression *prochainement venant* nous fait croire qu'il s'agit d'un privilège de courte durée[93],

---

[90] Baumgartner, 194.
[91] Shaw, 233.
[92] Voir Cloulas, 175 et 359, n. 3, ainsi que Shaw, 234-39. Cette dernière semble faire erreur en datant la bulle papale du 26 avril au lieu du 27 avril, comme les autres historiens.
[93] Voir l'*Entreprise de Venise*, n. 22.

c'est-à-dire de quelques mois. De plus, le fait que cette date limite vienne vraisemblablement après celle de l'*Entreprise de Venise* (le 9 avril [1509]) renforce l'idée que l'*Union des Princes* fut publiée après celle-là[94].

L'Etablissement du texte

Nous nous servons de la seule version contemporaine qui nous soit parvenue, G, comme base de notre édition. Quant elle est fautive, nous avons fait des corrections, qui sont signalées dans les notes à la suite du texte édité. Les lettres ou les mots ajoutés en correction se trouvent entre crochets. Les variantes dans la version S sont reproduites en bas de page ainsi que les leçons non acceptées dans G.

---

[94] Slerca, 13, croyait aussi à cette chronologie de la publication des deux œuvres, mais pour des raisons différentes.

L'Union des Princes (f° 2ʳ)

L'acteur

I   Cueurs endormis, laches, lentz et debilles,
    Qui vous tenez en champs, bourgs, citez, villes
    Pour acomplir vostre plaisir mondain,
    Reveillez vous, soyez promptz et agilles,   4
    Habandonnez maisons et domicilles,
    Trottez, saillez ainsi que cerf ou dain,
    Car le roy veult mettre sur champs son train,
    Soy transportant en estranges provinces :   8
    Unïon est entre les roys et princes.

II Misericorde et Verité se sont
    Encontrees, et Paix et Justice ont
    Baisé l'un l'autre, c'est le dit du prophette.   12
    Les alïez leurs estendars en font,
    Et par ainsi les mers transillieront ;
    Foy sonnera adonc son eschauguette,
    Car Charité a sonné sa retraicte   16
    Quant unïon a mise entre les princes :
    Trembler feront les barbares provinces.

III Nobles princes monstreront leur noblesse,
    Car ilz tiendront leur foy et leur promesse,   (f° 2ᵛ) 20
    Et par ainsi l'aide de Dieu auront.
    Aux cueurs hardis monstreront leur largesse,
    Regner feront Justice, leur maistresse,
    Et par ainsi sur tous domineront.   24
    Force, Prudence, Temperance seront
    En estendars, banieres et guydons :
    Dieu remunere ses serviteur[s] par dons.

IV Est pas la Paix, fille du Dieu des dieux,   28
    Comme relique et joyau precïeux,

1 *S* Cueurs – 27 *G* serviteur

| | Baillee en garde entre les nobles mains
| | Des alïez? Que demandez vous mieulx,
| | Peuple chrestien? Vous estes en voz lieux | 32
| | Asseurement recueillans vins et grains,
| | Justice luyt et voyages loingtains
| | Les princes font, servant Dieu a toute heure:
| | Aprés la mort, le bon regnom demeure. | 36

V   Ceste paix est entre eulx entrelassee,
      Si bien unye et si bien compassee
      Que les anges en ont faict les editz,
      Les apostres l'ont vers Dieu pourchassee, 40
      Des sainctz martirs a esté exaulcee,
      Les confesseurs en font hymnes et ditz,
      Confermee est par Dieu de Paradis, (f° 3ʳ)
      Et les vierges sur elle ont leur regard: 44
      On doit garder ce qu'on conqueste a tart.

VI   Gardez la bien, ceste paix desiree,
      Roys et princes, que tousjours ait duree.
      Car si long temps estes ensemble unys, 48
      Chrestïenté sera si honnoree
      Que oultre les mers la verrez decoree,
      Et seront tous Infidelles pugnis.
      Gens vicïeux soient d'avec vous bannis, 52
      Pugnissez gens obstinez en leur vice:
      Dieu benist ceulx qui font bonne justice.

VII   Quant Jesuchrist fut né dessus la terre,
      Naistre voulut en paix, abatre guerre; 56
      Depuis florit saincte Chrestïenté,
      Et ont voulu les bons Chrestïens querre
      Places et lieux pour humblement requerre
      Gens preëleuz en saincte saincteté. 60
      Les roys françois d'antique antiquité
      Ont fondez lieux pour service a Dieu faire:
      Ce que l'un faict, l'autre le veult deffaire.

33 *S* assurement

VIII   Est il requis d'endurer Turcz païens,   64
        Macomistes, Sarrazins, Indïens   (f° 3ᵛ)
        De perturber ainsi la Terre Saincte,
        Veu que les bons et tresdevotz chrestïens,
        Roys et princes ont trouvé les moyens   68
        Que la paix soit dedens leur cueur empraincte?
        Constantinoble en seuffre dure estraincte,
        En regretant le trechrestïen roy:
        Bien eureux est qui augmente la foy.   72

IX   Roys et princes comme servans de Dieu
        Sont envoyez de par luy en maint lieu
        Pour son arrest executer sans doubte;
        Forger leur faict armes, lance et espieu.   76
        Divinement son ange est au meilieu,
        Nul d'iceulx roys ne va, s'il ne les boute.
        La vengeance de Dieu fera la jouxte,
        Fidelité monstrera sa puissance.   80
        Mauldit sera qui rompra l'alïance.

X   Princes, ostez voz cueurs de vanité,
        Faictes honneur a vostre urbanité,
        Ayant en Dieu tousjours bonne esperance.   84
        Car se long temps tient vostre affinité,
        Constantinoble en son auctorité
        Vous remettrez sans aucune ignorance.
        Infidelles en prennent la substance;   (f° 4ʳ) 88
        Par vous y peult bien remede estre mis:
        Au grant besoing on congnoist ses amys.

XI   Dieu hait orgueil et ayme humilité,
        Vous l'avez veu par la superbité   92
        Des Genevois, chacun en a notice.
        Et maintenant Il donne auctorité
        Aux haulx princes, qui sont en unité
        De corriger le peché d'avarice.   96
        Venicïens sont chargez de tel vice,
        Car usure est leur chef et capitaine.
        Brief, il n'est nul perpetüel demaine.

XII Si vous avez villes, chasteaulx en gaige 100
 Et vous a[v]ez jouÿ de l'heritage
 Assez long temps pour estre remboursez,
 Rendez les tost, Venise, se estes sage;
 Plus n'applicquez tel chose a vostre usage, 104
 Ou vous vauldrez pis que folz insensez.
 Veniciens, a vostre cas pensez,
 A ung chacun rendez son lieu et place:
 Tout malfaicteur ne merite avoir grace. 108

XIII En ce monde n'est rien perpetüel
 Que fut ce ung jour de la tour de Babel, (f° 4ᵛ)
 De Troye la grant, d'Ylïon, de Carthage
 Et d'Athenes ou maint clerc solemnel 112
 A residé et tenu son tinel,
 Maintz aultres lieux qui sont comme en servage.
 Tous les humains firent ung jour hommage
 A Alexandre, mais qu'est il devenu? 116
 Aussi tost meurt le gros que le menu.

XIV Veniciens, or serez vous encloz
 Dedens brief temps et de plaisir forcloz,
 Par les princes chrestïens bons affins, 120
 Honneur perdrez, tresor, pecune et los.
 Il est commun que vous estes si folz
 Vous alïer de Turcs et Sarrazins;
 Ja ne viendrez par ce point a voz fins; 124
 En ce faisant vous dampnerez voz ames.
 Dieu est victeur, les hommes font les armes.

XV Souvienne vous du treschrestïen roy
 Charles huitiesme, qui mena son arroy 128
 Jusques a Naples: le laissastes passer;
 Comme traistres, sans raison et sans loy,
 Vous usastes de lombardique foy
 Au noble preux, quant vint au rappasser; 132
 Son armee vous cuydastes casser (f° 5ʳ)

101 G ayez – 118 S Ainsi

Et ruer jus. Mais Dieu luy fist secours :
Le cueur faict l'euvre et non pas les longs jours.

XVI Icelluy roy fut assailly par vous, 136
Qui vaillamment soubstint voz aprés coups ;
Vous le cuidastes admener en Venise,
Mais luy, ses gens furent vertüeux tous.
Moyennant Dieu vous fustes si bien secoux 140
Que faillistes vostre folle entreprise.
Vous estïez, ainsi que l'on divise,
Bien dix contre ung, c'est le juste rapport :
Dieu aide au droit et hait ceulx qui ont tort. 144

XVII Le prince de Petilenne, natif
De Cecillë, estoit en cest estrif
Le conducteur de vous, Venicïens,
Lequel estoit de jour en jour pensif 148
Trahir le roy par vouloir excessif
Et le livrer en voz mains et lïens.
Lors Ludovic vouloit trouver moyens,
Et le seigneur des Ursins, dit Virgille, 152
De vous livrer le roy en vostre ville.

XVIII Les dessusdictz avoient lors pensïon
Du noble roy, et leur intencïon (f° 5ᵛ)
Estoit livrer sa sacree majesté, 156
Mais en fin vint a son intencïon
Et si passa a grant vexacïon,
Maugré vous tous et vostre tricheté ;
Son successeur a cecy bien noté, 160
Bien luy souvient quant par vous fut enclos
A Novarre ou eustes peu de los.

XIX Or regardez seullement la puissance
D'icelluy preux qui vous mist en souffrance, 164
Sans nul secours de princes et seigneurs,
Fors ses subjectz, qui par force et vaillance
A l'aide Dieu monstrerent leur puissance,
Quant vous fustes debilles combateurs. 168

Et maintenant princes bellicateurs
Sont tous unis et vous vont veoir ensemble.
Dieu pugnit gens ainsi que bon luy semble.

XX   Regardez bien a qui vous prenez guerre   172
     Et qui voullez a vostre aide requerre.
     Nul ne vous ose present favoriser,
     Car il y a le successeur sainct Pierre
     Qui est uni, c'est nostre Dieu en terre;   176
     Il vous peult tous anathematizer.
     Voullez vous tant l'Eglise depriser   (f° 6ʳ)
     Que alïez Turcs? C'est offence trop grande:
     Ung cueur traistre desloyaulté demande.   180

XXI Doubtez vous point l'empereur des Rommains,
     Qui est tout prest vous livrer assaulx maintz,
     Acompaigné de ces quatre alïances?
     Les Autrichons ont preparé leurs trains,   184
     La Marguerite est semee par les plains;
     Aux cueurs humains donne resjouÿssances.
     Estes vous folz ou remplis d'ignorances?
     Vous sauvera l'argent dont avez trop?   188
     A tout perdre le sien ne fault que ung cop.

XXII Or est le roy treschrestïen en voye
     Qui a passé les haultz mons de Savoye
     Par plusieurs foys; il sçait bien le chemin.   192
     Ne doubtez point que aller vers vous s'avoie,
     En personne est besoing qu'il vous voye,
     Non obstant ce qu'il soit doulx et begnyn.
     Tous voz boucons ne vostre infect venyn   196
     Ne servira a vostre resistence:
     Le fol ne croit tant qu'il ait sa sentence.

XXIII Encontre vous le roy d'Espaigne ira,
      Qui l'aliance faicte ne denyera,   (f° 6ᵛ)   200
      Luy tout seul est homme pour vous deffaire;

---

182 *S* vous *manque* – 193 *S* savoie

N'ayez doubte que Dieu vous pugnira.
Le temps futur en public on dira:
«Cy fut Venise a tous princes contraire». 204
Veniciens, requis est vous retraire
Vers les princes et leur demander grace:
L'ire de Dieu vous conjure et menace.

XXIV Le temps passé vous sçavez que Ytalie 208
Fut destruicte par le roy de Hongrie,
Qui *flagellum Dei* fut appellé.
Son successeur, remply de seigneurie,
C'est alié et de bon cueur se alie 212
Aux dessusdictz princes qu'ay revellé.
Vostre regnom qui fut hault extollé
Rabaissera, faulx avaricïeux:
Dieu resiste contre les orgueilleux. 216

XXV Les nobles princes dessusdictz nommeray
Les filz de Mars, et si les prouveray
Les successeurs de Cezar par vaillance;
Par prouesse les equipolleray 220
A Alexandre, semblables les feray
A Charlemaine en vertu et puissance,
D'Octovïen ont le heur, et sans doubtance (f° 7ʳ)
Comme Olivier ont courage vaillant, 224
Deliberez ainsi comme Rollant.

XXVI Il apparest maintz signes evidens
En la cité ou estes residens,
Qui demonstrent vostre confusïon: 228
La seigneurie des consulz presidens
Ne veullent point croire les accidens
Qui leur viennent et maledictïon.
Il est desja tout par tout mencïon 232
Que feu divin, ce n'est point mocquerie,
A bruslé pouldres et vostre artillerie.

212 *S* S'est

170   L'UNION DES PRINCES

XXVII Quant Jesuchrist, clement, plein d'equité,
        Devotement plora sur la cité   236
        Qu'on appelloit Jherusalem par nom,
        Les pontifes de grande auctorité,
        Scribes aussi, remplis d'iniquité,
        Et pharisees n'en firent compte non.   240
        Mais, comme meuz de folle oppinïon,
        Condampnerent a la mort l'Innoscent :
        Il est pugny qui a mal se conscend.

XXVIII Dieu les laissa regner bien longue espace   244
         A celle fin qu'ilz demandassent grace,   (f° 7ᵛ)
         Et, comme ay dit, fist signes apparoistre
         Sur leur cité et pres de vostre place.
         Vous avez veu orgueilleux, pleins d'audace,   248
         Tost subjuguer et conquester leur estre.
         Venicïens, comment cuidez vous estre
         De fer, d'acier plus que aultres gens ne sont ?
         Cueurs obstinez en leur mal Dieu confond.   252

XXIX   J'ay bon espoir veoir revenir le temps
        De Godeffroy de Billon, car j'entens
        Qu'il se fera aucune [aultre] croisee.
        Les roys chrestiens sont en paix et contens,   256
        Plus n'ont discords, debas, noyses, contends
        Dedens leurs cueurs est la paix imperee.
        Dieu terre, grace leur donra et rosee
        Si sur les Turcs vont leurs espris esbatre :   260
        Bon servant doit pour son seigneur combatre.

XXX   Jhesuchrist fut le successeur de Moyse,
        Tant batailla par amour et franchise
        Qu'il nous gaigna le royaulme des cieulx.   264
        Or estes vous ditz les filz de l'Eglise ;
        Pour icelle devez faire entreprise,
        En recouvrant ses places et ses lieux.
        Ne endurez point adorer plusieurs dieux,   (f° 8ʳ)   268

255 *GS* autre *manque* (-1)

Cassez erreur, rompez ydolatrie :
Christ est seul Dieu, sur tous a seigneurie.

XXXI Preux chevaliers, barons loyaulx, gensdarmes,
Sur voz freres ne faictes plus faictz d'armes,
Ne combatez que par devocïon,
Car si vous estes constans, rassis et fermes,
Vous gaignerez par assaulx et alarmes
La saincte Terre, dicte Promissïon.
Dieu a donné ceste commissïon
Aux dessusditz princes, roys chrestïens :
Qui ne saulve son ame ne faict rïens.

XXXII Gardez vous bien que laches ne soyez,
Regracïez Celluy qui vous a faictz,
Joyeusement estandars desployez,
N'ayez doubte que avec vous Dieu ne ayez :
Gloire donne a ceulx qui sont parfaictz.
Ostez l'erreur que les païens infectz
Remidrent sus par Macomet herite :
En bien faisant son devoir, Dieu gens quicte.

L'Union des Princes

Notes

vv. 7-8: Cette allusion au projet du roi de descendre en Italie, *en estranges provinces*, implique que Louis XII n'avait pas encore quitté la France pour l'Italie quand Gringore entreprit d'écrire. Le roi quitta Lyon avec Georges d'Amboise vers le 10 avril et arriva dans la ville capitale de son duché, Milan, le 1er mai 1509 (voir l'*Introduction* ci-dessus, 159-62, pour une discussion de la datation de cette composition).

v. 9: Gringore évoque la Paix de Cambrai, qui se composait de deux traités. Le premier, rendu public au moment où il fut signé à Cambrai le 10 décembre 1508, établit la paix entre Maximilien et Louis XII, dont l'objet avoué fut la préparation d'une croisade contre les Turcs. Le deuxième traité, qui fut secret, visait une attaque coordonnée le 1er avril 1509 par la France, l'Espagne, l'Empire et le pape contre Venise dans le but de restaurer aux autorités européennes leurs territoires pris par les Vénitiens. Les détails de ce traité ne furent pas révélés publiquement en France avant mars 1509: le 23 mars le Conseil de Paris reçut la lettre officielle du roi, datée le 14 mars, qui annonçait ce traité secret. Les détails contenus dans l'*Union des Princes* confirment que Gringore le rédigea après cette date.

v. 12: Il s'agit de David, avec une référence au Psaume 84, 11: *Misericordia et veritas occurrerunt; iustitia et pax deosculatae sunt.*

vv. 15-18: Cette allusion à *Foy*, ainsi qu'aux *barbares provinces* et au fait de *transillier les mers*, souligne l'objectif d'une croisade qui étaient inhérente au Traité de Cambrai. Dans les vers qui suivent, Gringore continue à associer la Paix de Cambrai à une croisade au nom de la Chrétienté et de Jésus-Christ.

v. 25: Référence à trois des quatre vertus cardinales. Le poète fait allusion à la quatrième vertu, Justice, aux vers 11, 23 et 34.

vv. 60-61: Noter l'emploi de pseudo-rimes couronnées dans ces vers.

vv. 61-62: L'auteur rappelle à ses lecteurs l'association importante entre les rois de France et la Chrétienté.

vv. 64-65: Les Infidèles auxquels Gringore fait allusion au vers 51 sont énumérés ici. Les Turcs et les Sarrasins sont souvent considérés comme infidèles et barbares. Les Macomistes, néologisme basé sur *macometicque* ou *mahometiste* (voir Huguet, V, 68, 76), sont les Turcs qui soutenaient Mahomet II lors de la prise de Constantinople en 1453. Les Indiens sont nommés vraisemblablement pour créer une rime avec *payens* au vers précédent.

v. 70: Constantinople était le domaine des *Turcs payens* depuis la prise de la ville en 1453 par Mahomet II.

vv. 76-78: Le sens de ces vers est difficile à saisir en raison de l'imprécision des référents pronominaux. Il s'agit de l'ordre de Louis XII, nommé chef de l'entreprise militaire contre Venise lors de la Ligue de Cambrai. Noter le mélange inattendu du singulier et du pluriel au vers 76 (*armes, lance et espieu*) vraisemblablement pour garder la rime avec les vers 73 (*Dieu*), 74 (*lieu*), et 77 (*meilieu*) et pour maintenir le vers décasyllabique.

v. 81: Cette imprécation contre quiconque romprait le Traité de Cambrai fut répandue parmi les Français au lendemain de leur victoire sur les Vénitiens à Agnadello le 14 mai 1509 et visait Jules II qui cherchait à former une ligue contre eux.

vv. 92-93: En 1499 les Génois se rendirent aux Français, mais une émeute populaire en 1506 mena à une insurrection contre Louis XII. Aidé de Louis de la Trémouille, le roi descendit avec son armée en Italie et réussit à mater une fois encore les Génois. Le 29 avril 1507 il entra triomphalement à Gênes. Pour des renseignements historiques sur cet événement, voir D'Auton, IV, 87-282; Bridge, III, 252-94; Baumgartner, 184-87; et Quilliet, 377-83. Pour une discussion des œuvres y ayant trait littéraire, voir Brown, *Shaping*, 42-51. Pour les textes contemporains, voir aussi le *Voyage de Gênes* de Jean Marot (éd. Giovanna Trisolini, Genève: Droz, 1974, et l'*Attollite portas de Gennes* et la *Patenostre quis es in celis des Genevois* d'André de La Vigne (éd. Cynthia J. Brown, dans *Shaping*, 163-72).

v. 97: Cette critique des Vénitiens confirme que Gringore était informé des détails du traité secret de Cambrai. Voir ci-dessus, l'*Entreprise de Venise*, note 50, pour une liste d'autres œuvres contemporaines dirigées contre Venise.

v. 101: Le typographe dut se tromper en mettant *ayez* au lieu d'*avez*.

vv. 109-12: Comprendre: ...*il n'y a rien de perpetuel, qu'il s'agisse de la Tour de Babel, de Troie, de Carthage, ou d'Athènes*. L'allusion à *Ylion* est superflue. Slerca, 65, fait référence à un passage similaire dans les *Epistres envoyees au Roy treschrestien dela les montz par les estatz de France* (1509) par Jean d'Auton.

vv. 116-17: *Ubi sunt*, thème biblique exploité par François Villon dans son célèbre poème, s'emploie ici dans une seule allusion à Alexandre le Grand.

vv. 118-25: Le narrateur menace les Vénitiens en anticipant l'attaque militaire des alliés européens et en critiquant l'alliance entre Venise et les Turcs, ce qui excluait celle-ci d'une croisade européenne. Voir ci-dessus l'*Entreprise de Venise*, qui parut vraisemblablement quelques semaines avant l'*Union des Princes*, pour une attaque similaire.

vv. 127-71: Le narrateur fait allusion dans ces quatre strophes à l'opposition des Vénitiens qui avaient formé une ligue contre les Français lors de la descente de Charles VIII, prédécesseur de Louis XII, en Italie à la fin du XVe siècle. Quittant la France en août 1494 pour revendiquer son héritage du royaume de Naples, Charles traversa toute l'Italie sans aucune résistance de la part des Italiens. Mais, au retour, le roi et son armée éprouvèrent l'opposition des Vénitiens dans une bataille rude qui eut lieu à Fornoue en juillet 1495. Les deux forces militaires finirent par réclamer la victoire, malgré les pertes énormes des deux côtés. Slerca, 66, suggère que Gringore puisa dans la *Mer des Hystoires* pour ces détails sur la campagne de Naples.

v. 141: L'expression *folle entreprise* est empruntée du titre d'une des œuvres moralisatrices de Gringore, les *Folles Entreprises*, publiée le 23 décembre 1505. L'édition critique de cette œuvre paraîtra dans le troisième tome des *Œuvres de Pierre Gringore*. Pour une discussion de l'importance de ce dernier ouvrage dans l'histoire des livres, voir Brown, *Poets, Patrons and Printers*, 35-38, 94-97.

vv. 145-46: Allusion au comte de Pitigliano qui s'allia avec les Vénitiens contre Charles VIII lors de la prise de Naples en 1494. Voir Labande-Mailfert, 229-30, 260, 327. Slerca, 50-51, compare les vers 145-159 à un passage tiré de la *Mer des Histoires* (Paris: Vérard, 1503?), fol. 173^v, dans laquelle Gringore aurait puisé ces details.

vv. 148-49: Noter l'emploi d'une expression ancienne, *être pensif trahir*.

vv. 151-53: Référence à deux autres opposants de Charles VIII lors de son expédition italienne, à savoir Ludovic Sforza, duc de Milan, et Virginio Orsini, grand connétable du royaume de Naples. D'abord celui-ci reçut le roi de France cordialement, mais il le trahit par la suite

NOTES 175

(voir Labande-Mailfert, 297, 302, 327, 448-49). Sur Ludovic et sa capture par les Français à Novare en 1500, voir ci-dessus, l'*Introduction* aux *Lettres nouvelles de Milan* (66-67).

vv. 160-71: Allusion à la malheureuse aventure du futur Louis XII, qui, en tant que duc d'Orléans, avait, contre les ordres de son cousin le roi Charles VIII, assailli les Milanais en 1495. Assiégé à Novare par Ludovic et les Vénitiens, Louis avait été secouru par Charles VIII qui remontait de la campagne d'Italie en septembre 1495. Voir Philippe de Commynes, *Mémoires*, ch. XVI-XVIII dans *Historiens et Chroniqueurs du Moyen Âge*, éd. Albert Pauphilet, Paris: Gallimard, 1952, 1399-1413; Labande-Mailfert, 387-88, 420-38; Baumgartner, 46-49; et Quilliet, 151-56. Aux vers 163-71, l'*acteur* décrit ce moment humiliant comme une victoire des Français sur Venise. En critiquant la faiblesse militaire des Vénitiens, le narrateur suggère que le monarque français était bien justifié d'organiser une campagne militaire contre eux à cause des confrontations entre Louis lui-même et les Vénitiens en 1495, auxquelles il vient de faire allusion. A la différence de l'événement passé, Louis est maintenant lié aux *princes bellicateurs* européens.

vv. 175-77: Cette allusion flatteuse à Jules II en tant qu'allié de Louis XII était l'une des dernières dans les écrits de Gringore. Le pape avait fini par signer le traité secret de Cambrai le 23 mars 1509.

vv. 181-89: Dans une suite de quatre strophes et à commencer de celle-ci, le narrateur nomme quatre des *princes bellicateurs* qui s'étaient accordés à attaquer Venise. L'empereur des Romains, Maximilien I, qui avait récemment perdu certains territoires à l'avantage de Venise, y compris Padoue et Vérone, cherchait à les récupérer. La *Marguerite semée* désigne Marguerite d'Autriche, fille de Maximilien, qui joua un rôle diplomatique lors des négociations de la Paix de Cambrai en décembre 1508.

v. 184: *Autrichons*, un jeu de mots avec *autruchons* pour désigner les Autrichiens, se retrouvera plus tard dans les *Menus Propos* (1521) de Gringore. Slerca, 68, signale que Molinet s'était déjà servi de ce terme dans son *Naufrage de la Pucelle* (avant 1477).

vv. 190-98: Dans cette strophe qui donne la vedette au roi de France, Gringore confirme que, comme plusieurs fois auparavant (1495, 1499, 1500, 1504, 1507), Louis XII est personnellement en chemin pour l'Italie.

vv. 199-201: Allusion à la participation de Ferdinand, le roi catholique d'Aragon, à la campagne militaire contre Venise.

vv. 208-13: Allusion à la destruction de l'Italie par Attila au Ve siècle (vv. 208-10). Référence ensuite au roi contemporain de Hongrie, Ladislas Jagellon (vv. 211-13), qui n'avait pas participé aux négociations du Traité de Cambrai mais qui y figurait comme allié potentiel. Pour maintenir la rime, Gringore ne fait pas d'accord au vers 213 (*revellê*).

vv. 217-25: Les alliés, considérés comme les fils du dieu Mars, sont comparés aux héros militaires du passé historique et littéraire: Jules César, Alexandre le Grand, Charlemagne, Octavien Auguste, et Roland et Olivier de la *Chanson de Roland*. Ces comparaisons furent vraisemblablement puisées dans l'édition de la *Mer des Hystoires* publiée par Vérard vers 1503, fol. 173[v], comme Slerca, 51-52, 70, le démontre en en citant le passage suivant: «Et a proprement parler il merita ce dit jour estre appellé vray *fils de Mars, successeur de Cesar*, compaignon de Pompee, hardy comme Hector de Troye, *preux comme Alixandre le grant, semblable a Charlemaigne*, courageux comme Hanibal; vertueux comme Auguste, *heureux comme Octovien, chevaleureux comme fut Olivier, deliberé comme Rolant*».

vv. 226-34: Gringore fait allusion à une explosion qui détruisit l'Arsenal le 14 mars 1509, considérée par plusieurs comme mauvais augure. Voir Scheller, «L'Union des princes», p. 216, n. 93.

vv. 235-42: Ceux qui condamnèrent Jésus-Christ sont comparés aux Vénitiens.

vv. 244-49: Référence à la défaite des Infidèles à Jérusalem lors des croisades du XIe au XIIIe siècles.

v. 252: La même maxime se retrouve dans les *Abus du monde* (Slerca, 71).

vv. 253-60: Gringore souligne à la fin comme au début du poème le désir européen de faire une croisade pour regagner Jérusalem, en invoquant le nom du héros français le plus célèbre des croisades, Godefroi de Bouillon, un des chefs de la première croisade à la fin du XIe siècle. Godefroi fonda le Royaume de Jérusalem (1099) et le gouverna jusqu'à sa mort en 1100.

v. 255: Ce vers étant hypométrique, nous l'avons corrigé en ajoutant *aultre*.

v. 259: *Rosee* semble être employé pour les exigences de la rime.

v. 262: Soit ce vers est hypermétrique (Slerca, 18), soit *Moyse* ne compte que comme une syllabe.

vv. 262-70: Dans cette strophe l'auteur, en encourageant Venise à s'allier aux princes européens qui sont prêts à se croiser, sous-entend que les Vénitiens sont des paiens qui adorent plusieurs dieux, sans doute à cause de leurs accords avec les Turcs.

vv. 271-79: En décourageant tous les princes à se battre les uns contre les autres, comme dans la *Piteuse Complainte de la Terre Sainte*, le narrateur finit par faire appel aux vassaux des princes chrétiens à se croiser. Noter l'emploi unique du mot *Promissïon*, un néologisme, à la rime, pour se référer à la Terre Promise (v. 276).

vv. 285-86: Allusion à la prise de Constantinople par Mahomet II en 1453.

L'ESPOIR DE PAIX

Introduction

Résumé de l'œuvre

Dans ce pamphlet de propagande, Gringore s'en prend au pape Jules II sans le nommer explicitement. L'*acteur* le désigne constamment comme étant *ce pasteur* qui gouverne mal, soit par opposition avec les pontifes du passé qui furent pieux, soit par comparaison implicite avec ceux qu'asservit l'exercice abusif du pouvoir temporel. Le narrateur s'adresse directement au pape (vv. 265-328) en l'accusant de ses actions belliqueuses au nom de l'Eglise. Il lui conseille de mieux agir selon les intérêts religieux de l'Eglise et envers les princes chrétiens, en particulier envers le roi de France qui l'avait défendu autrefois contre les Vénitiens, entre temps devenus les alliés du pontife. Le narrateur finit par un appel à l'Eglise militante (vv. 329-60), l'encourageant à soutenir les actions de Louis XII.

Le contexte historique

A la suite de la victoire des Français sur les Vénitiens à Agnadello en mai 1509, les alliés de Louis XII, qui avaient formé avec lui la Ligue de Cambrai, se retournèrent contre le monarque français, grâce aux machinations de Jules II qui voulait à tout prix renvoyer d'Italie «les barbares»[95]. En février 1510, le pape

---

[95] Pour des détails historiques sur la confrontation entre Louis XII et Jules II, voir Baumgartner, *Louis XII*, 209-227 et «Louis XII's Gallican Crisis of 1510-1513», dans *Politics, Ideology and the Law in Early Modern Europe: Essays in Honor of J. H. M. Salmon*, ed. Adrianna E. Bakos, Rochester: Rochester

Figure 5: *L'Espoir de paix* (BnF Rés. Ye 1324), page de titre

conclut une paix avec les Vénitiens, se montra favorable aux Espagnols en donnant à Ferdinand l'investiture de Naples, négocia avec Maximilien et encouragea le nouveau roi d'Angleterre, Henri VIII, à réclamer la couronne de France. En outre, le pontife s'alliait plus fermement avec les Suisses, avec lequels il signa un traité en mars 1510 dans le but de l'aider à reprendre les territoires appartenant au roi de France. Quatre mois plus tard, le pape déclara que Louis XII était son ennemi personnel et renvoya tous ses ambassadeurs de Rome. Dans le courant de juillet et août, l'attaque de Gênes, sous domination française depuis 1500[96], par les forces papales n'aboutit pas mais vexa fort Louis XII. L'excommunication de son allié, le duc de Ferrare, le 9 août augmenta son irritation. Avec de l'aide espagnole, l'armée papale occupa plusieurs villes dans le duché de Ferrare en septembre 1510. Mais les Français, conduits par Chaumont d'Amboise, à peine excommunié, arrivèrent le 19 octobre aux portes de Bologne, où se trouvait le pape depuis le 22 septembre avec quatre cents hommes. Atteint d'une fièvre violente, le pontife fit croire qu'il allait mourir. Le général français, lent à réagir, choisit d'attendre pour négocier avec Jules II. Un concord fut enfin conclu le 20 octobre, mais Jules II rompit les négociations.

A la suite de la guérison miraculeuse du pontife, la ville de Mirandole, un site determinant pour le duc de Ferrare, fut le théâtre d'une entrevue mémorable. Jules II, fort de son arme redoutable de l'excommunication, rejoint le 2 janvier 1511 le siège de Mirandole afin de commander en personne les forces papales. Le pontife joua un rôle actif dans le siège. Le 20 janvier, la ville se rendit. Sans attendre l'ouverture des portes de la cité, le pape, portant son armure et brandissant ses armes, entra dans

---

University Press, 1994, 55-72; Louis Pastor, *Histoire des papes depuis la fin du moyen âge*, trad. Fury Raynaud, Paris: Plon, 1898, t. V, 298-386; Bridge, IV, 43-172; Cloulas, 183-249; Quilliet, 394-428; et Shaw, 252-300. Voir aussi la discussion de Gérard Defaux et Thierry Mantovani dans les notes de leur édition de l'*Epistre d'ung complaignant l'abusif gouvernement du pape* de Jean Marot (*Les Deux Recueils*, Genève: Droz, 1979, 420-51).

[96] Voir ci-dessus, l'*Union des Princes*, Notes aux vv. 92-93.

la ville avec ses troupes par une brèche. A l'époque il n'était pas hors commun qu'un cardinal mène des forces militaires, mais qu'un pape le fasse fut quelque chose d'inouï[97]. Gringore n'hésite pas à faire allusion à cette scène frappante dans l'*Espoir de paix* (vv. 57-64). C'est peut-être l'événement qui l'incita à rédiger l'*Espoir de paix*, qui parut le 14 février 1511, trois jours après le départ du pontife de Bologne pour Ravenne, précipité par l'arrivée imminente de l'armée française.

Les traditions littéraires

L'*Espoir de paix*, qui inaugura une série de trois écrits par Gringore visant le pape, fait partie d'un groupe d'œuvres de propagande dues à plusieurs auteurs français pendant les années 1510-1512, période marquée par un durcissement des relations entre le roi de France, Louis XII, et le pape, Jules II[98]. Comme les deux œuvres polémiques précédentes de Pierre Gringore, l'*Espoir de paix* donne la parole à l'*acteur* qui est étroitement associé avec l'auteur lui-même par sa signature en acrostiche dans la dernière strophe. Mais plus que jamais l'*acteur* agit comme un porte-parole du roi en réclamant la paix établie par le Traité

---

[97] Voir Shaw, 149, et le *Julius Exclusus* d'Erasme.

[98] Voir, par exemple, Lemaire de Belges, *Le Traicté de la difference des schismes et des concilles de l'Eglise*, éd. Jennifer Britnell, Genève: Droz, 1997, «Allégorie sur les différends la France et de la Papauté», dans *A Contribution to the Study of Jean Lemaire de Belges*, éd. Kathleen M. Munn, 169-71 et *L'Epistre du roy a Hector de Troye*, éds. Adrian Armstrong et Jennifer Britnell, Paris: STFM, 2000, 31-54; Jean Marot, «Epitre d'ung complaignant l'abusif gouvernement du Pape» dans *Les Deux Recueils*, éds. Gérard Defaux et Thierry Mantovani, 168-78; Jean Bouchet, «La Déploration de l'Eglise militante», éd. Jennifer Britnell, Genève: Droz, 1991; et Guillaume Cretin, «Invective contre la guerre papalle», dans *Œuvres poétiques*, éd. Kathleen Chesney, Genève: Slatkine Reprints, 1977, 58-59. Pour une discussion de ces textes, voir Jennifer Britnell, «Antipapal Writing in the Reign of Louix XII: Propaganda and Self-Promotion», dans *Vernacular Literature and Current Affairs in the Early Sixteenth Century: France, England and Scotland*, éds. Jennifer Britnell and Richard Britnell, Aldershot: Ashgate, 2000, 41-61; Brown, *Shaping*, 91-146; et Sherman, «The Selling of Louis XII», 208-299, qui traite de nombreuses pièces anonymes à ce sujet.

de Cambrai, en s'attaquant directement au pape, parfois d'une manière virulente, en apostrophant l'Eglise militante, c'est-à-dire l'institution considérée comme une entité séparée de son chef, et en faisant de Louis XII le *flagellum Dei* par lequel sera rétabli l'Eglise[99].

La versification

Le nombre de syllabes. Tous les vers de l'*Espoir de paix* sont décasyllabiques et se divisent presque tous en hémistiches de quatre et de six syllabes[100]. Sur les trois cent soixante vers du poème, 2%, soit sept vers, ont une césure épique, dont trois font chuter le -*e* final, deux le -*es* final et deux le -*ent* final. Dans un cas (v. 179) le -*e* muet à la césure s'élide avec le premier mot du deuxième hémistiche tandis que quatre-vingts, soit 22%, se caractérisent par une césure lyrique. Plus il avance dans sa carrière de poète, moins Gringore se montre conservateur dans l'emploi des césures.

Dans de nombreux vers le -*e* d'un mot final ne s'élide pas devant une voyelle ; souvent ce hiatus se place à la césure et forme ainsi une césure lyrique. Mais le -*e* final tombe des fois devant une consonne au milieu de l'hémistiche (vv. 212, 274). Quatre fois le -*ent* final d'un verbe à l'imparfait de la troisième personne du pluriel tombe devant une consonné au milieu du deuxième hémistiche (vv. 146, 148, 210, 316), et une fois à la césure, créant ainsi une césure épique (v. 237). Dans un seul cas il reste non élidé dans le premier hémistiche du vers (v. 322). On relève d'autres cas où le -*ent* final d'un verbe à la troisième personne du pluriel compte comme une syllabe (v. 227). Deux fois (vv. 278, 356) la terminaison -*es* ou -*ez* de *soyes* et *soyez* tombe devant une voyelle.

---

[99] Voir aussi Slerca, 55-56, qui note l'influence d'un passage dans le *Temple de Mars* de Molinet sur l'*Espoir de paix*.
[100] Les vers 7, 107, 116, 347 se divisent en hémistiches de six et de quatre vers. Le vers 132 se divise en hémistiches de sept et trois syllabes.

Le *-e* féminin à l'intérieur d'un mot compte généralement comme une syllabe, que ce soit un adverbe en *-ment* (vv. 30, 38, 45, 46, 318) ou un verbe (v. 115). Il est à remarquer que le mot *ennemys* (263) a trois syllabes.

Dans l'*Espoir de paix* on trouve un certain nombre de hiatus. La terminaison *tion/-cion/-xion* compte toujours comme deux syllabes ainsi que *-ien (-yen), -ieux, -uel, -ielles* et *-iences*. Les rimes *pseaulmes* (v. 179) et *heaulmes* (v. 180) sont dissyllabiques aussi. Pourtant, les chiffres ordinaux tels que *troisiesme* (v. 249), *deuziesme* (v. 273) et *huytiesme* (v. 281), qui se placent devant une consonne, comptent toujours comme trois syllabes, tandis que *douziesme*, qui se trouve deux fois à une césure épique (vv. 278, 305), ne compte que comme deux syllabes.

Gringore emploie si souvent l'enjambement dans l'*Espoir de paix* que le lecteur a souvent l'impression de lire de la prose, tant le sens du vers déborde ses limites octosyllabiques. Voici, parmi plus de cent exemples, quelques-uns des cas les plus frappants d'enjambement. Il est à noter que cet emploi est particulièrement prisé pour les invectives contre le pape Jules II :

> Venuz sommes au temps ou le pasteur
> Veult au lÿon en son parc donner place,
> Et luy mesmes est le devorateur
> De ses ouailles et non pas protecteur,
> Par quoy son bruit de saincteté efface.
> Anacletus deffend porter en face
> Longue barbe a tous prestres. Mais quoy?
> Cil la porte qui deust garder la loy.   (vv. 89-96)

> Calixtus fixt ung cymitiere faire
> En la voye que l'on dit Apia,
> Ou les Chrestiens devotz, plains de bon aire,
> On enterroit ; la jusne salutaire
> Des quattre temps aussi institua.   (vv. 121-25)

> Papes furent en nombre trente trois
> Martirisez pour la foy soustenir.
> Nul n'appetoit, tant fut bon et courtois,
> D'estre papë en ce temps ; toutesfois

> Quelcun falloit pour le siege tenir.
> Mais depuis ce qu'on ne vit plus venir
> Tirans pervers, plains de malignité,
> On appetoit d'avoir la dignité. (vv. 129-36)

Les formes strophiques. Tous les vers de l'*Espoir de paix* sont décasyllabiques et ils se présentent très uniformément dans quarante-cinq huitains avec le même schéma de rimes, à savoir *abaabbcc*. C'est un des rares poèmes de Gringore marqué par un manque de variété métrique. Cela s'explique probablement par l'empressement de Gringore à achever son poème aussi rapidement que possible, étant donné la temporalité du sujet présenté.

Les rimes. A la différence des autres poèmes composés jusquelà par Gringore, comme, par exemple, la *Trespiteuse Complainte de la Terre Sainte*, l'*Espoir de paix* se caractérise par une moins grande richesse de rimes, de jeux de rimes et de jeux rhétoriques. Il n'y a qu'un seul cas de rime en trois syllabes (vv. 135-36) et quelques exemples de rimes en deux syllabes (vv. 42, 45, 46 ; 82, 85, 86 ; 178, 181, 182 ; 263, 264 ; 282, 285, 286 ; 314, 317, 318 ; 338, 341, 342). Les rimes les plus employées dans l'*Espoir de paix* sont les suivantes : *-ise* (18), *-ance* (13), *-oix* (*-ois*, *-oyz*, *-oitz*) (12), *-tïon* (*-cïon*) ou *-tïons* (*-cïons*) (11), *-ace* (9), *-esse* (9), *-erre* (8), *-ique* (8). Le mot *Eglise*, qui domine les idées débattues, se trouve à la rime plus qu'aucun autre mot, à savoir sept fois (vv. 26, 48, 159, 170, 202, 303, 322) pour ne rien dire des onze autres fois où il apparaît à l'intérieur du vers[101]. Dans deux strophes de suite, Gringore use de la même rime : *-ez* fonctionne comme la rime *b* dans la strophe V (*mondanisez, amassez, exaussez*), où l'on trouve de plus une rime couronnée (*assemblez amassez* [v. 37]), et comme la rime *a* dans la strophe VI (*passez, surhaussez, laissez*). Comme dans ses autres poèmes, Gringore se sert souvent de l'épiphonème (vv. 32, 48, 64, 72, 80, 144, etc.).

---

[101] Dans deux de ces derniers cas, le mot après *Eglise* se place à la rime et lui est lié (*Catholicque*, vv. 234, 353 ; *militante*, v. 329), ce qui fait que l'Eglise domine la fin du vers dans ces trois cas aussi.

LE TEXTE

Editions

Le texte complet de l'*Espoir de paix* nous est parvenu en deux éditions du XVIe siècle, dont une contient un privilège d'auteur (*G*), qui signale que Gringore en surveilla la publication[102]. C'est la première fois que le nom de Gringore est annoncé en tête d'une de ses œuvres publiées (voir fol. 2[r]). La deuxième édition fut apparemment publiée à Lyon. En 1858 Charles d'Héricault et Anatole de Montaiglon en donnèrent une édition, où ils semblent avoir transcrit l'édition *L*, mais non pas les variantes de l'édition *G*. Ceci est donc la première édition critique de l'*Espoir de paix*.

G (Paris, BnF Rés. Ye 1324)

Edition sur papier. Paris: Thomas du Guernier pour Pierre Gringore, 14 février 1511 (n.st.). 11 ff., sig. A^8, B^3, à 1 col. de 21 ll. au plus, in-8°, car. goth. Titre (f. 1[r]): *Lespoir de paix*. Sous le titre un bois qui représente les armes de Louis XII et d'Anne de Bretagne. Au-dessous du bois les mots *Cum priuilegio* (Fig. 5)[103]. Au verso du titre on trouve un bois en haut duquel figure le Seigneur tenant un coeur et que regardent d'en-bas des ecclésiastques et des chevaliers[104]. Au f. 2[r] suit une citation biblique

---

[102] Oulmont, *Pierre Gringore*, 38, en se fondant vraisemblablement sur une mauvaise lecture par l'abbé Goujet (*Bibliothèque Françoise ou Histoire de la littérature françoise*, Paris: Mariette, 1749, t. x, 92) ou par R. P. Niceron (*Mémoires pour servir à l'histoire des hommes illustres*, Paris: Briasson, 1736, t. xxxiv, 51) de *viii* pour *xiiii*, prétend à tort qu'il existe une édition imprimée par Gringore qui aurait paru le 8 février [1511]. Jean Graesse, *Trésor de livres rares et préieux*, Milan: Görlich, 1932, 157, Brunet, 1748, Héricault et Montaiglon, *Œuvres politiques*, 169, n.1 et Philippe Renouard, *Inventaire chronologique des éditions parisiennes du XVIe siècle*, Paris: Imprimerie municipale, 1972, t. I (1501-1510), 365, n° 95, se trompèrent également à propos d'une édition du 8 février.

[103] Pour une autre reproduction de cette page de titre, voir Tchémerzine, VI, 73, figure II.

[104] Pour une reproduction de cette gravure sur bois, voir Tchémerzine, VI, 73, figure III. Ce même bois se trouve dans les *Abus du monde*, une œuvre moralisatrice que Gringore fit publier en 1509.

en lettres romanes: *Cor regis i(n) manu dei est: quocu(n)q(ue)z voluerit // inclinabit illud. p(ro)uerbiorum xxi cap(itulo)*. La citation est suivie d'une annonce, imprimée en lettres gothiques: *Ce traictie est intitule lespoir de // paix & y so(n)t declairees plusieurs gestes // et fais daucuns papes de romme. Le= // quel traictie est fait a lho(n)neur du tres= // chrestie(n) Loys douziesme de ce no(m) Roy // de france redige & compose par Pierre // Gringore. Lacteur.* // Le texte de *L'Espoir de paix* se trouve aux folios 2^r-11^r. F. 11^r: L'acrostiche GRINGORE engendre la dernière strophe du poème. FINIS. Au f. 11^v est imprimé le texte du privilège: *Il est dit par lordonnance de iustice // que nul ne pourra imprimer ne vendre ce // p(re)sent traicte intitule Lespoir de paix fors // ceulx a qui Pierre gringore acteur et com // positeur dicelluy Jusques au iour et feste // de sainct Jehan Baptiste prochainement // venant fors ceulx a qui ledit gringore les // baillera pour les distribuer. Et ce sur pei(n)= // ne de co(n)fiscation desdictz liures imprimez // et amende arbitraire. Imprime pour ce= // luy gringore Par Maistre Thomas du // guernier demourant en la rue de la harpe // a lymaige Sainct yves. Le .xiiii.iour de // feburier Mil cinq cens et Dix.*

D'autres exemplaires: Versailles, Bibliothèque Municipale, Fonds Goujet n° 268[105]

Références: BnF *Catalogue des Imprimés*, t. 64, 784; Brunet, 1748-49; Goujet, 92; Niceron, 51; Renouard *Inventaire*, I, 364, n° 94; Oulmont, 38, n° 3; Tchémerzine, VI, 73-74[106]

L (BnF Rés. Ye. 1202)

Edition sur papier. s.l.n.d. [Lyon: Noël Abraham][107]. 8 ff. non sign. à 1 col. de 26 ll. au plus, petit in-8°, goth. Titre (f. 1^r): *Lespoir de paix*. Sous le titre un bois des armes de France

---

[105] Cet exemplaire est dénué de page de titre et semble avoir été imprimé plus tard que l'exemplaire de la BnF. *L'Espoir de paix* fut relié ultérieurement dans ce recueil qui contient aussi la *Chasse du cerf des cerfs*.

[106] Il y a de nombreuses erreurs de transcription chez Tchémerzine.

[107] Post 24 juin 1511 n.st., à moins que Noël Abraham, établi à Lyon, ait ignoré les limites du privilège obtenu par Gringore à Paris.

entourées du collier de saint Michel entre deux tiges de lis. Au-dessous un archange terrasse un dragon; le symbole de Louis XII, le porc-épic, figure sous cette image[108]. Au verso du titre on trouve la citation biblique suivante: *Cor Regis in manu(m) dei est. quocunq(ue)z // voluerit inclinabit illud. p(ro)uer(biorum) xx. c(apitulum).* Au-dessous de cette citation se trouve l'annonce suivante: *Ce traite est intitule lespoir de paix // & y sont declares plusieurs gestes & faitz // daucuns papes de romme. Le quel traite // est a lho(n)neur du treschrestie(n) Loys douzies // me de ce nom Roy de france. Compille // Par Maistre Pierre Gringore. // Lacteur.* Le texte de *L'Espoir de paix* se trouve aux folios 1ᵛ-8ᵛ. F. 8ᵛ: L'acrostiche GRINGORE engendre la dernière strophe du poème. *FINIS*.

Références: Baudrier, III, 13-14; BnF *Catalogue des Imprimés*, t. 64, 784; Brunet, 1748; Graesse, 157; Gültlingen, II, 99, n° 7; Oulmont, 38, n° 1; Tchémerzine, VI, 74

H (Héricault et Montaiglon)
Paris: Jannet, 1858, éditeurs Charles d'Héricault et Anatole de Montaiglon (Tome I des *Œuvres complètes de Gringore*). *L'Espoir de Paix*. Le texte de l'*Espoir de paix* se trouve aux pages 169-84.

L'Etablissement du texte

Comme base de notre édition, nous nous servons de la version contemporaine la plus autorisée qui nous soit parvenue, G, celle que Gringore protégea par un privilège d'auteur. Les lettres

---

[108] Voir Tchémerzine, VI, 73, figure 1, pour une reproduction de cette page de titre. D'après Baudrier, III, 13, ce bois figure dans le matériel de Noël Abraham. Voir aussi Richard Cooper, «Noël Abraham, Publiciste de Louis XII, Duc de Milan: Premier Imprimeur du Roi?» dans *Passer les Monts: Français en Italie – l'Italie en France (1494-1525)*, éd. Jean Balsamo, Xᵉ Colloque de la Société française d'étude du Seizième Siècle, Paris: Champion, 1998, 149-176, qui prétend que cette édition (*L*) paraît être antérieure à l'édition G. Je suis très reconnaissante à Jennifer Britnell d'avoir attiré mon attention sur cet article.

ajoutées en raison d'une correction se trouvent entre crochets (v. 113) et les lettres imprimées par erreur entre parenthèses (vv. 97, 271). Les variantes dans les versions *H et L* sont reproduites en bas de page.

L'Espoir de paix (f° 1ʳ)

L'acteur (f° 2ʳ)

I   Rememorant que la paix bien euree
    Entre princes estoit tres necessaire,
    Comme on l'avoit maintes fois desiree,
    Et qu'elle a eu bien petit de duree   4
    En l'Eglise – chascun sçait cest affaire –,
    J'en ay voulu ung petit traictié faire,
    Nommé l'Espoir de paix, a peu de pause:
    On congnoist bien que rompre paix est cause.   8

II Se l'Eglisë est au jourd'uy troublee
    Par le prince qu'on dit sacerdotal,
    Le deuil qu'el a et dont elle est comblee
    Vient du chesne, qui sa feuille a doublee, (f° 2ᵛ) 12
    Rompant la paix, dont est venu grant mal.
    Noter devons que le prince natal
    Sainct Pierre eleut; celluy qui tient son lieu
    Sans armes doit regner en servant Dieu.   16

III Bien cinq cens ans les papes ont regné,
    Qu'on elisoit non pas a leur requeste;
    Mais icelluy qui estoit ordonné,
    Jamais il n'eust tresor ny or donné.   20
    Le Sainct Esprit faisoit de luy enqueste,
    A la charge de luy coupper la teste
    Ou de mourir martir, estoit fait pape:
    Au temps present pour argent on s'y frappe.   24

IV Les cinq cens ans d'aprés, les Peres sainctz
    Amasserent plusieurs biens a l'Eglise;
    Vers les princes se monstrerent humains,
    Et eurent d'eulx des heritaiges mains,   28
    Les preservans et gardans en franchise.

13 *H* d'ont

	Songneusement servoient Dieu sans faintise,		
	De cueur parfaict en grant contrictïon :		
	Richesse estainct souvent devocïon.	(f° 3ʳ)	32
V	Les cinq cens ans ensuivans les sainctz Peres		
	Ont eslevez leurs cueurs mondanisez,		
	Accumulans villes, citez, reperes,		
	Tachans d'avoir toutes choses prosperes		36
	Par leurs tresors assemblez, amassez,		
	Tant qu'ilz se sont tellement exaussez		
	Qu'ilz ont saisi le glaive temporel		
	Contre raison et le droit naturel.		40
VI	Or voyons nous mil cinq cens ans passez		
	Comme papes ont eu gouvernement,		
	Et peu a peu ilz se sont surhaussez		
	Par le moyen des laiz a eulx laissez		44
	Par les princes; car veritablement		
	Quant ilz furent eleuz premierement,		
	Ilz n'avoient de propre en quelque guise :		
	Le bien mondain mect erreur en l'Eglise.		48
VII	Du bon Jesus parlant a haulte voix		
	Aux apostres ay ce mot retenu :		
	« Bon pasteur suis, car mes brebis congnois	(f° 3ᵛ)	
	Tout aussi tost que je les oyz ou voyz ;		52
	En me voyant, point ne me ont recongneu ».		
	Mais ung pasteur est au jourd'uy venu		
	Qui ses brebis descongnoit sans doubtance,		
	Et sï ilz ont du pasteur congnoissance.		56
VIII	Dont vient cecy? Aux sages m'en rapporte !		
	Et toutesfoys je dy, vaille que vaille,		
	Quant le pasteur si grande fierté porte		
	Que au parc ne veult point entrer par la porte,		60

33 *L* ensuyvant – 34 *HL* Ont s'eslevans – 52 *HL* os ou voyz – 53 *HL* Et me voyant tantost m'ont recongneu – 56 *HL* Et si ont bien du pasteur – 57 *HL* D'ou vient

        Mais y saulter par dessus la muraille,
        Que a ses brebis fait cruelle bataille,
        Et prent plaisir les tondre jusq'au sang:
        Ung pasteur doit estre piteux et franc. 64

IX   Le doulx Jesus, qui a tous cas pourvoie
        Aux apostres qui estoient humbles, doulx,
        Tresdoulcement leur dit: «Je vous envoye
        En villes, champs, citez, chasteaulx et voye, 68
        Ainsi comme brebis contre les loups».
        Et ce pasteur, ainsi que voions tous,
        Vient comme ung lou contre les brebiettes: (f° 4ʳ)
        Tous pasteurs n'ont les conscïences nettes. 72

X   Ce pasteur est successeur de sainct Pierre;
        Par luy devroit saincte Eglise estre unye.
        Or sainct Pierre n'entreprint jamais guerre,
        Pour deffences Jesus vouloit requerre; 76
        Jamais n'avoit la bource d'or garnye;
        Il deffendoit commettre symonye.
        Et ce pasteur tient son lieu par pecune:
        Fol se fie en la roe de Fortune. 80

XI   Lyne, Clete, Clement, Anacletus
        Furent papes sages et advisez,
        Humbles, devotz, plains de toutes vertus,
        Pour soustenir la foy de Dieu batus 84
        Par les tyrans et puis martirisez.
        Le pasteur donc a tort ne desprisez
        Qui en sa main le glaive trenchant tire;
        Pour martirer il deust souffrir martire. 88

XII   Venuz sommes au temps ou le pasteur
        Veult au lÿon en son parc donner place, (f° 4ᵛ)
        Et luy mesmes est le devorateur
        De ses ouailles et non pas protecteur, 92
        Par quoy son bruit de saincteté efface.

62 *HL* baitaille – 71 *HL* loup entre – 81 *L* Clere, Clement, Auacletus

TEXTE ÉDITÉ 193

        Anacletus deffend porter en face
        Longue barbe a tous prestres. Mais quoy?
        Cil la porte qui deust garder la loy.   96

XIII   Alexandre l'eau(e) beniste ordonna
        Et en permist asperger les maisons;
        Par martire aprés sa vie fina,
        Car Adrÿen a mort le condampna   100
        A tresgrant tort, ainsi que nous lisons.
        Or ce pasteur, de quoy nous devisons,
        Pour asperges veult tenir en sa main
        Glaive trenchant respandant sang humain.   104

XIV   D'Alexandre fut successeur Sixtus,
        Qui ordonna qu'on chantast a la messe,
        Ains consacrer le digne corps Jesus,
        De cueur devot, «Sanctus sanctus sanctus»;   108
        Puis trespassa martir en grant humblesse.
        Et ce pasteur veult qu'on chante sans cesse   (f° 5ʳ)
        «A mort a mort, a l'assault ou a l'arme»:
        Tel rid qui deust pleurer d'oeil mainte larme.   112

XV   [T]helesporus, pape tressolennel,
        Institua, ains que mourir martir,
        Qu'on chanteroit trois messes a Noel;
        Soubz Anthoine mourut. Le cas est tel: 116
        Plusieurs paÿens a Dieu fist convertir.
        Mais vous voyez ce pasteur sans mentir
        Pour trois messes ordonner l'avangarde,
        La bataillë, et puis l'arriere garde.   120

XVI   Calixtus fist ung cymitiere faire
        En la voye que l'on dit Apia,
        Ou les Chrestiens devotz, plains de bon aire,
        On enterroit; la jusne salutaire   124

---

95 *HL* Longues barbes – 98 *HL* aspergir – 99 *H* martyrer – 102 *HL* pasteur ainsi que devisons – 107 *H* cueur Jesus – 113 *GL* Helesphorus – 115 *HL* Nouel – 120 *H* La *manque* (-1) – 122 *H* A[p]pia – 124 *HL* jeune

	Des quattre temps aussi institua.	
	Et ce pasteur des satalites a,	
	Rompant jusnes et tuant gens par guerre;	
	Sepultures fait en prophane terre.	128
XVII	Papes furent en nombre trente trois	(f° 5ᵛ)
	Martirisez pour la foy soustenir.	
	Nul n'appetoit, tant fut bon et courtois,	
	D'estre papë en ce temps; toutesfois	132
	Quelcun falloit pour le siege tenir.	
	Mais depuis ce qu'on ne vit plus venir	
	Tirans pervers, plains de malignité,	
	On appetoit d'avoir la dignité.	136
XVIII	Durant le temps de Constantin, Silvestre	
	Fut de Romme gouverneur, possesseur;	
	Lors et depuis plusieurs tacherent d'estre	
	Eleuz papes a destre ou a senestre,	140
	Quant ilz veirent qu'on y estoit asseur.	
	Nom de martir mué en confesseur	
	Fut pour l'eurë, et papes riches faiz:	
	Les biens mondains font prelatz imparfaiz.	144
XIX	Debatz, arguz et altercatïon	
	Fut entre clercs: ungs vouloient soustenir	
	Que l'Eglisë auroit possession	
	De biens mondains; autres disoient que non,	148
	De temporel ne devoit point tenir.	(f° 6ʳ)
	Mais les prelatz se voulurent unir	
	Et assembler le glaive temporel	
	Pour le joindrë a l'espirituel.	152
XX	On aparceut une grande comette	
	En ses debatz, qui en l'air se dressa;	
	Aucuns disoient qu'en ce lieu c'estoit traite	
	Pour demonstrer la mort du noble honneste	156

127 *H* jeunes, *L* jeunes et tuant gens per guerre – 128 *L* Sepulturer – 133 *H* failloit – 154 *HL* ces

	Imperateur qui alors trespassa.	
	Mais ce signe certes nous denonça	
	Qu'il y auroit cisme dedens l'Eglise :	
	Prelatz mondains par trop on auctorise.	160
XXI	Liberius fut homme veritable,	
	Quant du premier au Saint Siege fut mis ;	
	Mais quant il vit que eut le temps acceptable,	
	Aux Arrïens se monstra favorable ;	164
	Lors Felix fut en sa place commis.	
	Liberïus, comme est dit, fut desmis	
	Et chassé hors ainsi comme heretique.	
	Je ne sçay pas se ainsi faire on pratique	168
XXII	Pape Innocent a voulu ordonner	(f° 6ᵛ)
	Que l'on portast la paix dedens l'Eglise,	
	En demonstrant que nul ne doit regner	
	Sans appecter faire paix dominer.	172
	Et ce pasteur la casse et la debrise,	
	Pareillement faulce sa foy promise ;	
	Il fait, deffait, excommunie, assoult :	
	Mal acquiert biens qui a autruy les toult.	176
XXIII	Celestinus voulut en tous royaulmes	
	Que en servant Dieu de cueur devocïeux	
	Devant la messe on chantast les psëaulmes.	
	Et ce pasteur veult qu'on forge hëaulmes,	180
	Disant arguz, debatz contencïeux.	
	Sixtus Tïers fut misericordïeux,	
	Et ce pasteur est tres vindicatif ;	
	Mains maulx viennent d'un home trop actif.	184
XXIV	Leon tressainct sans quelque fixïon	
	Print ung glaivë et s'en couppa la main,	
	Car par elle eut quelque temptatïon ;	
	Marie Vierge la restauracïon	188

---

160 *L* moudains – 177 *HL* qu'en tous royaulmes – 178 *HL* Que *manque* – 181 *HL* Disant abus

	Humainement luy en fist tout soudain.	(f° 7ʳ)
	Et nous voyons assembler tout a plain	
	A ce pasteur gens de guerre inhumains,	
	Pour sang humain respandre a toutes mains.	192

XXV   Gelasïus, pape de grant regnom,
      Homme prudent, vertüeux en saigesse,
      Fist chanter hymnes en grant devocïon
      Et ordonna qu'on chantast le canon,   196
      La preface, et le trect a la messe.
      Ce pasteur tient de sa ligne sans cesse,
      Fait tyrer traictz, canons et coulevrines,
      Courtaulx, faulcons, bombardes, serpentines.   200

XXVI Agapitus trouva inventïons
      Que l'on feroit au dimenche en l'eglise
      Pour servir Dieu, sainctes processïons
      Par requestes et par oblacïons;   204
      Tout bon Chrestien ceste ordonnance prise.
      Le desusdict pasteur porte devise
      Pour banieres, guidons et estendars;
      Processïons sont monstres de soudars.   208

XXVII Saint Gregoirë estant au papal lieu   (f° 7ᵛ)
      Institua que papes seroient dictz
      Les serviteurs des serviteurs de Dieu.
      Et ce pasteur prent espee, lance, espieu,   212
      Pour par orgueil y mettre contredictz.
      De tous mondains il veult par ses edictz
      Estre seigneur par force et violence:
      Moult demeure de ce que le fol pense.   216

XXVIII Savinïan ordonna qu'on sonnast
       Avec cloches heures canonÿalles,
       A telle fin que pas on ne oblïast
       Prendre chemin et qu'on se transportast   220
       Aux eglises, places especïalles,

---

191 *H* Au pasteur (-1) – 210 *L* Justitua – 219 *HL* A celle fin – 221 *L* specialles (-1)

>   Pour servir Dieu. Ce pasteur aux Ytalles
>   A trompettes pour cloches et campanes
>   Sonnans en tours et en terres prophanes. 224

XXIX Pape Estienne, courtois, doulx, et benyn,
>   Par les Lombars fut tenu en souffrance;
>   Plusieurs terres luy osterent en fin.
>   Le trespuissant et noble roy Pepin 228
>   Les luy rendit, puis retourna en France. (f° 8ʳ)
>   Ledit pasteur assemble par oultrance
>   Plusieurs Lombars contre le roy, qui veult
>   Mettre la paix en Christienté s'il peult. 232

XXX   Adrÿanus, fort vexé des Lombars
>   Voullans grever l'Eglise Catholique,
>   Fut esbahy de veoir leurs estendars,
>   Satalites, gens d'armes, et soudars, 236
>   Qui l'assailloient par fureur tirannique.
>   Charles le grant, roy puissant, magnifique,
>   Les desconfit ainsi que Dieu permist;
>   Adrÿanus en son siege remist. 240

XXXI Adrïanus a donné sans doubtance
>   Audit Charles, ses successeurs aussi,
>   Par concille general la puissance,
>   C'est assavoir le droit sur l'ordonnance 244
>   Du Sainct Siege apostolicque. Ainsi
>   Ne veult faire ce pasteur. Par cecy
>   On peult prouver que honneur n'aura jamais
>   D'avoir rompu sa foy et cassé paix. 248

XXXII Leön pape troiziesme fut eleu, (f° 8ᵛ)
>   Fort desiroit de veoir l'Eglise unie.
>   Par ung peuple desvoyé, dissolu
>   Il fut ravy de son siege et tollu. 252
>   Comme il chantoit la saincte letanye,
>   Les yeulx crevez devant la compagnie

242 *H* mercenaires – 246 *L* ne pasteur

Eult par iceulx; la langue luy coupperent,
Et puis aprés encor l'emprisonnerent. 256

XXXIII En la prison Jesus le visita
Et luy rendit la langue et la lumyere;
En France alla, tout ce fait racompta
A Charlemaigne, qui le reconforta, 260
Le recevant d'une amour familliere.
Mais du depuis trouva façon, maniere
De le venger de ses faulx ennemis,
Car par luy fut en son siege remis. 264

XXXIV Certes, pasteur, tu as tort de combatre
Contre les preux et les treschrestiens roys,
Qui ont voulu tousjours le droit debatre
De l'Eglisë et toute erreur abbatre, 268
En conservant les papes en leurs droitz. (f° 9^r)
Rememoire tes faultes et congnois
Que as rompu(e) paix conclue entre les princes,
Dont cisme mectz en Eglise et provinces. 272

XXXV Ne ressemblë au deuziesme Silvestre:
Eleu pape fut par l'aide du dyable;
Com Sergiüs le Tiers ne veuilles estre,
Qui fut tirant. Assez peult apparestre 276
Que ung pape doit estre doulx, pitëable.
De Jehan douziesme ne soyes hereditable,
Car le dyable l'occist villainement:
Cil qui mal vit en fin a son payement. 280

XXXVI Boniface huytiesme gouverna
La papaulté trop curialement,
Car en pompes et gloire domina;
Le temporel soubz sa main assigna, 284
Voulant dire que auroit gouvernement
De tous humains. Toutesfois povrement

---

262 *H* Et du depuys – 266 *HL deuxième* les *manque* – 271 **HL** les *manque* – 276 *L* apparoistre – 280 *L* poyment

TEXTE ÉDITÉ

            Fina ses jours par sa folle arrogance.
            Telz motz de luy sont escriptz en substance. 288

XXXVII Bonifacë au lieu papal entra (f° 9v)
            Comme ung regnart plain de fraude vulpine ;
            Comme ung lÿon regna, et se acoultra
            Tresfierement. Fort cruël se monstra, 292
            Voulant user de fraulde et de rapine ;
            Il en vuida comme beste canyne,
            En denotant q'un pape ne doit point
            Mondaniser. Pasteur, notez ce point. 296

XXXVIII Clement le Quint fist maintes choses dignes
            De memoire, par honnestes moyens ;
            Il ordonna et fist les Clementines,
            Et si vaincquit par miraculeux signes 300
            Usurpateurs nommez Venicïens.
            Helas ! pasteur, telz gens praticïens
            Tu ne doibz pas soustenir pour l'Eglise,
            Vouloir douer de chose mal acquise 304

XXXIX Loÿs douziesme par la divine grace,
            Roy de France, par ses gens fist conquerre
            A force d'armes, en bien petit d'espace,
            Et chasser hors de Boulongne la grace 308
            Venicïens faisans au pape guerre ; (f° 10r)
            Car Hanibal de Bentivolle acquerre
            Vouloit le lieu, sans juste cause bonne :
            Le roy y mist le pape en sa personne. 312

XL On congnoist bien que les Venicïens
            Villes, citez et chasteaulx detenoient,
            D'ou sont venus grans inconvenïens ;
            Car du pape tenoient en leurs lïens 316
            Plusieurs terres qui luy appartenoyent
            Injustement ; le revenu prenoient,

---

289 *H* Boniface en bien – 296 *HL* note – 311 *HL* aultre cause – 314 *H* retenoient

Et ce voyant le treschrestïen roy
Y a remis le pape en son arroy.   320

XLI Pasteur, pasteur, l'accord et la promesse
     Estoient fais par princes a l'Eglise ;
     Si me semble que ce a esté simplesse
     Rompre la paix. Princes plains de noblesse   324
     L'entretiennent, sans abuz ne faintise.
     Celluy la rompt, la casse et la debrise,
     Qui la devroit garder et observer :
     Sage est celluy qui scet guerre eschever.   328

                  L'acteur   (f° 10ᵛ)

XLII O tressaincte̊ Eglise militante,
     Consydere que le preux roy Loÿs
     Te veult priser et te faire puissante ;
     C'est la chose que plus est desirante.   332
     Ton chier Filz est avec luy. Te esjouÿs,
     Car c'est par luy que de ton bien jouÿs.
     Ton gouverneur ne le veult pas entendre :
     Souvent est prins celluy qui cuide prendre.   336

XLIII Espoir de paix ont les loyaulx François,
     Pour ce veullent faire processïons
     Incessaument, chantant a haulte voix
     Louenge a Dieu, ainsi que tu congnois.   340
     Le Createur sçayt leurs intencïons,
     Car leur prince fait protestatïons
     Qu'il n'entend point contre l'Eglise aller :
     La verité nulli ne doit celler.   344

XLIV Que diray je fors que le roy de France
     Est preesleu par la divine grace.
     C'est *flagellum Dei*, car sans doubtance,
     En Jesus prent confort et esperance.   (f° 11ʳ)   348
     Guerre ne veult mettre sus par falace,

---

328 *H* fait guerre – 339 *HL* chantent

TEXTE ÉDITÉ

       Point n'est permis que la Croisee on face
       Porter jamais que sur les Infidelles ;
       Desploiee est sur les justes fidelles.   352

XLV   Gouverner doibs l'Eglise Catholicque
       Reveramment et de ses biens donner,
       Increpant ceulx qui ayment trop praticque.
       Ne soyez aux bons inhumain, fier, inique ;   356
       Gloire acquerras par bien te gouverner ;
       Ordonnances ne vueilles ordonner
       Rigoreuses, se veulx gaigner le pris :
       En bien faisant, on n'est des bons repris.   360

---

356 *L* soys – 357 *L* les gouverner – 360 *H* jamais repris

L'Espoir de paix

Notes

vv. 1-8: Gringore fait allusion au Traité de Cambrai de décembre 1508, une alliance entre la France, le pape, l'empereur, le roi d'Espagne, le roi de France et d'autres princes italiens contre Venise, que Jules II n'a pas signé avant le 23 mars 1509. Celui-ci entreprit de négocier avec les Vénitiens peu de temps après leur défaite, en mai 1509, contres les Français. Il en résulta un accord en février 1510. L'entente entre le pape et Venise ainsi que les autres démarches de Jules II pour s'allier avec les Suisses, les Génois, les Anglais et les Espagnols contre les Français constituent les actions que Gringore décrit à travers l'*Espoir de paix* par l'expression "rompre paix" (vv. 8, 13, 324). La Ligue de Cambrai ne dura donc qu'un peu plus d'un an. Voir l'Introduction à l'*Entreprise de Venise* (123-26) et à l'*Union des Princes* (155) ci-dessus pour une discussion du Traité de Cambrai.

vv. 9-10: L'*acteur* fait une distinction entre l'institution de l'Eglise et la personne qui remplit la fonction du pape, distinction importante pour convaincre les Français que le roi n'avait pas tort de combattre le pape, ce qui constituera l'argument central du *Jeu du Prince des Sotz* de Gringore qui parut en 1512 (voir ci-dessous).

v. 12: Le chêne désigne Jules II, car ses armes se composaient d'un chêne à quatre branches entremêlées. Gringore joue sur ce symbole en développant la métaphore que le pontife *sa feuille a doublee*, c'est-à-dire qu'il a acquis un territoire deux fois plus vaste qu'avant la Ligue de Cambrai, depuis que Venise a accepté de lui rendre ses territoires.

v. 16: L'association choquante du pape et des armes est une image déterminante de l'*Espoir de paix*.

vv. 17-24: Il s'agit d'une allusion rapide à l'histoire des cinq premiers siècles de la papauté. Plus loin, l'acteur donnera des détails spécifiques de quelques-uns des premiers papes.

vv. 25-32: Il s'agit de la deuxième période de la papauté (500-1000), marquée par l'enrichissement en biens mondains.

vv. 33-48: Critique de la collusion entre l'Eglise et les temporalia, augmentés entre 1000 et 1500 au moyen des contributions des princes, ainsi que par l'appropriation du pouvoir temporel.

vv. 49-56: Contraste entre le Christ, un bon pasteur, et Jules II, un mauvais pasteur, pour leur congrégation (leurs *ouailles*). Il est à remarquer que les seules voix à la première personne sont celles du Christ (vv. 51-53, 67-69) et du narrateur. Dans ces vers s'établit le système employé par Gringore à travers ce poème. La première partie de la strophe traite de la papauté ancienne par contraste avec la deuxième partie qui traite du pape Jules II. Cette image courante du pasteur qui ne s'occupe pas suffisamment de ses brebis est également récurrente dans les *Folles Entreprises* (1505).

vv. 59-63: En usant à nouveau la métaphore du pasteur et ses brebis, Gringore fait allusion à la bataille de Mirandole.

v. 71: Jules II n'est pas seulement un mauvais pasteur qui ne s'occupe pas de ses ouailles. Il se comporte en loup vis-à-vis d'eux. Voir les vers 91-92.

v. 76: **Sainct Pierre** est le sujet de *voulait requerre*.

v. 81: Allusion aux papes Lin (67-76), Anaclet (76-88) et Clément (88 à 97). Les noms *Clete* et *Anacletus* dans ce vers semblent être redondants, puisque *Clete* doit se référer au pape Anaclet. Gringore ou un copiste auraient-ils confondu le nom d'*Anicetus*, pape du 155 à 166, et celui d'*Anacletus*? Ou s'agirait-il plutôt d'une mauvaise lecture d'*Evaristus*, pape de 97 à 105, ce qui aurait été un choix de nom plus logique, si Gringore avait eu l'intention de dresser une liste des quatre premiers papes après saint Pierre? En effet, l'auteur suit l'ordre chronologique en énumérant les autres noms de papes dans cette œuvre.

v. 86: Il faut comprendre *desprisez* au présent de l'indicatif de la troisième personne du singulier. Nous avons gardé cette forme, car elle rime avec les vers 82 et 85. A la différence des autres papes, ce pasteur ne déprécie pas les tyrans.

vv. 89-90: Allusion à l'alliance entre le pape et les Vénitiens.

vv. 94-96: Le fait que le pape portait une longue barbe, qu'il avait laissé pousser lors de sa maladie en 1510, était très critiqué à l'époque. Voir Loren Partridge and Randolph Starn, *A Renaissance Likeness: Art and Culture in Raphael's Julius II*, Berkeley: University of California Press, 1980, 43-46.

vv. 97-101: Allusion aux papes Alexandre Ier (105-115) et Adrien Ier (772-795).

vv. 102-04: Slerca, 55-56, compare ces vers (ainsi que les vers 206-08, 222-223) aux vers 41-44 du *Temple de Mars* de Jean Molinet.

v. 105: Référence à Sixtus Ier, pape de 115 à 125.

vv. 113-17: Allusion à Télésphore, pape de 125 à 136.

vv. 121-25: Référence à Calixte Ier, pape de 217 à 222.

vv. 129-30: Voir Paul Poupard, *Le Pape*, Paris: Presses Universitaires de France, 1977, 19-20, qui explique: «Sur trente papes de cette époque [du Ier au Ve siècles], dix-huit sont morts martyrs, huit ont probablement été mis à mort pour leur foi, trois ont fini leur vie en exil, et un en prison».

vv. 137-38: Allusion à Silvestre Ier, pape de 314 à 335.

v. 139: Dans l'exemplaire de Versailles de la version G, cette lecture est très claire alors qu'elle est bien plus difficile à lire dans l'exemplaire de la Bibliothèque Nationale. Je suis très reconnaissante à Geneviève Guilleminot, conservateur de la Réserve des livres imprimés à la Bibliothèque nationale de France, qui pensait lire *este* dans ce dernier.

vv. 153-159: Il s'agit de la comète de 335 (voir Héricault et Montaiglon, 175, n. 1).

vv. 161-68: Référence à Libère, pape de 352 à 366, exilé de 355 à 358 en raison de ses opinions arriennes et, durant ces trois années, démis en faveur de Félix II.

vv. 169-72: Allusion à Innocent Ier, pape de 401 à 417.

v. 175: Gringore fait vraisemblablement référence à l'excommunication par Jules II du duc de Ferrare en août 1510 ou des généraux français en septembre 1510.

vv. 177-79: Référence à Célestin Ier, pape de 422 à 432.

vv. 179-80: Les rimes saisissantes *pseaülmes* et *heaülmes* sont remarquables autant par leur hiatus similaire que par l'opposition qu'elles sous-tendent entre le domaine spirituel et le domaine militaire.

v. 182: Sixte III fut pape de 432 à 440.

vv. 185-89: Allusion à Léon Ier, pape de 440 à 461.

vv. 193-97: Gélase Ier fut pape de 492 à 496.

v. 199: Gringore joue sur le sens liturgique et militaire de *traictz* et *canon* (voir le vers 197).

vv. 201-05: Allusion à Agapit Ier qui fut pape de 535 à 536.

vv. 206-08: Slerca, 55-56, compare ces vers (ainsi que les vers 102-04, 222-23) aux vers 41-47 du *Temple de Mars* de Jean Molinet.

vv. 209-11: Saint Grégoire le Grand, qui emprunta l'expression *servus servorum Dei* à saint Augustin pour décrire son rôle en tant que pontife (voir R. A. Markus et E. John, *Papacy and Hierarchy*, London: Sydney, Sheed and Ward, 1969, 4), fut pape de 590 à 604. Gringore reprendra cette expression ironiquement dans le titre de son ouvrage suivant, la *Chasse du cerf des cerfs*.

vv. 217-22: Référence à Sabinien, pape de 604 à 606.

vv. 222-23: Slerca, 55-56, compare ces vers (ainsi que les vers 102-04, 206-08) aux vers 41-47 du *Temple de Mars* de Molinet.

vv. 225-29: Etienne III, pape de 752 à 757.

vv. 228-229: Dans le vers 66 de l'*Entreprise de Venise*, Gringore fait allusion à ce même événement en se référant par erreur au pape Adrien (vv. 61-68).

vv. 230-32: Allusion aux efforts déployés par le pape pour opposer les Lombards au roi de France, qui était à la tête du duché de Milan depuis 1500.

vv. 233-45: Allusion à Charlemagne et à Adrien Ier, pape de 772 à 795, ainsi qu'à la défaite des Lombards devant Charlemagne en 773-774.

vv. 249-64: Léon III, pape de 795 à 816, couronna Charlemagne en 800.

v. 265: Gringore s'adresse directement au pape en le tutoyant.

vv. 273-79: Référence à des papes qui sont de mauvais exemples à suivre. Silvestre II fut pape de 999 à 1003 (vv. 273-74), Serge III fut pape de 904 à 911 (v. 275) et Jean XII fut pape de 955 à 964 (vv. 278-79).

vv. 281-288: Allusion à Boniface VIII, pape de 1294 à 1303, et aux conflits entre les aspirations temporelles de l'Eglise et ses objectifs plutôt spirituels. Sa célèbre bulle papale *Unam Sanctam* de novembre 1302 prétendait que le glaive temporel et le glaive spirituel appartenaient tous deux à l'Eglise.

vv. 297-301: Allusion à Clément V, pape de 1305 à 1314, qui transporta le Saint-Siège à Avignon pour complaire au roi de France, Philippe le Bel.

v. 304: Comprendre: *Tu ne dois pas pourvoir l'Eglise d'une chose mal acquise.*

vv. 305-12 : Allusion au fait que Louis XII avait aidé le pape à prendre Bologne en 1506 en chassant la famille Bentivoglio. Voir Shaw, 48-49.

vv. 313-22 : Les Français, et les autres signataires de la Ligue de Cambrai, étaient d'avis que les Vénitiens avaient usurpé de nombreuses terres aux princes européens, comme Gringore l'illustra dans son *Entreprise de Venise* et son *Union des Princes*. Avec la victoire des Français sur Venise, le pape était censé retrouver le territoire de la Romagna qui lui appartenait.

v. 335 : De nouveau, l'acteur fait une distinction entre l'homme, *ton gouverneur*, et l'institution (*Eglise militante*).

vv. 342-52 : Ce vers reflète combien le pamphlet de l'*Espoir de paix* était destiné au peuple français pour le convaincre que Louis ne s'opposait pas à l'institution de l'Eglise mais à la personne qui était à sa tête et pour le rassurer que le roi ne portait pas les armes contre l'Eglise.

v. 347 : Comme le signe de la comète aux vers 153-59, la mauvaise fortune, ou la colère de Dieu, s'explique par le comportement malveillant du pape.

LA CHASSE DU CERF DES CERFZ

Introduction

Résumé de l'œuvre

Au moyen de signes mythologiques, Gringore situe son œuvre en automne quand le narrateur, l'alter-ego du poète, visite Etiolles, où reside le destinataire à qui il offre la *Chasse du serf des serfz*. Dans le récit allégorique d'une chasse au cerf qui s'ensuit, le narrateur met en scène les personnages et les animaux principaux, à savoir le *serf des serfz*, les *veneurs* et les *cerfz marins* et *ruraulx*. La description du cerf des cerfs rend évidente son identité : c'est du pape qu'il s'agit bien. Malgré l'attaque par les veneurs (les Français) des *cerfz ruraulx* (les Suisses) et *marins* (les Vénitiens) pour protéger le *serf*, ce dernier finit par s'allier avec les cerfs contre les veneurs. Durant le mois de septembre, en rut dans la *grace forest* (Bologne), le *serf* se montre échauffé et même violent alors qu'il se prépare à attaquer les *francz serfz* (les Français). Mais il est obligé de s'enfuir. Les cerfs marins abandonnés se réfugient dans leur île, poursuivis par les veneurs, pendant que le *cerf des cerfz* ruse pour leur échapper, allant jusqu'à feindre la mort. Des chiens et des veneurs arrivent de partout (Espagne, Angleterre) à la recherche du *serf*, caché dans son fort (Ravenne) depuis qu'il a perdu sa *forest grasse*. On laisse le *serf* y mener une vie paresseuse, tandis que Nature lui cherche un remplaçant qui serait meilleur.

Dans une *Exortacion au cerf des serfz*, l'*acteur* s'adresse directement au *pape*, en évoquant par analogie le mythe d'Actéon, qui fut tué par ses propres chiens de chasse, ainsi que l'histoire de saint Grégoire, qui mena effectivement la vie d'un *serf des serfz* à la différence de ce soi-disant *serf* qui s'intéresse à bien manger et

Figure 6: *La Chasse du cerf des cerfs* (BnF Rés. Ye 1319), page de titre

à bien vivre. Le narrateur conseille à ce dernier de rester dans son buisson, où les veneurs français l'ont repoussé à plusieurs reprises. Adoptant la troisième personne, le narrateur raconte ensuite la préparation d'une *assemblee tresbelle* pour s'occuper de cette chasse et menace le *serf des sers* d'une attaque imminente s'il se montre rebelle.

Dans la dernière strophe, dont une rubrique annonce l'acrostiche du nom de l'auteur Gringore, l'*acteur* s'adresse une fois encore à son destinataire en le louant et ajoute que, dans son rôle de *serf*, il espère s'attirer de la reconnaissance.

Le contexte historique

A la suite de la victoire des forces papales à Mirandole le 20 janvier 1511, Jules II rentra à Bologne (le 7 février) mais fut obligé, sous la menace des forces françaises qui avançaient, de s'enfuir pour Ravenne quatre jours plus tard[109]. Le 10 mars, Jules II fit cardinal, parmi d'autres, le conseiller de Maximilien, Matthaeus Lang. Le pontife réussit à tenir des pourparlers avec ce dernier à Bologne au début d'avril. Mais une fois encore, le 14 mai, le pape dut s'enfuir de la ville sous la menace de l'armée française. Une semaine plus tard, le 22 mai 1511, il perdit Bologne.

La guerre entre la France et la papauté se poursuivait simultanément sur le front spirituel. L'hostilité de Jules II envers la France se manifestant de plus en plus ouvertement, le pontife ne permettant pas, par exemple, le départ de Rome des cardinaux français à la mort de Georges d'Amboise (mai 1510), Louis XII convoqua le 30 juillet 1510 le clergé. Il fut question de savoir si Jules II pouvait légitimement mener la guerre contre le roi de France et, même, s'il pouvait être reconnue comme pape.

---

[109] Pour des détails historiques au sujet de la confrontation entre Louis XII et Jules II jusqu'à la chute de Mirandole le 20 janvier 1511, voir ci-dessus, l'*Introduction* de l'*Espoir de paix* (179-82). Nous nous appuyons sur les mêmes sources dans ce chapitre (Baumgartner, Bridge, Cloulas, Pastor, Quilliet, et Shaw).

Décidant de ne plus envoyer d'argent à Rome, de ne plus chercher des bénéfices auprès du pontife et d'annuler le droit du pape de remplir des bénéfices en France, les prélats français, lors d'une assemblée tenue à Tours en septembre 1510, accusèrent le pape d'avoir rompu la Paix de Cambrai sans justification en s'étant allié aux Suisses contre les Français, en ayant tenté de prendre Gênes, en s'étant ligué avec Venise et en ayant attaqué le duc de Ferrare, l'allié du roi. Puisque le pape refusait de convoquer un concile[110], Louis XII finit par proclamer qu'un concile s'ouvrirait le 1er septembre 1511 à Pise. De son côté, le pape fit un appel pour un concile concurrent au Latran, menaçant d'excommunication tous ceux qui comptaient participer au concile de Pise organisé par le roi de France.

Pour la deuxième fois depuis octobre 1510, le pontife tomba si gravement malade le 18 août qu'on le crut à l'agonie ; mais une fois encore il guérit.

Après sa guérison, le pape conclut un traité le 4 octobre 1511 avec l'Espagne et Venise pour reprendre Bologne et tous les autres territoires de l'Eglise, avec l'aide éventuelle de Maximilien et d'Henri VIII d'Angleterre. Comprenant que Jules II préparait la guerre contre lui, Louis XII ordonna aux vingt-quatre évêques de France et à tous les autres prélats français de participer au concile de Pise, dont l'ouverture s'annonçait pour le début de novembre 1511. C'était vraisemblablement la période pendant laquelle Gringore rédigeait la *Chasse du cerf des cerfz*, car les allusions qui concluent le poème se réfèrent aux préparatifs du concile de Pise (vv. 193-96 ; 244-52)[111].

---

[110] Jules II avait accepté lors de son élection comme pape en 1503 de convoquer un concile deux ans plus tard en vue de réformer l'Eglise, ce qu'il ne fit pas.

[111] Le Concile de Pise fut ouvert le 5 novembre, mais, en raison de la réception hostile des Pisans et du petit nombre de participants, il n'eut guère de succès. Le 12 novembre la décision fut prise de le transférer à Milan en décembre. Le concile concurrent que le pape ouvrit le 3 mai 1512 eut bien plus de succès. De même, à partir de janvier 1512, les forces papales et espagnoles mirent siège devant Bologne, qui capitula ainsi que le duché de Milan au moment du départ de l'armée française d'Italie à la fin mai 1512.

Les traditions littéraires

Le début mythologique de la *Chasse du cerf des cerfz* (vv. 1-16) rappelle celui de nombreux autres textes de rhétoriqueurs comme, par exemple, le *Trosne d'Honneur* (c. 1467) et le *Chappellet des Dames* (ca. 1478) de Jean Molinet, la *Ressource de la Chrestienté* (1494) d'André de La Vigne, et le *Voyage de Gênes* de Jean Marot (1507). En exploitant un jeu de mot sur *serf des serfs* (*servus servorum*), expression consacrée par saint Grégoire pour décrire le rôle du pape (voir l'*Espoir de paix*, v. 211)[112], Gringore développe l'allégorie d'une chasse au cerf à travers son récit (vv. 28-216), mais ses allusions implicites sont plus difficiles à préciser. A la différence de nombreuses œuvres contemporaines qui donnaient la parole à des personnifications abstraites dans une critique de la situation politique générale, notre poème est un récit allégorique assez dense d'activités militaires et ecclésiastiques plus ou moins précises pendant une période de quinze à seize mois. Il s'agit des activités du pape entre l'été 1509 et l'automne 1511[113]. Les protagonistes se présentent sous forme de cerfs ou de chasseurs de cerfs.

Slerca (53-55) fut la première à noter une similarité entre l'allégorie de base dans cette œuvre de Gringore et celle du *Voiage de Naples* (ca. 1496), un récit présenté par Molinet *soubz termes bestiaux et poeticques* (ll. 11-12), où l'auteur adapte assez superficiellement à son récit l'allégorie de la chasse au cerf. Le cerf y désigne le roi Charles VIII lors de son expédition militaire en Italie en 1494-95, grâce à une exploitation du symbole des Valois, le cerf volant, tandis que le grand veneur avec ses chiens

---

[112] Voir aussi les vv. 921-32, 1033 du *Voyage de Gênes* de Jean Marot, où le poète fit des jeux de rimes sur *servir*, *cerf*, et *serf* qui auraient pu inspirer Gringore.

[113] Voir Britnell, «Antipapal Writing», 57-58, qui parle brièvement de ce texte et suggère que le poème rende compte des activités du pape à partir du 14 septembre 1510, le jour de la Sainte Croix. Voir aussi Jean-Claude Margolin, «Pamphlets gallicans et antipapistes (1510-13): de la 'Chasse du cerf des cerfs' de Gringore au 'Julius exclusus' d'Erasme», dans *Cahiers V.-L. Saulnier: Traditions polémiques*, 2 (1984), 21-36.

désigne l'ennemi, Venise, qui empêchait le roi de France de rentrer dans son pays. Gringore renversa ces attributions, les cerfs désignant les nouveaux ennemis de France et les veneurs les Français.

La versification

Le nombre de syllabes. Tous les deux cent soixante vers de la *Chasse du cerf des cerfz* sont décasyllabiques; ils se divisent presque toujours en hémistiches de quatre et six syllabes[114]. 14% des vers, soit trente-cinq, comportent une césure lyrique (dont huit se placent devant un mot commençant par une voyelle), tandis que huit, soit 3%, ont une césure épique, dont quatre font chuter le *-e* final, deux le *-es* final, et deux le *-ent* final. On ne trouve aucun exemple d'un *-e* muet à la césure qui s'élide avec le premier mot du deuxième hémistiche. Comme dans *l'Entreprise de Venise*, les césures lyriques sont bien plus nombreuses que les césures épiques. De même, le *-e, -es,* ou *-ent* final d'une terminaison tombe quelquefois devant une consonne au milieu d'un hémistiche (vv. 4, 17, 56, 105, 121, 167, 168, 173, 178, 206, 211, 244), un phénomène qu'on trouve de plus en plus fréquemment dans les textes de Gringore de cette période[115]. La terminaison *-ent* de la troisième personne du pluriel tombe toujours devant une consonne au milieu d'un hémistiche quand il s'agit de l'imparfait, mais quand le verbe est au présent ou au passé simple, elle ne tombe presque jamais. Il y a pourtant une exception (v. 224). Une fois la terminaison *-oye* d'un verbe à la première personne du singulier de l'imparfait ne compte pas (v. 17) bien qu'elle se situe devant une consonne au milieu d'un

---

[114] Dans quelques cas le vers décasyllabique se divise en deux hémistiches de six et quatre syllabes (vv. 3, 6, 49, 108, 183, 219, 233, 241) et quelquefois il se divise en hémistiches de sept et trois syllabes (vv. 14, 107).

[115] Dans un vers le mot *fumees* ne compte que comme deux syllabes (v. 206), quoique le mot soit placé devant une consonne, tandis que le même mot compte comme trois syllabes dans un autre vers (v. 203), car il se place à une césure lyrique.

hémistiche. Dans presque tous les cas, le *-e* à l'intérieur d'un mot, qu'il s'agisse d'un adverbe en *-ment* (vv. 38, 43, 83, 119, 121, 122) ou un verbe au futur (vv. 116, 120, 134), compte comme une syllabe.

La *Chasse du cerf des cerfz* fait preuve d'un certain nombre de hiatus. Le lexème *-ion*, *-cion* ou *-tion* est toujours dissyllabique, comme dans toutes les œuvres de Gringore. De même, les terminaisons *-ient*, *-iant*, *-yon*, *-eon*, *-iables* et *-uables* comptent comme deux syllabes.

Les formes strophiques. La plupart des deux cent soixante vers décasyllabiques de la *Chasse du cerf des cerfz* se présentent en neuvains décasyllabiques, mais on trouve aussi d'autres formes strophiques différentes :

un cinquain décasyllabique	(vv. 1-5)
onze rimes paires	(vv. 6-27)
un huitain décasyllabique	abaabbcc (XXVI)
vingt-cinq neuvains décasyllabiques	aabaabbcc (I-XXV)

Le prologue, dans lequel l'auteur crée le hors-texte pseudo-autobiographique, se distingue du reste du poème par sa composition de vingt-sept vers ; les cinq premiers vers sont disposés dans une rime *ababb*, tandis que les vingt-deux vers suivants se présentent en onze couplets de rimes paires (*cc, dd,* etc.). Les vingt-cinq neuvains décasyllabiques forment le récit principal de l'œuvre. Dans la dernière strophe, un huitain qui se conforme au nombre de lettres dans le nom de l'auteur, présenté en acrostiche, l'*acteur* s'adresse directement à son dédicataire.

Les rimes. La plupart des rimes dans la *Chasse du cerf des cerfz* sont suffisantes ou riches, mais Gringore crée une dizaine de rimes léonines et équivoques, dont une majorité se trouve dans le prologue, où il s'agit de rimes suivies (voir, par exemple, les vers 14-15 ; 20-21 ; 22-23 ; 24-25 ; 116-117 ; 152-153 ; 156-159-160 ; 170-171 ; 219-222-223). Le poète exploite consciemment des rimes dans certaines strophes pour accentuer sa satire du pape. Dans les strophes XV-XVI, par exemple, il pousse à l'extrême un jeu sur *corner*, en jouant sur les deux sens du terme et en exploitant la place du mot à la rime ainsi que ses composés divers à l'intérieur du vers[116]. L'ambivalence entre les mots *cerf* et *serf*, que Gringore met en relief à travers le poème entier, se concentre également dans la strophe XV ainsi qu'un jeu sur le mot *fin* dans les derniers vers de la même strophe. Dans la strophe XVI la rime *a* en *-ree* domine les vers, renforcée par sa similarité avec la rime *b* en *-rer* dans la même strophe et dans la précédente. Le poète rappelle le jeu sur *corner* de la strophe XV dans les derniers vers de la strophe XVI. Cette concentration de jeux homophoniques et linguistiques caractérise l'art des rhétoriqueurs:

XV   Veneurs n'ont point ceste leçon aprise
     Que l'on **corne** du *serf* des *cerfz* la prise,
     Sans qu'il soit prins. Quelqu'un voulut **corne[r]**
     La mort du *serf*; les autres par faintise
     Cornerent lors en oyant sa devise.
     Lors voulurent tous leurs **cors encorner**.
     Plusieurs cuydoient en **cornant escorner**,
     Mais on congneut la **cornerie** en *fin*:
     Affiné est aucuneffois le *fin*.

XVI Le lymier vint pour avoir sa cu*ree*,
     La teste avoit long temps a desi*ree*;
     Autre chose ne vouloit procu*rer*.
     Des pres partit environ la vesp*ree*
     En traversant montaigne, valee, p*ree*;
     Mais force fut la cu*ree* diffe*rer*.
     Je ne sçay qui si voulut inge*rer*
     D'ainsi **corner**, mais sans prise on **corna**:
     Plusieurs veneurs adonc en **escorna.**   (vv. 154-71)

Un jeu sur le thème de la tête, particulièrement significatif en ce qui concerne les bois des cerfs, qui n'est pas sans anticiper le jeu précédent sur *corner*, s'établit dès les vers 37-38, où le

---

[116] Comme Slerca, 53-55, le suggère, Gringore aurait pu emprunter cette idée d'exploiter les multiples sens de *cor* et de *corner* à Jean Molinet. Voir son *Voiage de Naples*, vv. 7-101 (dans les *Faictz et Dictz*, éd. Dupire, I, 281).

poète fait appel métaphoriquement à l'idée que le pape a abusé de ses pouvoirs par sa triple couronne. Notez aussi dans cette strophe importante comment Gringore recourt à l'allitération pour accentuer sa critique :

II   Le *serf* des *serfz* avoit **teste m**al nee,
      Mais elle estoit triple**m**ent **coronnee**,
      Et de poil blanc avoit couvert son corps.
      On le vëoit, en **f**aisant sa **m**enee
      Et ses **m**eutes par **m**aintes aprés **d**isnee,
      Dedens son fort **f**u**m**eux, plain **d**e **d**iscords.
      Or portoit il tout justement huit cors
      Bien chevillé, bien paumé en **ef**fect :
      Nul cerf n'y a en ce **m**onde par**f**aict.   (vv. 37-46)

Le lecteur découvre la même idée dans les strophes VII-VIII et XIX, où la confusion entre couronne, tête et chef est consciemment entretenue. En outre Gringore exploite la rime *faire* dans la strophe XIX. Les strophes citées ci-dessus, où l'idée de corner est exploitée, interviennent entre ces deux passages :

VII   Les *cerfz* marins Adrïatiques tendent
      Se reffaire. Secrettement se bendent
      Et le herpail lessent a l'adventure
      De ça, de la ; ainsi le mars attendent ;
      Car a changer de **testes** ilz entendent :
      Cela leur vient de leur propre nature.
      Requoys, buisson cerchent pour co[u]verture,
      En refaisant leurs **testes** et leurs gresses.
      Notez mes motz : aux sours ne fault deux messes.   (vv. 82-90)

VIII   Aucuneffois ung grant *cerf* de regnom
      A avec soy ung *serf*, son compaignon,
      Ou escu[y]er, soubz les boys et ramees ;
      Mais icelui qui *serf* des *serfz* a nom
      En a plusieurs, car veuillent ilz ou nom,
      Il muse et pense choses desordonnees.
      Leurs **testes** sont reffaictes et sommees
      De poil nouvel. Or est leur **teste** molle.
      Les *cerfz* sans **chief** assez aise on affolle.   (vv. 91-99)

XIX   On lesse donc le *serf* des *serfz* <u>reffaire</u>
       En son buisson; son bruit l'a <u>fait deffaire</u>
       De son beau **chief** qui estoit couronné;
       Mais Naturë ung aultre en vouldra <u>faire</u>,
       Qui peult estre sera de bon <u>affaire</u>,
       Et sa **testë** ou son **chief** tresbien né,
       Meur, attrempté, bien condicionné.
       O *serf* des *serfz*, je prie Dieu que franc soys:
       Tous bons veneurs do[iv]ent avoir leurs droys.   (vv. 190-98)

Les rimes les plus fréquentes sont celles en *-ace/asse* (12), *-esse* (8), *-oient* (8), et *-uit/uyt* (8). L'idée de la *chasse* est donc renforcée par la fréquence de la rime associée avec ce terme.

Comme dans les autres œuvres de Gringore, l'enjambement est récurrent dans la *Chasse du cerf des cerfz*, à savoir plus de soixante-dix fois en deux cent soixante vers.

LE TEXTE

Editions

G (Paris, BnF Rés. Ye 1319)

Edition sur papier. s.l. n. d. [Paris, ca. octobre 1511]. 8 ff. à 1 col. de 25 ll. au plus, in-8°, car. goth. Titre (f. 1ʳ): ***La chasse du cerf des // cerfz Compose par pierre Gringore***[117]. Sous le titre une gravure sur bois de chasseurs qui tirent sur un cerf dans une forêt (Fig. 6)[118]. Au verso du titre une gravure sur bois d'un cerf, dont la ramure est imposante, en train de brouter. Au f. 2ʳ on trouve une troisième gravure sur bois de deux hommes qui tendent un piège; un cerf se situe à l'arrière-plan, avec d'autres animaux. Le texte de la *Chasse du cerf des cerfz* se trouve aux folios 2ʳ-8ʳ. Au f. 8ʳ est imprimé le privilège suivant: *Conge est do(n)ne par iustice a lacteur de ce pre= // sent liure Le faire imprimer Et deffenses faictes //*

---

[117] Ce fut la première fois que Gringore se fit nommer comme auteur sur la page de titre. Voir ci-dessus, l'*Espoir de paix*, où il se fit identifier pour la première fois avant le texte au f. 2ʳ.

[118] Voir aussi Tchémerzine, VI, 75, pour une reproduction de cette gravure sur bois.

a tous Imprimeurs de ne le imprimer ne vendre // iusques au iour de noel p(ro)chai(n) venant fors a ceulx // a qui il les baillera a vendre et distribuer[119]. *Finis.* Au f. 8[v] se trouve une gravure sur bois d'un cerf, dont la ramure est imposante et un chien le traquant en humant le sol[120].

D'autres exemplaires: Versailles, Bibliothèque municipale, Fonds Goujet n° 266[121]

Références: BnF *Catalogue des Imprimés*, t. 64, 780; Brunet, II, 1749; Graesse, 157; Niceron, 51-52; Oulmont, 37; Tchémerzine, VI, 75.

P (Pinard)
Paris: Pinard, 1829, éditeurs A. Veinant et Giraud de Savines. In-8°. Au f. 8[v] de ce facsimilé se trouve l'explication suivante: *Cette réimpression figurée d'un opuscule très rare a été tirée à quarante-deux exemplaires, dont 32 sur papier de Hollande, 4 sur papier de Chine rose, 4 sur papier de Chine jaune paille, et 2 sur peau de vélin. Achevé d'imprimer, le 15 décembre 1829, chez J. Pinard, Imprimeur du Roi, rue d'Anjou-Dauphine, n° 8, à Paris.*

Exemplaires: B. N. Rés. Ye 1320, B. L. T. 1472 (1); Yale University, Beinecke Library Hfb5 / 60h

Références: BnF *Catalogue des Imprimés*, t. 64, 780; Brunet, II, 1749; Brunet, Supplément, I, 570[122]; Graesse, 157

---

[119] A la différence d'autres privilèges obtenus par Gringore, celui-ci ne fait aucune mention d'une amende en cas d'infraction. Comme pour les trois écrits précédents, l'*Entreprise de Venise*, l'*Union des Princes*, et l'*Espoir de paix*, la *Chasse du cerf des cerfz* comporte un privilège qui ne dure que quelques mois.

[120] Il semble que ces gravures sur bois furent fabriquées spécialement pour cette édition.

[121] Les folios 1, 2, et 8 manquent de cet exemplaire.

[122] P. Deschamps et Ch. Brunet, *Manuel du libraire et de l'amateur de livres: Supplément*, t. 1, Paris: Firmin-Didot, 1878, 570, font référence à «un des deux exemplaires, sur *vélin*, de la réimpression en mar. doublé de Koehler, 200 fr. W. Martin; c'était l'exemplaire d'Audenet». S'agit-il d'une autre réimpression que celle de Pinard de 1829 ou est-il question d'une autre forme de réimpression?

H (Héricault et Montaiglon)

Paris: Jannet, 1858, éditeurs Charles d'Héricault et Anatole de Montaiglon (Tome I des *Œuvres complètes de Gringore*). LA CHASSE DU CERF DES CERFS // COMPOSÉ PAR PIERRE GRINGORE. Le texte de la *Chasse du cerf des cerfz* se trouve aux pages 157-67.

La *Chasse du cerf des cerfz* fut vraisemblablement rédigée après l'*Espoir de paix*, qui parut en février 1511, car elle met en scène, sous forme métaphorique, les événements politiques et militaires qui marquaient la confrontation opposant Louis XII à Jules II entre la bataille d'Agnadello de mai 1509 et l'automne 1511, quand le roi de France préparait le concile de Pise. Jennifer Britnell est la première à avoir mis en question la datation admise par tous les bibliographes, qui plaçaient sa publication en automne *1510*, donc avant et non après la parution de l'*Espoir de paix*. Elle a raison de reporter d'un an la date de la *Chasse du cerf des cerfz*, parce qu'au vers 183 il y a une allusion à la perte de Bologne par le pape, un événement qui eut lieu le 22 mai 1511: ...*il a perdu sa forest grasse*[123]. Etant donné ce point de repère ainsi que l'allusion dans le premier vers à l'automne, il nous paraît fort probable que la mention aux vers 244-46 du concile contre Jules II qui se préparait par Louis XII depuis un an –

> Or se fait il une assemblee tresbelle,
> Pour regarder en la saison nouvelle
> Que l'on fera en ceste chasse honneste.

– se réfère à l'ouverture du concile de Pise prévue pour le début de novembre 1511.

L'œuvre parut donc vraisemblablement en octobre 1511, et c'est peut-être la formation officielle de la sainte Ligue contre la France le 4 octobre 1511 qui précipita sa publication. Sans plus de *terminus ante quem* que les œuvres polémiques antérieures de Gringore, qui avaient aussi des privilèges de courte durée, le pri-

---

[123] Voir Britnell, «Antipapal Writing», 57.

vilège de la version G de la *Chasse du cerf des cerfz* fait néanmoins allusion au *jour noel prochain venant*, sans doute une référence au 25 décembre 1511.

L'Etablissement du texte

Nous nous servons de la seule version contemporaine qui nous soit parvenue, G, comme base de notre édition. Quant elle est fautive, nous avons fait des corrections, qui sont signalées dans les notes à la suite du texte édité. Les lettres ou les mots ajoutés en correction se trouvent entre crochets. Les variantes dans la version H sont reproduites en bas de page ainsi que les leçons non acceptées dans G.

La Chasse du cerf des cerfz (f° 1ʳ)

Lors que autonne rompt, casse et demolit (f° 2ʳ)
Feuilles, fleurs, fruit et la chaleur suplante,
Que Bacus est couché en ung mol lit, (f° 2ᵛ)
Et que Serés ses blaries seme et plante, 4
Que viellesse se chauffe au feu la plante,
Que le perë au filz plain de noblesse
Faulce sa foy, que guerre Lombars blesse
D'ung dart agu, pestifereur mortel; 8
Que Venise n'a pas ung remors tel
Qu'el deust avoir en pensant au dieu Mars,
Que avarice par milliers, cens et marcs
Pecune prend, luxure paillart myne; 12
Que folz ont bruit en faisant bonne myne,
Et que en danger de cisme nous voyons
Saincte Eglise, pource que desvoyons
Cueurs, ames, corps durant nostre vil aage; 16
Je passoye temps en ung petit village
Nommé Estiolles, pres Corbeil dessus Seine,
Qui est contree bien aërée et saine,
Et au plus pres de ce lieu je choisy 20
Ung beau chasteau qu'on appelloit Soysy,
Ou reposoit le prelat de Cahors,
Qui d'avec luy chasse mauvais cas hors.
Lors me ingeray luy presenter ce livre 24
Que de bon cueur luy transmetz et luy livre,
Intitulé le Livre de la Chasse
Du serf des serfz. Bien a qui le pourchasse.

I   **En la forest mondai**ne transsitoire (f° 3ʳ) 28
Le serf des serfz prenoit pour avoir gloire
Felicité, plaisir, soulas et joye,
Sans rumyner ou avoir a memoyre

---

2 *H* fruits – 3 *H* lict – 4 *H* Céres – 9 *H* remort – 11 *H* Qu'avarice – 14 *H* qu'en – 24 *H* m'ingeray

TEXTE ÉDITÉ   221

           Que les veneurs faisoient leur consistoire   32
           En fort, buisson, landes, haulte foussoye.
           Les cerfz marins y estoient a montjoye,
           Qu'on pourchassoit; ainsi que ung poursuivant
           Le serf des serfz se mettoit au devant.   36

II   Le serf des serfz avoit teste mal nee,
           Mais elle estoit triplement coronnee,
           Et de poil blanc avoit couvert son corps.
           On le vëoit, en faisant sa menee   40
           Et ses meutes par mainte aprés disnee,
           Dedens son fort fumeux, plain de discords.
           Or portoit il tout justement huit cors
           Bien chevillé, bien paumé en effect: 44
           Nul cerf n'y a en ce monde parfaict.

III   Les francz veneurs espargner le vouloient,
           Car cerfz ruraulx et marins assailloient
           Tant seullement; congnoissoient leur falace: (f° 3ᵛ)   48
           Avec le serf des serfz ilz se assembloient.
           Eulx assemblez de crainte et peur trembloient,
           Car de fouïr a peine avoient espace.
           Le serf des serfz lessa la forest grasse,   52
           Soy retirant en son buisson espais:
           Tel est vaincu qui reffuse la paix.

IV   Le serf des serfz en septembre fist bruit
           Vers la Saincte Croix; desja estoit en ruyt;   56
           Comme ung senglier s'eschauffoit contre l'homme,
           Et a frapper du pié prenoit deduyt.
           Tant aspre estoit que de jour et de nuyt
           Il ne prenoit aucun repos ne somme.   60
           De son dit pié les gens frappe et assomme
           Chevaulx et chiens. Le pié que on deust baiser
           Veult de forcë et de rigueur user.

35 *H* qu'un – 36 *H* serfs – 37 *H* serfs – 42 *H* plein – 43 *G* corps – 46 *H* francs
– 55 *H* bruict – 57 *H* s'eschauffant – 62 *H* qu'on

V   Son ruyt tenoit en la grace forest;   64
De combatre les francz serfz estoit prest
Et fut maistre du ruyt durant ce temps.
En la forest ne fist pas long arrest,
Car les veneurs congnurent l'interest   68
Des autres serfz qui n'en estoient contens;
Du ruyt jouït, ainsi comme j'entens,
Mais en après devint tres maigre et las: (f° 4ʳ)
Grand dueil vient bien après petit soulas.   72

VI   Les autres serfz coururent aprés luy.
Comme j'ay dit, il print lors son refuy
En son buisson, pres de ses forestz grandes.
Les cerfz marins n'eurent de luy appuy,   76
Mais le herpail suivent pour le jourd'uy
Et compaignent en bruyeres et landes.
Fort maigres sont par deffaulte de viandes,
Et pource aussi que ont trop suyvy les biches: 80
En fin tout ung les povres et les riches.

VII   Les cerfz marins Adrïatiques tendent
Se reffaire. Secrettement se bendent
Et le herpail lessent a l'adventure   84
De ça, de la; ainsi le mars attendent;
Car a changer de testes ilz entendent:
Cela leur vient de leur propre nature.
Requoys, buissons cerchent pour co[u]verture,   88
En refaisant leurs testes et leurs gresses.
Notez mes motz: aux sours ne fault deux messes.

VIII   Aucuneffois ung grant cerf de regnom
A avec soy ung serf, son compaignon   92
Ou escu[y]er, soubz les boys et ramees;   (f° 4ᵛ)
Mais icelui qui serf des serfz a nom
En a plusieurs, car vueillent ilz ou nom,
Il muse et pense choses desordonnees.   96

---

64 *H* grasse – 65 *H* combattre les francs – 69 *H* estoyent – 73 *H* cerfz – 75 *H* forêts – 80 qu'ont – 83 *H* secretement – 88 *G* converture – 91 *H* Aucunesfois – 93 *GH* escurer – 94 *H* iceluy – 95 *H* non

	Leurs testes sont reffaictes et sommees	
	De poil nouvel. Or est leur teste molle.	
	Les cerfz sans chief assez aise on affolle.	
IX	Les cerfz marins d'autre nature sont	100
	Que cerfz des boys; tandis que de chef n'ont,	
	Il est requis que la chasse on leur donne;	
	En ung buisson et ysle se refont.	
	Les veneurs donc, qui sur eulx povoir ont,	104
	Les puent chasser mais qu'on les habandonne,	
	Car en tout temps leur venoison est bonne;	
	Tant plus ilz sont travaillez, tant myeux vault:	
	On doit batre le fer quant il est chault.	108
X	Ce cerf des cerfz sçait des ruzes nouvelles	
	Que les veneurs pevent appeller cautelles;	
	Car s'il cognoist que chiens luy facent presse,	
	La fuytte prent par petites sa[u]telles;	112
	Entre les chiens dangereux et rebelles	
	Son escuyer et son compaignon lesse,	
	Et se plus fort de rechef on l'opresse,	
	Il trouvera le moyen d'eschapper : (f° 5ʳ)	116
	Vieil serf rusé est fort a attrapper.	
XI	S'il est tout seul et soit aucunement	
	De plusieurs chiens acueilly, sagement	
	En sa meute tournera, querant change	120
	De cerfz, bisches, que essaye subtillement	
	Bailler aux chiens; ce fait il promptement;	
	Aux bons limiers cela n'est point estrange.	
	Et se on les suit, nonobstant il rechange.	124
	Avec bisches, cerfz fuyt, puis fait sa ruse :	
	Si bon lymier n'y a que cerf ne abuse.	
XII	Aval le vent il court de belle tyre,	
	Aux rivieres ou estangs se retire	128
	Quant il est chault, pour sa vie garantir;	

99 *H* ayse – 106 *H* venoyson – 107 *H* mieulx – 111 *H* fassent – 112 *G* santelles – 121 *H* qu'essaye – 126 *H* n'abuse

>   Car les fleuves ou ruisseaux veult eslire
>   A celle fin, se le lymier desire
>   Le pourchasser, qu'il perde le sentir.   132
>   Tout au meillieu de l'eaue sans partir,
>   Devalera une bien grande espace.
>   Ruse n'y a que le vieil cerf ne face.

XIII   Les bons veneurs congnoissent tout par cueur   136
        Ses ruses la, mon reverend seigneur,
        Par quoy suffit d'en parler pour ceste heure.
        Mais je reviens a la grande fureur   (f° 5ᵛ)
        Du serf des serfz, quant est en sa chaleur,   140
        Durant son ruyt, ou trop long temps demeure.
        En son halier, fort, buisson ou demeure
        A fait ruse que jamais serf ne fist:
        Qui peult de tout, fault faire son prouffit.   144

XIV   Memoyre n'est que en buisson ou en fort
        Y ait eu serf qui ait faint estre mort
        Comme cestuy. Telle ruse est nouvelle.
        Bien est des cerfz qui a droit ou a tort   148
        S'entretuent par leur cruël effort
        En la saison que en ruyt on les appelle.
        Mais ilz ne font point les mors par cautelle,
        Comme ce serf. Veneurs, or y pensez: 152
        Tous bons servans ne sont recompensez.

XV   Veneurs n'ont point ceste leçon aprise
        Que l'on corne du serf des cerfz la prise,
        Sans qu'il soit prins. Quelq'un voulut corne[r]   156
        La mort du serf; les autres par faintise
        Cornerent lors en oyant sa devise.
        Lors voulurent tous leurs cors encorner.
        Plusieurs cuydoient en cornant escorner,   160
        Mais on congneut la cornerie en fin:
        Affiné est aucuneffois le fin.   (f° 6ʳ)

---

133 *H* milieu – 137 *H* ces – 143 *H* ruze – 145 *H* memoire – 150 *H* qu'en – 155 *H* serfz – 156 *G* corne, *H* Quelqu'un – 161 *H* congneust – 162 *H* aucunes foys

TEXTE ÉDITÉ 225

XVI Le lymier vint pour avoir sa curee,
     La teste avoit long temps a desiree ;   164
     Autre chose ne vouloit procurer.
     Des pres partit environ la vespree
     En traversant montaigne, valee, pree ;
     Mais force fut la curee differer.   168
     Je ne sçay qui se voulut ingerer
     D'ainsi corner, mais sans prise on corna :
     Plusieurs veneurs adonc en escorna.

XVII Les espaignolz par les boys lors couroient,   172
     Cuydant avoir la curee que attendoient.
     Levriers françoys y troterent bonne erre ;
     De toutes pars veneurs et chiens cerchoient
     La venoison ; aussi se en empeschoient   176
     Secrettement les dogues d'Angleterre ;
     Vers orïent aloient la curee querre,
     Mais ledit serf estoit dedens son fort :
     Maint homme vit qu'on a faint estre mort.   180

XVIII Or est ce serf en son buisson tres las,
      Et est prescript du plaisir de soulas,
      Pource qu'il a perdue sa forest grasse,
      Et qui soit vray qu'il y soit par compas.   (f° 6ᵛ)   184
      On l'a congnu, de ce n'ygnorez pas,
      Par le froyé, ou souventeffois passe.
      Il n'y a boys ne branche qu'il ne casse,
      S'el ne ploie soubz sa teste trouchee :   188
      Qui rompt sa foy, droit est qu'il luy meschee.

XIX On lesse donc le serf des serfz reffaire
     En son buisson ; son bruit l'a fait deffaire
     De son beau chief qui estoit couronné ;   192
     Mais Naturë ung aultre en vouldra faire,
     Qui peult estre sera de bon affaire,
     Et sa testë ou son chief tresbien né,
     Meur, atrempé, bien condicïonné.   196

---

173 *H* qu'attendoient – 186 *H* souventes fois – 187 *H* bois – 194 *H* peut-estre

O serf des serfz, je prie Dieu que franc soys :
Tous bons veneurs do[iv]ent avoir leurs droys.

XX Le serf des serfz est dedans son hallier,
    Aussi rogue que ung chien sur son paillier ;   200
    On l'a congnu en jugeant ses fumees :
    Aucuneffoys faignant de sommeiller,
    Des fumees gecte plus d'ung millier ;
    Par les deux boutz ilz sont esguillonnees,   204
    Puis en torches aucuneffoys formees
    Ou en plateaux. Ses fumees sont müables :
    Fortune nuyt aux hommes varïables.

XXI Il se reffait, ainsi qu'on peult entendre,   (f° 7ʳ)   208
    Pour vïandis cerche la vigne tendre,
    Car il l'aymë et goutte voullentiers ;
    Les bons complans de Candie tache prendre.
    Or ne peult il plus son eschine estendre   212
    Pour traverser taillis, buissons, sentiers ;
    Tant est caduc, mais par ses vïandiers
    Il reprendra, s'il peut, nouvelle cher :
    Chose impossible l'homme ne doit cercher.   216

        Exortacion au cerf des serfz.

XXII O serf des serfz, pensez la fictïon
     Que les poëtes faignent sur Enthëon
     Avoir esté faicte le temps passé,
     Pource que estoit plain de rebellïon ;   220
     Fier et despit comme ung tor ou lÿon,
     Il fut mué en cerf tout compassé ;
     De ses chiens fut si asprement chassé
     Qu'ilz l'estranglerent, et si estoit leur maistre :   224
     Tel que l'homme est, se doit faire congnoistre.

---

198 *G* donnent, *H* doyvent − 202 *H* Aucunes foys − 205 *H* aucunes foiz − 212 *H* peut-il − 216a *H* cerfz

TEXTE ÉDITÉ   227

XXIII   Sainct Gregoire n'apetoit seigneurie
         Quand il se dist serf des serfz; si vous prie,
         Puis qu'il vous plaist, comme luy, vous nommer,   228
         Que vous facez selon son industrie :
         Soyez ainsi que une biche serie,
         Sans porter cors; bien serés estim[é].   (f° 7ᵛ)
         Certes ung cerf n'a point acoustumé   232
         D'avoir viandes propres tous les jours change;
         Tel est pescheur, et si il fainct estre ange.

XXIV   Posé qu'avez esté durant le ruyt
         Fort eschauffé en faisant noise et bruit,   236
         C'est assez fait, cela vous doit suffire;
         Vostre buisson gardez de jour, de nuyt,
         Et s'il y a quelque chien qui vous nuyt,
         Il luy sera force qu'il se retire,   240
         Car les veneurs françoys, a bref vous dire,
         Vous ont remis bien souvent au buisson :
         Bon escollier doit savoir sa leçon.

XXV   Or se fait il une assemblee tresbelle,   244
         Pour regarder en la saison nouvelle
         Que l'on fera en ceste chasse honneste.
         Et se on treuve le serf des sers rebelle,
         Voulant user de ruse ou de cautelle,   248
         Plusieurs veneurs yront bien tost en queste,
         Et la seront, pour congnoistre la beste,
         L'ung de l'autre separez en maintz lieux :
         On prend bien serf, tant soit rusé ou vieux.   252

              L'acteur et surnom d'icel mys.

XXVI   Gubernateur et pillier de l'Eglise,   (f° 8ʳ)
         Reveramment par devant vous m'adresse;
         Je congnois bien que estes plain de franchise,

231 *G* corps bien serés estimee, *H* cors bien serez – 236 *H* noyse – 239 *H* suyt
– 246 *H* de ceste chasse – 247 *H* s'on treuve le serf des serfs – 251 *H* maints –
253 *H* esglise – 255 *H* qu'estes

Noble de cueur en vivant sans reprise, 256
Glorifiant de Jhesus la haultesse.
Or suis je serf a la vostre noblesse.
Rurallement ay parlé de la chasse
En esperant d'acquerir vostre grace. 260

La Chasse du cerf des cerfz

Notes

v. 1: Il s'agit de l'automne de 1511, non pas de 1510, comme beaucoup de critiques l'ont prétendu. Voir ci-dessus, l'*Introduction* (218-19).

vv. 6-7: Le père, ou le pape Jules II, se montre infidèle envers son fils, Louis XII, car il ne reconnaît plus leur alliance. En fait, le 4 octobre 1511, le pontife a conclu un traité contre la France avec l'Espagne et Venise et il s'emploie depuis à négocier avec Maximilien et Henri VIII. Voir Le Fur, 221-35, pour une discussion de l'épithète *fils aîné de l'Eglise* employé par les publicistes de Louis XII.

vv. 7-8: Depuis 1510, le pape, allié avec Venise, essaie de détourner les Génois du roi de France.

vv. 9-12: Jeu de mot sur Vénus et Venise, les deux étant attirées par Mars. Les Vénitiens, toujours critiqués par les Français pour leur avidité, mènent une politique d'autant plus agressive qu'ils ont le soutien du pape. Voir les œuvres précédentes de Gringore, l'*Entreprise de Venise,* l'*Union des Princes*, et l'*Espoir de paix* pour des critiques aussi sévères.

vv. 14-15: Une allusion aux actions politiques et militaires du pape Jules II, qui, si l'on en croit la position française, menaçaient la stabilité de l'Eglise. En automne 1511, Louis XII, à la tête de la réforme gallicane, préparait un concile visant à discuter les activités du pape. Jules II de son côté avait annoncé un concile concurrent. Le risque d'un schisme était donc réel.

vv. 18-21: Il s'agit de Soisy-sous-Etiolles, un village situé sur la Seine entre Ris et Corbeil (voir Héricault et Montaiglon, 158, n. 2).

vv. 22-23: Héricault et Montaiglon, 158, n. 1, identifièrent le dédicataire de la *Chasse du cerf des cerfz* comme Germain de Ganay, qui fut élu évêque de Cahors en mai 1509. En 1514 Ganay devint archévêque de Tours. Britnell, «Antipapal Writing», 56, note que Germain de Ganay était le frère du chancelier Jean Ganay, ce qui suggère que Gringore entretenait peut-être des liens avec un des officiers les plus haut placés de France. Le fait que Gringore n'hésitait pas à adresser une satire acerbe du pape à un ecclésiastique français important souligne la distance existant entre le pontife et les prélats français. A la différence du pape, l'évêque de Cahors a, lui, réussi à *chasse[r] mauvais cas hors*.

vv. 26-27: C'est la deuxième fois que Gringore insère son titre dans le texte même (voir l'*Espoir de paix* [v. 7]), un signe, comme celui de sa signature en acrostiche, de la conscience qu'il avait de l'importance de contrôler son œuvre (voir Brown, *Poets, Patrons, and Printers*, pour une discussion développée de ce sujet). La façon dont il incorpore des détails plus ou moins autobiographiques dans son prologue et dont il fait de la publicité pour son livre – il intrigue son lecteur en se servant d'un mot à double sens qui introduit son récit allégorique (*pourchasse*) – confirme sa conscience littéraire.

vv. 27, 29, etc.: L'orthographe de *serf* et de *cerf* est instable tout au long du poème, ce qui n'a rien d'original pour le XVIe siècle, mais la confusion entre les deux mots est évidemment délibérée.

v. 28: *La forest mondaine transsitoire* se réfère littéralement au cadre de l'action centrale du poème et métaphoriquement au monde séculier dans lequel le pape cherchait à étendre son pouvoir.

vv. 29-30: Gringore emploie l'expression le *serf des serfz*, épithète emprunté à saint Augustin par saint Grégoire pour décrire le rôle du pape (*servus servorum Dei*) (Markus et John, 4), et la détourne ironiquement pour l'appliquer à Jules II qui n'agit pas en *serf*, ou serviteur du peuple chrétien, mais plutôt en *cerf* qui fuit ses responsabilités religieuses. Le pape cherche la gloire dans le monde profane, non pas dans le domaine spirituel.

vv. 32-36: Mentionnant un consistoire de veneurs, le narrateur fait vraisemblablement allusion aux princes européens unis depuis décembre 1508 par le Traité de Cambrai contre les Vénitiens, bien que ce soient normalement les Français que l'on qualifiait de veneurs.

v. 36: Allusion au fait que le pape, au printemps 1509, chassait les Vénitiens avec les Français et les autres princes européens, une action qui résultait de l'accord de Cambrai. En réalité Louis XII était à la tête de cette entreprise.

v. 37: Allusion aux origines humbles de Jules II et peut-être aussi à son ascension subite dans la hiérarchie ecclésiastique, en grande partie grâce à son oncle, Sixte IV, qui fut l'un des papes les plus connus pour sa pratique du népotisme.

v. 38: La tiare papale avait trois couronnes à partir de la ténure de Boniface VIII (1294-1303).

v. 39: Allusion métaphorique à la robe blanche du pape.

v. 41: Dans une strophe remplie d'allitérations (*c, m, f, p*), l'auteur joue sur le sens littéral et le sens figuré de *meutes*, une troupe de chiens dressés pour la chasse à courre et une bande de gens acharnés à la poursuite, à la perte de quelqu'un.

vv. 43-44: Les huits cornes désignent les huit années passées depuis l'élection de Jules II. Un cerf paumé est un vieux cerf dont le merrain (le bois central à la ramure) aplati forme l'empaumure.

vv. 46-47: Les *francs veneurs* désignent les Français et les *cerfz ruraulx* désignent les Suisses. Ces vers évoquent le fait que les Français ne combattaient alors pas le pape, mais qu'ils s'enprenaient aux Vénitiens (*cerfz marins*), qui cherchaient à repousser les Français de Gênes et les Suisses, dont la menace pesait sur Milan.

vv. 48-51: Allusion à l'alliance liant depuis le printemps 1510 le pape, les Vénitiens et les Suisses contre les Français.

v. 52: La *forest grasse* représente Bologne. Il s'agit vraisemblablement du départ du pape de Bologne le 2 janvier 1511 pour Mirandole, où il remporta une victoire importante.

vv. 55-58: En septembre 1510 le pape appela les cardinaux de Rome à le rejoindre dans son voyage à Bologne, où il arriva le 22 septembre, c'est-à-dire *vers la Saincte Croix* (= le 14 septembre). Le sens métaphorique du cerf en rut, une image peu flatteuse réitérée tout au long du poème, semble être une référence au fait que le pape cherchait ardemment des «accouplements», ou des alliances, néfastes à Louis XII (*l'homme*). Au vers 66 Gringore qualifie le pape de *maistre du ruyt*.

vv. 58-63: Gringore joue sur l'image du pied du pape, que l'on était habitué à baiser dans un geste de révérence, et sur le sens concret de cette image. Il s'agit d'un pape qui participe directement aux activités militaires, qui cogne à coup de pied les gens, une allusion peut-être à la chute de Mirandole en janvier 1511 ainsi qu'à d'autres villes de duché de Ferrare. Jules II avait une réputation d'être physiquement violent et de se mettre facilement en colère.

v. 64: Deuxième allusion à Bologne *la grace* (=grasse) *forest*, la ville capitale de la stratégie militaire de Jules II. Le 7 février 1511 le pape retourna à Bologne, mais, comme le v. 67 l'indique, il ne s'y arrêta pas longtemps. Jules II fut en effet obligé de quitter la ville le 11 février, car les Français s'en approchaient. La différence entre les *francz serfz* au v. 65 et les *veneurs* au v. 68 n'est pas claire, mais les deux expressions désignent l'ennemi du pape. Ceux-là représentent peut-être les Bolonais qui soutenaient les Français.

v. 69: Les *autres serfz* désignent vraisemblablement les Bolonais qui préféraient le gouvernement des Français à celui du pape.

vv. 74-75: Il s'agit du refuge que le pape trouva à Ravenne après son départ précipité de Bologne le 11 février 1511.

v. 76: Les Vénitiens se plaignaient de la lenteur de l'armée papale à leur venir en aide (Shaw, 271). En effet, entre la chute de Mirandole à la fin janvier et le mois de mars, il n'y eut pas de confrontations militaires.

v. 80: Référence aux activités sexuelles et à la débauche de l'ennemi.

vv. 82-90: Critique des Vénitiens qui se retirèrent de la confrontation. Noter l'image de la tête, qui sera développée dans les vers suivants. Les cerfs marins attendent le mois de mars pour refaire leurs bois et prendre du poids.

vv. 91-99: Il s'agit probablement des activités sexuelles du pape. Il était courant de stigmatiser les moeurs sexuelles du pape et Louis XII lui-même critiqua l'intérêt de Jules II pour le jeune Frédérique Gonzague. Mais il n'y avait pas de preuve de telle liaison pendant son pontificat même; Jules II avait en tout cas entretenu des relations homosexuelles autant qu'hétérosexuelles avant d'être élu pontife (Shaw, 187). Nous croyons qu'*escurer* au v. 93 est une mauvaise leçon pour *escuyer*, car dans la terminologie des cervidés, un écuyer de cerf est un jeune cerf accompagnant un vieux. Voir la reprise de ce terme au v. 114.

Gringore continue à exploiter l'image de la *tête* du cerf dont les bois se refont tous les ans. Il joue aussi sur le double sens de *chef*. Voir la description suivante tirée du *Trésor de la Langue Française*, IV, 630, au sujet des bois de cerf: «Ce bois ne dure jamais qu'une année sur la tête du cerf. Le bois tombe et lorsqu'il doit repousser on voit s'élever un tubercule qui est et qui demeure couvert par une production de cette peau jusqu'à ce qu'il ait acquis son parfait accroissement. Pendant tout ce temps, ce tubercule est mou et cartilagineux».

vv. 100-108: Référence aux Vénitiens qui, comme les cerfs sans bois et sans chef, sont plus vulnérables. Venise, n'ayant pas de prince à la tête de son gouvernement, puisqu'il s'agit d'une république, est donc plus instable et plus vulnérable qu'une monarchie. Gringore suggère que les Français devraient poursuivre les Vénitiens en profitant de cette période d'instabilité.

vv. 109-126: Le pape était connu pour ses ruses et sa capacité à réchapper au danger, quitte à trahir ses alliances. Gringore le critique en l'appelant *le vieil serf* à plusieurs reprises (voir aussi le v. 135).

vv. 127-35: La ruse du pape pour échapper à ses ennemis est allégorisée par la course du cerf semant les chiens qui le poursuivent.

v. 136: Les Français sont les bons veneurs.

v. 137: Gringore s'adresse ici directement à son dédicataire.

vv. 139-40: Référence littérale au rut du cerf et à sa *grande fureur... durant son nuyt*. Cette image se réfère à l'esprit belliqueux du pape.

vv. 145-52: Allusion au fait que le pape faillit mourir en octobre 1510. Gringore décrit l'événement comme une agonie feinte, la maladie supposée de Jules II ayant en effet eu pour résultat de suspendre l'attaque de l'armée française. Voir aussi le v. 180.

vv. 154-62: Jeux de mots insistants sur *cor, corne, corner* et ses composés, et sur *escorner* et *cornerie*, liés à la confusion du sens des annonces (des cors sonnés) lors de la maladie du pape. Voir ci-dessus, l'*Introduction* (213-14). Les Français croyaient soit qu'il mourrait, soit qu'il aurait accepté de négocier. Eugénie Droz, dans *Le Recueil Trepperel : les Sotties*, Paris : Droz, 1935, 316, associe ces jeux équivoques sur *corner*, ainsi qu'un long passage tiré du *Chasteau de Labour* de Gringore, à la ballade du Prince des sots dans la *Sottie à cinq personages des sots «escornez»*. Cette sottie éditée par Droz date du début du XVIe siècle et, selon elle, est vraisemblablement de Gringore lui-même. Je cite la première strophe de la ballade :

> Mes sotz estes vous descornez ?
> Chantez vous ou si vous cornez
> A bien peu que je ne m'escorne,
> Le dyable vous a encornez.
> Mieulx vous vauldroit n'estre encor nez
> S'une fois de mon cor je corne,
> Vostre teste est trop malicorne,
> Je vueil prendre cor et cornette
> Se de brief je ne vous escorne
> Vous estes bien en ma cornette.   (vv. 59-68, p. 323)

v. 167: *Pree* pour rimer avec *vespree* (v. 166) et *curee* (v. 163).

vv. 172-80: Les *espaignolz*, ou épagneuls, sont les chiens qui désignent les Espagnols. Référence aux négociations entre le pape et les représentants de l'Espagne et de l'Angleterre au début avril 1511 à Bologne, où le pape ne parvint à revenir que temporairement, car les Français s'en approchaient à nouveau. Le pape est *dedens son fort* à Bologne.

v. 181: A partir de ce vers, tout est au présent. Le buisson du pape est la ville de Ravenne, où il avait été contraint de fuir.

v. 183: Troisième allusion à la *forest grasse* = Bologne. Le pape perdit Bologne aux Français le 22 mai 1511.

vv. 184-88: Référence aux retours répétitifs du pape à Bologne et à ses départs précipités.

v. 189: Référence au fait que le pape est puni pour avoir rompu le Traité de Cambrai. La forme de *meschee*, qui doit se comprendre comme le présent de *meschoir*, s'explique par un souci de garder les rimes.

vv. 193-96: Référence au désir de Louis XII de remplacer le pape par un autre pontife plus mûr, plus modéré, de bonnes moeurs. C'est donc une allusion aux préparatifs pour le concile de Pise pour réformer l'Eglise.

v. 195: Comparer avec le vers 37. Gringore reprend son jeu sur *teste* et *chief* dans la strophe XIX pour comparer la couronne papale sur la tête de Jules II à la ramure sur la tête du cerf.

v. 198: Proverbe qui souligne que les Français (lire les Gallicans) ont le droit d'organiser un concile pour la réforme de l'Eglise.

vv. 201-07: Allusion aux excréments du cerf, une autre métaphore dépréciative de la part de Gringore, qui s'appesantit sur les formes différentes de ces *fumees*.

v. 202: Le pape, tout en feignant l'innocence et l'inaction, est en train d'agir.

v. 208-13: Près de la mort encore une fois en août 1511, le pape parvint à guérir en déniant les ordres du médecin qui lui interdisait le vin (*la vigne tendre*; *les bons complans de Candie*) et d'autres nourritures.

v. 214: Référence à la faiblesse et la vieillesse du pape.

vv. 217-24: Analogie implicite entre le pape Jules II et Actéon, chasseur mythologique qui, ayant surpris Artémis au bain, fut changé en cerf et aussitôt dévoré par ses propres chiens. Les chiens du pontife seraient ses (anciens) alliés.

vv. 226-27: Allusion à l'inexistence de tout attrait pour le pouvoir temporel chez saint Grégoire, le premier à se servir du terme «serf des serfs» (*servus servorum*), un modèle que Jules II aurait dû suivre. Voir la note aux vers 209-11 de l'*Espoir de paix*.

vv. 228-32: La rime *b* dans la strophe XXIII est problématique, étant donné qu'elle se présente sous trois formes différentes: nomm**er** (v. 228), estim**ee** (v. 231) (corrigé en *estimé*), acoustum**é** (v. 232).

v. 231: Le typographe de G semble avoir ajouté un *p* à *cors* par erreur.

vv. 241-43: Les Français réussirent à le repousser dans le buisson, c'est-à-dire à le faire fuir (Bologne).

vv. 244-52: Référence au concile qui se préparait sous l'égide de Louis XII pour déterminer si Jules II était assez honnête pour garder la tiare papale. Le v. 249, écrit au futur, suggère que les ecclésiastiques (veneurs) vont bientôt ouvrir le Concile à Pise.

vv. 253-60: Dans la dernière strophe, qui est engendrée par le nom de l'auteur et annoncée par une rubrique (*L'acteur et surnom d'icel mys*), Gringore s'adresse à son dédicataire en s'appropriant pour lui-même l'image du serf, ce qui implique qu'il respectait mieux que Jules II son rôle de serf. En faisant référence au fait qu'il parle *rurallement*, il joue sur son emploi métaphorique de l'image de la chasse.

LE JEU DU PRINCE DES SOTZ ET MERE SOTTE

Introduction

Résumé de l'œuvre

A la suite d'un *Cry* qui invite tous les sots et toutes les sottes à assister aux Halles aux jeux du Prince, trois sots se présentent sur la scène de la *Sottie* du *Jeu du Prince des Sotz et Mere Sotte*. Ces conseillers du Prince des Sotz, ayant remarqué combien ses alliés l'ont récemment déçu et maltraité, convoquent les nobles et les prélats, dont les noms affichent les défauts. Devant eux les trois sots pressent le Prince de s'attaquer à ceux qui complotent secrètement contre lui. La Sotte Commune essaie en vain de faire entendre ses plaintes aux autres, qui la ridiculisent ou l'ignorent. La Mère Sotte, déguisée comme l'Eglise, arrive sur scène d'une manière arrogante avec ses conseillers, Sotte Fiance et Sotte Occasion. Elle aussi convoque les prélats pour leur annoncer son intention de prendre le dessus sur le Prince des Sotz. Les ecclésiastiques convoqués s'opposent à l'idée de saisir le pouvoir temporel du Prince, mais, corrompus par la promesse de cardinalats, ils finissent par soutenir l'Eglise. Celle-ci fait venir les nobles pour les ranger à ses idées, mais, à l'exception du Seigneur de la Lune, ils refusent de soutenir la politique de l'Eglise, qui se venge en lançant une attaque militaire contre eux. Une fois encore les conseillers du Prince des Sotz, qui hésite à lutter contre l'Eglise, encouragent leur chef à se défendre, mais il s'y refuse. A la fin, la Sotte Commune annonce que c'est la Mère Sotte déguisée dans les robes de l'Eglise, et non pas l'Eglise même, qui agit d'une manière si offensive et si agressive.

Figure 7:
Le Jeu du Prince des Sotz et Mere Sotte (BnF Rés. Ye 1317), page de titre

La *Moralité* du *Jeu du Prince des Sotz et Mere Sotte*, une pièce de nature bien plus sérieuse, se compose de six scènes. Dans la première, Peuple François et Peuple Ytalique, déjà rencontrés dans les *Lettres nouvelles de Milan*, s'opposent, se plaignent de leur destin et se critiquent. L'Homme Obstiné arrive ensuite pour déclarer son intention de prendre le pouvoir suprême. Pugnacion Divine entre en scène pour condamner le Peuple Ytalique d'avoir soutenu l'Homme Obstiné. Ensuite Symonie et Ypocrisie essaient sans succès de persuader le Peuple François d'accepter leurs principes. Quand Pugnacion Divine rappelle au Peuple François ses abus, il blâme le suivant, qui à son tour blâme son voisin et ainsi de suite. Mais Peuple François et Peuple Ytalique finissent par s'accorder en déplorant la corruption de l'Eglise, tandis que le second, sous l'influence des Demerites Communes, avoue que ce sont les péchés de tous, non seulement de l'Homme Obstiné, qui ont précipité la crise. Dans un dénouement didactique, Peuple François, Peuple Ytalique, Ypocrisie et Pugnicion Divine exhortent toutes les classes dans le public à se réformer pour éviter Pugnacion Divine. L'Homme Obstiné ne prend pas part à cette exhortation.

Le contexte historique

Au début de 1512, l'époque où Pierre Gringore achevait sans doute la rédaction de son *Jeu du Prince des Sotz et Mere Sotte*, car il fut présenté aux Halles le 23 février (mardi gras), Louis XII se trouvait dans une situation politique de plus en plus précaire face à Jules II. D'un point de vue militaire, les Français, en dépit d'un certain nombre de succès en 1511 tels que la prise de Bologne, résistaient de plus en plus mal aux attaques de la sainte Ligue, établie officiellement en octobre 1511 par le Pape Jules II entre Venise, les Suisses et les Espagnols, et avec la participation escomptée de l'Angleterre et de l'Empire[124].

---

[124] A partir de janvier 1512, les forces papales et espagnoles mirent siège à Bologne, qui finit par capituler, ainsi que le duché de Milan au moment du départ de l'armée française d'Italie à la fin mai 1512.

Dans le domaine spirituel, le roi de France avait réuni un concile pour juger des actions belliqueuses du pontife. Le Concile de Pise, qui devait d'abord avoir lieu en septembre 1511, ne s'ouvrit que le 5 novembre 1511, car Louis XII avait du mal à trouver des alliés approuvant sa contestation des pouvoirs croissants du pape. De toute façon, l'accueil hostile des Pisans et le faible nombre des participants forcèrent les organisateurs à transférer le concile à Milan en décembre. Cette deuxième session ne réussit pas beaucoup mieux que la première, en partie parce qu'entre-temps Louis XII avait perdu le soutien critique de l'empereur. De plus, Jules II qui préparait un concile concurrent pour le printemps 1512[125] menaçait quiconque participerait au concile organisé par Louis XII[126].

Le roi de France avait donc besoin d'un effort propagandiste pour convaincre la population française en général d'accepter sa politique anti-papale; il devait convaincre en particulier la noblesse de partir combattre les forces européennes en Italie, le clergé de soutenir sa politique gallicane, et le Tiers Etat d'accepter de fournir derechef des subsides pour une entreprise militaire risquée de surcroît. Tout comme Gringore met sur scène le concile promu par Louis XII dans la Sottie du *Jeu du Prince des Sotz et Mere Sotte*, le dramaturge imagine la réunion future d'ecclésiastiques sous l'égide du pape, même si en réalité elle n'avait pas encore eu lieu en février 1512. Dans la *Moralité*, l'auteur attribue à plusieurs personnages, y compris Peuple François, la responsabilité de la crise politique en France.

Quoiqu'il ne soit pas certain que Gringore fut engagé par la Cour royale pour participer à la propagande au nom de la politique du roi, comme beaucoup d'autres écrivains contemporains, plusieurs documents confirment qu'il joua un rôle dans

---

[125] Le Concile du Latran s'ouvrit le 3 mai 1512, après la présentation du *Jeu du Prince des Sotz et Mere Sotte*, et eut bien plus de succès que celui organisé par Louis XII.

[126] Pour des renseignements plus précis sur cette période de la confrontation entre Louis XII et Jules II, voir Bridge, 43-84; Baumgartner, 209-27; Cloulas, 139-249; Quilliet, 394-428; et Shaw, 245-315.

INTRODUCTION

l'organisation des entrées royales à Paris pendant les quinze premières années du XVIe siècle (voir ci-dessus, l'*Introduction*, 14-16, 20-23). Ces activités de la part de notre auteur suggèrent l'existence des liens informels sinon formels entre Gringore et la Cour.

Gringore n'obtint apparemment pas de privilège pour la publication du *Jeu du Prince des Sotz et Mere Sotte*, contrairement à celle de ses derniers écrits polémiques, peut-être parce qu'il s'agissait d'une pièce dont la vraie publication fut sa mise en scène aux Halles à Paris le 23 février 1512[127]. Mais l'auteur continua à surveiller l'impression du *Jeu*, car le colophon confirme que l'édition G fut faite *pour* Gringore.

Les traditions littéraires

Le *Jeu du Prince des Sotz et Mere Sotte* comprend un *cry*, une *sottie*, une *moralité* et une *farce*. Il constitue la première pièce, ou première suite de pièces, de Pierre Gringore qui nous soit parvenue. Ce sont la *Sottie* et la *Moralité* qui nous intéressent en particulier, car elles définissent de manière très différente l'antagonisme entre Louis XII et Jules II au début de 1512. Dans ces pièces, Gringore s'efforce de surmonter la réticence du peuple français à guerroyer contre la papauté. La possibilité de communiquer oralement avec un public urbain plus divers que la clientèle de lecteurs qu'il visait dans ses écrits précédents différencie le *Jeu du Prince des Sotz* des autres poèmes étudiés jusqu'ici et des autres œuvres de propagande de l'époque. Comme dans les *Lettres nouvelles de Milan*, Gringore adopte une stratégie rhétorique qui consiste à attaquer ceux qui représentent l'ennemi italien. Le dramaturge met aussi dans la bouche de ce dernier des commentaires auto-critiques ainsi que des louanges du roi de France.

La *Sottie* du *Jeu du Prince des Sotz et Mere Sotte*, l'œuvre la plus connue aujourd'hui de notre auteur, est souvent considérée comme un des meilleurs exemples du genre comique médiéval

---

[127] Voir Armstrong, 187, qui explique que les pieces de théâtre furent rarement protégées par des privileges.

de la *sottie*, dont tous les personnages sont des sots[128]. Le Prince des Sots et la Mère Sotte faisaient partie du *dramatis personae* de la troupe des Enfants sans souci à la fin du moyen âge et au début du XVIe siècle. Gringore lui-même y jouait le rôle de Mère Sotte[129]. D'autres personnages de la *Sottie* figuraient soit au répertoire de cette même troupe soit dans d'autres pièces contemporaines[130]. Mais c'est l'alliance brillante entre le comique, la sottise, et la satire politique de l'abus du pouvoir et de la folie regnant partout dans le monde qui explique le grand succès de cette pièce. Au moyen d'une série de confrontations, comme celles qui ponctuent les œuvres précédentes de Gringore, le dramaturge attaque non seulement l'homologue dramatique du pape, en stigmatisant son caractère malin et en soulignant les divisions qui l'opposent à ses conseillers; mais il ridiculise aussi tous les

---

[128] Pour une discussion détaillée de la sottie, voir Heather Arden, *Fools' Plays: A Study of Satire in the Sottie*, Cambridge: Cambridge University Press, 1980; Jean-Claude Aubailly, *Le Théâtre médiéval profane et comique*, Paris: Larousse, 1975, 54-163, et *Le Monologue, le dialogue et la sottie*, Paris: Champion, 1976; A. Dane, «Linguistic Trumpery: Notes on a French Sottie (*Recueil Trepperel* No. 10)», *Romanic Review*, LXXI, 2 (1980), 114-21; Ida Nelson, *La Sottie sans souci: essai d'interprétation homosexuelle*, Paris: Champion, 1977, 19-31; Lambert C. Porter, «La Farce et la Sotie», *Zeitschrift für Romanische Philologie*, LXXV (1969), 89-123; Zumthor, 125-32; Knight, 78-91; Olga Dull, *Folie et Rhétorique dans la Sottie* Genève: Droz, 1994; et Charles Mazouer, *Le Théâtre français du moyen âge*, Paris: SEDES, 1999, 372-89.

[129] Pour des renseignements sur les Enfants sans souci, voir Dittman, 245-333 et Louis Petit de Juleville, *Les Comédiens en France au Moyen Age*, Paris: Cerf, 1886, 143-91. Pour une excellent discussion de la mise en scène du *Jeu du Prince des Sotz et Mere Sotte*, voir Alan Hindley, éd., *Le Jeu du Prince des Sotz et de Mere Sotte*, Paris: Champion, 2000, 45-53

[130] Voir Picot, *Recueil des Sotties*, II, 120-22, qui démontre que la plupart des personnages ne furent pas inventés par Gringore. Pour une analyse plus développée de cette sottie, voir Sherman, «The Selling of Louis XII», 245-70; Cynthia J. Brown, «Political Misrule and Popular Opinion: Double Talk and Folly in Pierre Gringore's *Jeu du Prince des Sotz*», *Le Moyen Français*, 11 (1982), 89-111; *Shaping*, 111-17; et «Patterns of Protest», 36-39; Olga Dull, «Rhetorical Paradoxes of the French Late Middle Ages: Mother Folly the Wise», *Fifteenth-Century Studies*, 22 (1996), 68-84; Hindley, 31-32, 54-55, 65-116 (notes); et Nicole Hochner, «Pierre Gringore: une satire à la solde du pouvoir?» *Fifteenth-Century Studies*, 26 (2000), 102-20.

personnages, y compris les ecclésiastiques, les nobles et l'alterégo du roi français, le Prince des Sotz. Tout en peignant un tableau critique du peuple, représenté par La Sotte Commune, l'auteur offre une justification de certaines de ses plaintes.

En se conformant au genre de la moralité polémique, celle dont le sujet est, selon Picot, la controverse religieuse[131], la *Moralité* du *Jeu du Prince des Sotz et Mere Sotte* est une pièce satirique qui met sur scène les mêmes problèmes politico-religieux soulevés dans la *Sottie*; pourtant les attaques polémiques y sont plus directes, quoique non comiques. Peuple Français ressemble à La Sotte Commune de la *Sottie*, l'Homme Obstiné est l'homologue sérieux de l'Eglise/Mère Sotte, et Ypocrisie et Symonie, conseillers de l'Homme Obstiné, remplacent Sotte Fiance et Sotte Occasion de la *Sottie*. Peuple Ytalique ne figurait pourtant pas dans la pièce précédente, pas plus que Pugnacion Divine et que les Demerites Communes, qui symbolisent la fonction didactique de la moralité, dans la mesure où elles répriment et parviennent à amender les autres personnages qui, à leur tour, exhortent le public général à s'améliorer[132]. Il est à noter que l'équivalent du roi n'apparaît pas dans la *Moralité*.

[131] Pour une discussion générale du genre de la moralité, voir Grace Frank, *The Medieval French Drama*, Oxford: Clarendon, 1954, 247-51; Werner Helmich et Jeanne Wathelet-Willem, «La Moralité: genre dramatique à redécouvrir» dans *Le Théâtre au moyen âge* (Actes du deuxième colloque de la Société Internationale pour l'Etude du Théâtre Médiéval, Alençon, 1977), éd. G. R. Muller (Québec: L'Aurore/Univers, 1981), 205-37; Alan Hindley, «Preaching and Plays: the Sermon and the Late Medieval French *Moralités*», *Le Moyen Français, 42* (1998), 71-85; Mazouer, 242-64; et Knight, 41-92, qui divise les moralités en deux catégories, à savoir les moralités personnelles et les moralités institutionnelles. Knight adopte aussi une catégorie de farces moralisées. Mais il ne traite pas du *Jeu du Prince des Sotz et Mere Sotte*. Voir aussi Emile Picot, *Les Moralités polémiques ou la controverse religieuse dans l'ancien théâtre français*, Paris, 1887; reprint Genève: Slatkine, 1970, qui distingue la moralité polémique de cinq autres catégories de moralités: la moralité mystique, la moralité satirique et facétieuse, la moralité sur les femmes, la moralité sur les enfants, la moralité historique (3).

[132] Pour une analyse plus dévelopée de cette moralité, voir Brown, *Shaping*, 117-21 et «Patterns of Protest», 32-36; Picot, *Moralités*, 23-29; Sherman, «The Selling of Louis XII», 261-70; et Hindley, éd., 55-56, 123-54 (notes).

Gringore peut avoir été influencé par quelques moralités polémiques sur des sujets similaires, à savoir la *Moralité sur le Concile de Bâle* (1433), la *Moralité sur la Pragmatique Sanction* (1445), où Ypocrisie apparaît, et le *Nouveau Monde avec l'Estrif du Pourveu et de l'Electif* (1508), où on trouve, parmi d'autres, Benefice Grant, Benefice Petit et Pere «Ceint», qui parle en italien macaronique. Quoique bien des différences existent entre la *Moralité du Jeu du Prince des Sotz et Mere Sotte* et ces prédécesseurs[133], chaque pièce met en scène une controverse politico-religieuse du passé[134].

La versification

Le nombre de syllabes. Des mille deux cent quarante-cinq vers du *Cry*, de la *Sottie*, et de la *Moralité* du *Jeu du Prince des Sotz et Mere Sotte*, la plupart, à savoir mille dix-neuf, en sont octosyllabiques; deux cent vingt-six vers sont décasyllabiques. En général, les vers décasyllabiques se divisent en deux hémistiches de quatre et six syllabes, mais quelquefois on trouve d'autres divisions[135]. Ces décasyllabes contiennent bien moins de césures épiques que de césures lyriques, conformément à la tendance observée dans l'*Obstination des Suysses*, rédigée vers la même époque (voir ci-dessous). La césure épique marque seize vers, soit 7% des vers décasyllabiques, qui font tomber le *-e* final six fois, le *-es* final neuf fois, et le *-ent* final une fois. Par contre, la césure lyrique se trouve dans quarante-neuf cas, soit 22% des vers décasyllabiques, ce qui annonce un nouveau développement dans les écrits polémiques de Gringore. Dans deux vers le *-es* muet à la césure s'élide avec le premier mot du deuxième hémistiche (*Moralité*, vv. 242, 542).

Plusieurs cas de syllabation irrégulière parsèment le *Jeu*. Dans la *Sottie*, le *-e* muet final d'un mot devant une consonne tombe

---

[133] En fait, la dynamique dans le *Concile* ressemble plutôt à celle de la *Sottie*.
[134] Voir Picot, *Moralités*, 5-10, 13-22.
[135] Quatre vers se divisent en hémistiches de six et quatre syllabes (JPC 39; JPM 13, 38, 111) et deux vers se divisent en sept et trois syllabes (JPM 45, 540).

quelquefois (vv. 380, 400, 530). La *Moralité* offre quelques exemples de ce même phénomène (vv. 2, 6). Le vers 190 de la *Moralité* est hypométrique. Le vers 320 est la seule décasyllabe de la *Sottie*, mais cette exception s'explique par le fait qu'il s'agit d'un vers tiré d'une chanson populaire. Le mot *fleau* ne compte que comme une syllabe (*Moralité*, vv. 186, 206).

Formes strophiques. Gringore exploite des formes métriques très variées et quelquefois complexes dans son *Jeu du Prince des Sotz*, ce qui suggère que le poète ne composa pas cette œuvre très hâtivement, à la différence de ses autres écrits polémiques de cette époque. Le *Cry* a la forme suivante d'une *pseudo-ballade*:

> **quatre neuvains décasyllabiques** aux rimes aabaabbcC, ddeddeecC, ffgffggcC, hhihhiicC + **un refrain de quatre vers décasyllabiques** aux rimes jkjk

Dans la *Sottie*, où presque tous les vers sont octosyllabiques, il est difficile de déterminer si le poète adopta une stratégie précise dans la composition de ses schémas métriques, mais il place de temps en temps des formes fixes au milieu des schémas de rimes plus souples. L'effet s'accorde bien avec l'échange rapide du dialogue entre les locuteurs qui partagent toujours une rime avec celui qui parle avant et après lui.

Le Premier Sot commence par **trois sixains** sur les mêmes rimes (*AabbaA, aabbaA, aabbaA*), et il s'ensuit **huit cinquains** (vv. 19-48: *acaac, cdccd*, etc.), **un sixain** (vv. 59-64: *abaabb*) suivis de **rimes paires** (vv. 64-192)[136], d'**un rondeau** (vv. 192-199: *ABaAabAB*), et des **rimes paires** (vv. 199-212). Le système de rimes que Gringore adopta pour le reste de la *Sottie* (vv. 213-662) lie toujours les différents locuteurs et adapte généralement le schéma suivant: *abbaacc ddeddee feeffgff gghffhh*, etc. Cette grande variété dans les rimes traduit sous forme métrique l'idée, fondamentale pour la sottie, que l'irrationnalité et l'instabilité dominent le monde.

---

[136] Aux vers 70-78, on trouve un pseudo-rondeau dont le schéma métrique est *Abba AccaA*.

Dans la *Moralité*, Gringore emploie des schémas de rimes plus variés que dans la *Sottie*, mais d'une manière plus rigoureuse, car l'arrivée sur la scène de chaque nouveau personnage déclenche normalement un changement métrique : tous les personnages, sauf Les Demerites Communes, annoncent leur présence sur l'estrade par une ballade (vv. 1-32, 88-121, 220-75). La *Moralité* se termine par un chant royal, une forme réservée à l'origine pour rendre hommage à la Vierge.[137] Cette stratégie métrique, caractérisée de plus par l'alternance des décasyllabes et des octosyllabes, s'harmonise bien avec la nature plus formelle, plus sérieuse et plus didactique de la moralité :

I. Le Peuple François et Le Peuple Ytalique (vv. 1-32) :
Ballade : **trois neuvains décasyllabiques**, *aabaabbcC* + Envoi, *bbcbC*

Peuple François et Peuple Ytalique (vv. 33-67)
vers décasyllabiques : *abaab bcbbc cdccd dedde efeef fgffg ghggh hihhi*

Peuple François et Peuple Ytalique (vv. 68-87)
vers octosyllabiques : *abaab bcbbc cdccd dedde*

II. L'Homme Obstiné (vv. 88-121)
Ballade : **trois dizains décasyllabiques**, *aabaabbcbC* + Envoi, *bcbC*

Peuple Ytalique, L'Homme Obstiné (vv. 122-146)
vers octosyllabiques : *aabaa bbcbb ccdcc ddedd eefee*

Peuple Ytalique, L'Homme Obstiné (vv. 147-67)
vers octosyllabiques : *Fghgg hhfhh Fijii jjfijF*

III. Pugnacion Divine (vv. 168-204)
Ballade : **trois onzains décasyllabiques**, *aabaabbcdcD* + Envoi, *cdcD*

Peuple Ytalique, L'Homme Obstiné (vv. 205-219)
vers octosyllabiques : *dedde efeef feffe*

---

[137] Voir Hindley, éd., 41-43, qui propose une répartition de vers quelque peu différente pour la *Sottie* et la *Moralité*. Voir aussi Dittmann, 165-69.

IV. Symonie & Ypocrisie (vv. 220-275)
   Double Ballade: **six huitains décasyllabiques**, *ababbcC* + 2 Envois, *bcbC*

   Symonie, Ypocrisie, Peuple François (vv. 276-315)
   vers octosyllabiques, *abaab bcbbc cdccd dedde efeef fgffg ghggh hihhi*

V. Pugnicion Divine, Peuple François, Peuple Ytalique, Ypocrisie, Symonie, L'Homme Obstiné, Les Demerites Communes (vv. 318-494)
   vers octosyllabiques dont les schémas métriques variés sont ponctués de pseudo-refrains où un personnage pose la question et un autre y répond dans les limites du vers même

   Sy ne fust? Qu'il faulce sa foy (v. 437)
   Sy n'estoit quoy? Symonie (v. 445)
   Sy n'estoit? Que ung Juif le gouverne. (v. 453)
   Se n'estoit? L'erreur de Venise. (v. 461)
   S'il n'estoit? A peché enclin. (v. 468)
   Si ce n'estoit? Ypocrisie (v. 476)

VI. Peuple François, Peuple Ytalique, Ypocrisie, Pugnicion Divine (vv. 495-543)
   Chant Royal: **cinq neuvains décasyllabiques**, *aabaabbcC*

Les rimes. Etant donné la complexité des schémas métriques, Gringore ne semble pas avoir joué beaucoup avec les rimes elles-mêmes. Il lui fallait sans doute maintenir une certaine limpidité pour que les allusions implicites faites par ses personnages puissent atteindre le public aussi clairement que possible. Les rimes les plus utilisées dans le *Jeu du Prince des Sotz et Mere Sotte* sont les suivantes : -*ance* (40), -*as* (40), -*ez* (39), -*ise* (38), -*er* (38), -*esse* (37), -*ment* (36), -*oy* (27), -*age* ou *ages* (22), -*ion* (22), -*ie* (21), -*ine* (20).

Comme dans ses œuvres précédentes, Gringore emploie souvent l'enjambement dans le *Jeu du Prince des Sotz* : on le retrouve dans 15% des vers de la *Sottie* et l'enjambement est employé dans 19% des cas dans la *Moralité*. Le poète se sert aussi des épiphonèmes, mais bien moins souvent que dans ses autres écrits. Ces proverbes se trouvent dans des refrains répétés trois fois (*Sottie*, vv. 1, 6, 12, 18; *Moralité*, vv. 9, 18, 27, 32; 178, 189, 200, 204).

LE TEXTE

Editions

Le texte complet du *Jeu du Prince des Sotz et Mere Sotte* nous est parvenu en deux éditions du XVIe siècle (*G, M*)[138]. Il existe cinq versions en facsimilé de l'édition G (*A1, A2, B, He, C*); l'une d'entre elles (*He*) n'offre que la *Moralité*. En outre, cinq éditeurs modernes ont publié des versions du texte entier ou simplement de la sottie du *Jeu du Prince des Sotz*. Etant donné que la *Farce* du *Jeu des Princes des Sotz* ne présente aucun intérêt politique, nous ne la présentons pas dans notre édition.

G (Paris, BnF Rés. Ye 1317)

Edition sur papier. Paris: [Pierre Le Dru][139], pour Pierre Gringore, s.d. [après le 23 février 1512 n. st.[140]]. 44 ff., A[8]-E[8], F[4], à 1 col. de 26 ll., in-8°, car. goth. Titre (f. 1[r]): *Le ieu du prince des sotz. Et // mere sotte*. Sous le titre, une gravure sur bois de Mère Sotte entourée de deux sots. Autour du bois la devise de Gringore (*tout par raison. raison par tout. par tout raison*). Sous le bois: *Ioue aux halles de paris le mardy // gras. Lan mil cinq cens et vnze* (Fig. 7)[141]. Au f. 1[v]: *La teneur du cry*. Le texte du *Cry* se trouve aux folios 1[v]-2[r]. Au f. 2[r]: *Fin du cry // Sensuyt la sottie*. Au f. 2[v]: *Le droit premier sot*. Le texte de la *Sottie* se trouve aux folios 2[v]-21[v]. Au f. 21[v]: *Finis // Sensuyt la moralite*. Au f. 22[r]: *La moralite*. Le texte de la *Moralité* se trouve aux folios 22[r]-35[r]. Au f. 35[r]: *Fin de la moralite*. Au f. 35[v]: *La Farce*. Le texte de la farce se trouve aux folios 35[v]-44[v]. Au f. 44[v]: *Finis // Fin du cry / sottie /*

---

[138] Pour une discussion de la popularité de cet ouvrage au XVIe siècle, voir Hindley, éd., 14-16.

[139] Hindley, éd., 13, identifie cette édition comme impression de Pierre Le Dru grâce à la gravure sur bois de Mère Sotte avec deux sots, qui orne la page de titre d'autres ouvrages de Gringore imprimés par Le Dru. Voir, par exemple, les *Folles Entreprises* de 1505.

[140] Puisque Pâques tomba le 11 avril en 1512, mardi gras, le jour de la représentation du *Jeu du Prince des Sotz et Mere Sotte*, eut lieu le 23 février.

[141] Pour une autre reproduction de cette page de titre, voir Picot, *Recueil des Sotties*, 124, et Tchémerzine, VI, 76.

moralite / et farce co(m)= // posez par Pierre gringoire dit mere sotte. & // Imprime pour iceluy.
Références: BnF *Catalogue des Imprimés*, t. 64, 787; Graesse 157; Hindley, 10-11, *BnF*; Moreau, *Inventaire*, II, 81, n° 102; Niceron, 52; Oulmont 39, n° 1; Picot 123 a; Tchémerzine, VI, 76.

A1 (Paris: Bibliothèque de l'Arsenal, 3273 (50 B.F.)
Copie manuscrite sur papier de *G* qui date du XVIIIe siècle.

A2 (Paris, Bibliothèque de l'Arsenal, 3273 (50 bis B.F.)
Copie manuscrite sur papier de *G* qui date du XVIIIe siècle.

B (Bruxelles, Bibliothèque Royale ms. 19.768)[142]
Copie manuscrite en facsimilé de *G* par le scribe Fyot au XVIIIe siècle.

C (Paris, BnF Rés. Ye 1318)
Paris: Pierre-Siméon Caron, 1801. Edition en facsimilé de *G*.
Références: Graesse, 157.
D'autres exemplaires: BnF Rés. Ye 3449; BnF 8° Z Don-594 (576); Oxford, Bodleian Douce G 137.

M (Aix-en-Provence, Bibliothèque Méjanes, Rés. D 493)
Edition sur papier. Paris: [Veuve Trepperel?][143], s. d. [vers 1513?][144]. 16ff., A⁴-D⁴ à 2 col. de 39 ll., pet. in-4°, car. goth.

---

[142] Ce facsimilé paraît être similaire à la version que Héricault et Montaiglon ont examinée à la Bibliothèque de l'Arsenal (200).

[143] Hindley, éd., 14, propose que la Veuve Trepperel aurait imprimé cette version: «Nous sommes donc portés à croire, avec Halina Lewicka, que l'imprimé de Méjanes serait de la maison de la Veuve Trepperel du temps de son association avec Jehannot, et qu'ils utilisaient les matériaux que leur avait légués Jean Trepperel, y compris le cliché copié sur celui qu'avait utilisé Pierre Le Dru dans la première édition du *Jeu*. Sans prétendre que l'édition de Méjanes soit une édition pirate, il est possible qu'elle fût publiée sans l'autorité de son auteur – aucune mention n'étant faite ici, par exemple de 'Gringore', à la différence de l'édition précédente».

[144] Jannini date cette édition «verso il 1513», sans en donner une explication. Une comparaison du vers 42 dans les versions *G* et *M* de la *Sottie* confirme

Titre: f. 1ʳ: *Le ieu du Prince // des sotz : & de me // re Sotte. Ioue // aux halles de p(ar)is le mar // dy gras. iiij.* Sous le titre, imprimé en rouge et noir, une gravure sur bois de Mère Sotte entourée de deux sots. Autour du bois la devise de Gringore (*tout par raison. raiion* [sic] *par tout. par tout raison*). Autour du titre et du bois des décorations gravées[145]. Au f. 1ᵛ se trouve le même bois. Au f. 2ʳ: *La teneur du cry.* Le texte du cry se trouve au folio 2ʳ[146]. A la fin du cry, au f. 2ʳ: *Fin du cry // Sensuyt la sottie.* Le texte de la sottie se trouve aux folios 2ʳ-8ᵛ. Au f. 8ᵛ: *Finis // Se(n)suyt la // Moralite.* Le texte de la moralité se trouve aux folios 8ᵛ-13ʳ. Au f. 13ʳ: *La farce.* Le texte de la farce se trouve aux folios 13ʳ-16ʳ. Au f. 16ʳ: *Fin du cry // sottie / moralite / et farce // du pri(n)ce des sotz et de me // re sotte nouuelleme(n)t im // prime a Paris.* Au f. 16ᵛ se trouve une gravure sur bois représentant cinq personnifications des *Folles Entreprises* de Gringore, à savoir Papelardise et Richesse qui suffoquent Devocion avec l'oreiller de Delices pendant que Foy et Charité les grondent[147].

Références: Graesse 157; Hindley 11-12, *Méj.*; Oulmont 39, n° 2; Picot 124-28, b; Tchémerzine, VI, 76b.

H (Héricault et Montaiglon)
Paris: Jannet, 1858, éditeurs Charles d'Héricault et Anatole de Montaiglon. Tome I des *Œuvres complètes de Gringore*. *Le Jeu du Prince des Sotz et Mère Sotte*: Cry, Sottie, Moralité, Farce. Le

---

que cette édition-ci fut publiée un certain temps après *G*, à un moment où les Anglais ne menaçaient plus les Français à Calais :

G Mais que font Angloys a Callais ?
M Mais que fait on au Pont Alais ?

Comparer aussi l'emploi de *vueil* à la première personne du singulier dans la version *G* et *veulx* dans la version *M* au vers 242, ce qui indique un rajeunissement de *M* par rapport à *G*. Pourtant, la forme plus ancienne s'emploie dans *M* dans bien des autres cas.

[145] Pour une reproduction de cette page de titre, voir Picot, *Recueil des Sotties*, 125, et le frontispice dans Jannini.

[146] Pour une reproduction de ce folio, voir Picot, *Recueil des Sotties*, 127.

[147] Pour une reproduction, voir Picot, *Recueil des Sotties*, 128.

texte du cry, de la sottie et de la moralité se trouve aux pages 201-269[148].

F (Fournier)
Paris, 1872; reprint New York: Burt Franklin, 1965. Editeur Edouard Fournier. *Cry et Sottie du Jeu du Prince des Sotz*. Dans *Le Théâtre français avant la Renaissance, 1450-1540 : Mystères, Moralités et Farces*, le texte du *Cry* se trouve à la page 295 et la *Sottie* occupe les pages 295-306[149].

P (Picot)
Paris, 1904; reprint New York, Johnson Reprints, 1968. Editeur Emile Picot. Tome II du *Recueil Général des Sotties*. *Sottie contre le pape Jules II par Pierre Gringore*. Le texte de la *Sottie* se trouve aux pages 132-73[150].

J (Jannini)
Milan: Cisalpino, 1957. Editeur P. A. Jannini. *La Sottie du Prince des Sotz*. Le texte du *Cry* occupe les pages 27-28 et le texte de la *Sottie* se trouve aux pages 31-75[151].

He (Helmich)
Genève: Slatkine, 1980. Editeur Werner Helmich. Tome III des *Moralités françaises: réimpression fac-similé de vingt-deux pièces allégoriques imprimées aux XVe et XVIe siècles*. La *Moralité* occupe les pages 375-401. Edition en facsimilé de *G*.

Hi (Hindley)
Paris: Champion, 2001. Editeur Alan Hindley. *Pierre Gringore: Le Jeu du Prince des Sots et de Mere Sotte*. Le texte du *Cry* se

---

[148] La version *H* se base uniquement sur *G*.
[149] L'édition de Fournier se base sur *H*.
[150] Picot offre une édition critique avec les variantes de *M*.
[151] L'édition de Jannini est basée sur *G*, mais il offre toutes les variantes de *M*, y compris celles où il ne s'agit que des différences d'orthographe.

trouve aux pages 59-61, la *Sottie* occupe les pages 65-117, la *Moralité* se trouve aux pages 123-54 et la *Farce* occupe les pages 159-84[152].

L'Etablissement du texte

Nous nous servons de la version *G* comme base de notre édition, car, étant publiée pour Gringore, elle fait plus autorité que la version *M*, qui est remplie de petites erreurs. Quand la version *G* est fautive, nous avons adopté les corrections de *M* et l'avons signalé dans les notes à la suite du texte édité. Les leçons non acceptées dans *G* ainsi que les variantes de toutes les versions (sauf celles de *M* qui relèvent de l'orthographe) sont reproduites en bas de page.

---

[152] Hindley offre une édition critique basée sur *G* avec les variantes de *M*, y compris celles où il ne s'agit que des différences d'orthographe.

LE JEU DU PRINCE DES SOTZ

La Teneur du Cry (f° 1ᵛ)

Sotz lunatiques, sotz estourdis, sotz sages,
Sotz de villes, de chasteaulx, de villages,
Sotz rassotez, sotz nÿais, sotz subtilz,
Sotz amoureux, sotz privez, sotz sauvages, 4
Sotz vieux, nouveaux, et sotz de toutes ages,
Sotz barbares, estranges et gentilz,
Sotz raisonnables, sotz pervers, sotz retifz,
Vostre Prince, sans nulles intervalles, 8
Le mardy gras jouera ses jeux aux Halles.

Sottes dames et sottes damoiselles,
Sottes vieilles, sottes jeunes, nouvelles,
Toutes sottes aymant le masculin, 12
Sottes hardies, couardes, laides, belles,
Sottes frisques, sottes doulces, rebelles,
Sottes qui veulent avoir leur picotin,
Sottes trotantes sur pavé, sur chemin, 16
Sottes rouges, mesgres, grasses et palles,
Le mardy gras jouera le Prince aux Halles.

Sotz yvrongnes, aymans les bons loppins,
Sotz qui crachent au matin jacopins, 20
Sotz qui ayment jeux, tavernes, esbatz,
Tous sotz jalloux, sotz gardans les patins,
Sotz qui chassent nuyt et jour aux congnins,
Sotz qui ayment a frequenter le bas, (f° 2ʳ) 24
Sotz qui faictes aux dames les choux gras,
Admenez y, sotz lavez et sotz salles,
Le mardy gras jouera le Prince aux Halles.

Mere Sotte semont toutes ses sottes, 28
N'y faillez pas a y venir, bigottes,

Cry : 12 *M* ayant le masculin – 26 *FH* Advenez – 28 *H* les

254   LE JEU DU PRINCE DES SOTZ ET MERE SOTTE

>   Car en secret faictes de bonnes chieres.
>   Sottes gayes, delicates, mignottes,
>   Sottes doulces qui rebrassez voz cottes,   32
>   Sottes qui estes aux hommes famillieres,
>   Sottes nourrices et sottes chamberieres,
>   Monstrer vous fault doulces et cordïales,
>   Le mardy gras jouera le Prince aux Halles.   36
>
>   Fait et donné, buvant vin a plains potz,
>   En recordant la naturelle game,
>   Par le Prince des Sotz et ses supostz;
>   Ainsi signé d'ung pet de preude femme.   40

                        Fin du Cry

                     S'ensuyt la sottie

>   Le Droit Premier Sot   (f° 2ᵛ)
>   C'est trop joué de passe passe:
>   Il ne fault plus qu'on les menace,
>   Tous les jours ilz se fortifient;
>   Ceulx qui en promesse se fient   4
>   Ne congnoissent pas la falace.
>   C'est trop joué de passe passe.
>
>   L'ung parboult et l'autre fricasse,
>   Argent entretient l'ung en grace,   8
>   Les autres flatent et pallient;
>   Mais secrettement ilz se allient,
>   Car quelq'un faulx bruvaige brasse:
>   C'est trop joué de passe passe.   12
>
>   Je voy, il suffit: on embrasse
>   Par le corps bieu, en peu d'espace.
>   Se de bien brief ilz ne supplient

---

31 *M* delicates et mignottes – 37 *G* plain – 39 *M* des supostz
Sottie: 8 *G* argeut – 11 *P* quelqu'un

LA SOTTIE   255

    Et leur faulx vouloir multiplient,   16
    Fondre les verrez comme glace :
    C'est trop joué de passe passe.

          Le .ii. Sot
    Qu'on rompe, qu'on brise, qu'on casse,
    Qu'on frappe a tort et a travers,   20
    A bref, plus n'est requis qu'on face
    Le piteux. Par Dieu je me lasse   (f° 3ʳ)
    D'ouÿr tant de propos divers.

          Le .iii. Sot
    Sotz estranges si sont couvers   24
    Et doublez durant la froidure
    Pour cuyder estre recouvers ;
    Mais ilz ont esté descouvers
    Et ont eu sentence bien dure.   28

          Le Premier
    Nostre Prince est saige ;

          Le .ii.
                   Il endure.

          Le .iii.
    Aussy il paye quant payer fault.

          Le Premier
    A Boullongne la Grasse injure
    Firent au Prince, mais, j'en jure,   32
    Pugnis furent de leur deffault.

          Le .ii.
    Tousjours ung trahistre a son sens fault ;
    Ce sont les communs vireletz.

---

25 *M* De doublez – 30 *P* il *manque* – 31 *M* Boullongne la Grosse

Le .iii.
Aussi on fist sur l'eschaffault 36
Incontinent, fust froit ou chault,
Pour tel cas des rouges colletz.

Le Premier
Tant il y a de fins varletz!

Le .ii.
Tout chascun a son prouffit tend. 40

Le .iii.
Espaignolz tendent leurs filletz.

Le Premier
Mais que font Angloys a Callais?

Le .ii.
Le plus saige rien n'y entend.

Le .iii.
Le Prince des Sotz ne pretend 44
Que donner paix a ses suppotz.

Le Premier
Pource que l'Eglise entreprent
Sur temporalité et prent,
Nous ne povons avoir repos, 48

Le .ii.
Brief, il n'y a point de propos.

Le .iii.
Plusieurs au Prince sont ingratz.

---

37 *G* Intontinent – 38 *M* de rouges – 39 *FH* des fins varletz, *P* varlez – 42 *M* Mais que fait on au Pont Alais – 46 *M* entretient – 48 *M* uvoir

LA SOTTIE

        Le Premier
En fin perdront honneur et lotz.

        Le .ii.
Et doit point le Prince des Sotz 52
Assister cy en ces jours gras?

        Le .iii. (f° 4^r)
N'ayez peur, il n'y fauldra pas;
Mais appeller fault le grant cours
Tous les seigneurs et les prelatz 56
Pour deliberer de son cas,
Car il veult tenir ses grans jours.

        Le Premier
On luy a joué de fins tours.

        Le .ii.
Il en a bien la congnoissance, 60
Mais il est sy humain tousjours:
Quant on a devers luy recours,
Jamais il ne use de vengeance.

        Le .iii.
Suppostz du Prince, en ordonnance! 64
Pas n'est saison de sommeiller.

        Le Seigneur du Pont Alletz
Il ne me fault point resveiller.
Je fais le guet de toutes pars
Sur Espaignolz et sur Lombars, 68
Qui ont mys leurs timbres folletz.

        Le Premier
En bas, Seigneur du Pont Alletz!

---

55 *JP* appeler – 58 *M* les – 61 *P* si – 70 *M* seigneurs

Le Seigneur du Pont Alletz
Garde me donne des Allemans,
Je voy ce que font les Flamens 72
Et les Anglois dedans Calletz. (f° 4ᵛ)

Le .ii.
En bas, Seigneur du Pont Alletz!

Le Seigneur du Pont Alletz
Se on fait au Prince quelque tort,
Je luy en feray le rapport: 76
L'ung suis de ses vrays sotteletz.

Le .ii.
En bas, Seigneur du Pont Alletz!
Abrege toy tost et te hastes!

Le Seigneur du Pont Alletz
Je y voys, je y voys.

Le Premier
   Prince de Nates! 80

Le Prince de Nates
Qu'ella? Qu'ella?

Le .ii.
   Seigneur de Joye!

Le Seigneur de Joye
Me vecy auprés de la proye,
Passant temps au soir et matin
Tousjours avec le femynin. 84
Vous sçavez que c'est mon usage.

Le .iii.
Cela vient de honneste courage.

---

86 *M* couraig

LA SOTTIE

        Le Prince de Nates
Mainte belle d'amy matee   (f° 5ʳ)
J'ay souvent en chambre natee,   88
Sans luy demander, «Que fais tu»?

        Le Premier
Vela bien congné le festu.

        Le Seigneur de Joye
Nopces, convis, festes, bancquetz,
Beau babil et joyeulx caquetz   92
Fais aux dames, je m'y employe.

        Le .ii.
C'est tresbien fait, Seigneur de Joye.

        Le Seigneur de Joye
Fy de desplaisir, de tristesse!
Je ne demande que lÿesse;   96
Tousjours suis plaisant, ou que soye.

        Le .iii.
Venez acoup, Seigneur de Joye!
Prince de Nates, tost en place!

        Le Prince de Nates
Je m'y en voys en peu d'espace,   100
Car j'entens que le Prince y vient.

        Le Seigneur de Joye
Joyeuseté faire convient
En ces jours gras, c'est l'ordinaire.

        Le General d'Enfance
Quoy? Voulez vous voz esbatz faire   104
Sans moy? Je suis de l'alïance.   (f° 5ᵛ)

---

90 *FH* congne – 99 *M* Princes

Le Premier
Approchez, General d'Enfance,
Appaisé serez d'ung hochet.

Le General
Hon hon, men men, pa pa, tetet,   108
Du lo lo, au cheval fondu.

Le .ii.
Par Dieu, vela bien respondu
En enfant.

Le .iii.
Descendez tost, tost,
Vous aurez ung morceau de rost   112
Ou une belle pomme cuyte.
Le Prince, devant qu'il anuyte,
Se rendra icy, General.

Le General
Je m'y en voys. Ça, mon cheval,   116
Mon moulinet, ma hallebarde!
Il n'est pas saison que je tarde;
Je y voys sans houzeaulx et sans bottes.

Le Seigneur du Plat
Honneur par tout! Dieu gard mes hostes!   120
En vecy belle compaignie.
Je croy, par la Vierge Marie,
Que j'en ay plusieurs hebergez.

Le Premier   (f° 6ʳ)
Entre vous qui estes logez   124
Au Plat d'Argent, faictes hommage
A vostre hoste. Il a de usaige
De loger tous les souffreteux.

---

112 *P* un – 117 *M* mouliuet – 125 *F* hommaige – 126 *P* en usaige

LA SOTTIE

     Le Seigneur du Plat
Pipeux, joueux et hazardeux,   128
Et gens qui ne veullent rien faire
Tiennent avec moy ordinaire,
Et Dieu scet comme je les traicte :
L'ung au lict, l'autre a la couchette.   132
Il y en vient ung si grant tas
Aucunesfois, n'en doubtez pas,
Par Dieu, que ne les sçay ou mettre.

     Le .ii.
Descendez, car il vous fault estre   136
Au conseil du Prince.

     Le Seigneur du Plat
         Fiät!
Puis qu'il veult tenir son estat,
Je y assisteray voulentiers.

     Le Seigneur de la Lune
Je y doy estre tout des premiers,   140
Quelque chose qu'on en babille ;
S'on fait quelque chose subtille,
Je congnois bien se elle repugne.

     Le .iii.   (f° 6ᵛ)
Mignons qui tenez de la Lune,   144
Faictes luy hardiment honneur.
C'est vostre naturel seigneur ;
Pour luy devez tenir la main.

     Le Seigneur de la Lune
Je suis hatif, je suis souldain,   148
Inconstant, prompt et varïable,
Liger d'esperit, fort varïable ;
Plusieurs ne le treuvent pas bon.

---

128 *M* joyeux – 137 *P* conseil de prince – 145 *M* hardimeut – 146 *G* seigneur, *M* seignenr – 149 *M* muable – 150 *M* esperit et fort, *P* esprit – 151 *M* trouuetn

Le Premier
Quant la lune est dessus Bourbon, 152
S'il y a quelq'un en dangier,
C'est assez pour le vendengier.
Entendez vous pas bien le terme?

Le Seigneur de la Lune
L'ung enclos, l'autre je defferme, 156
Se fais ennuyt appoinctement,
Je le rompray souldainement
Devant qu'il soit trois jours passez.

Le .ii.
Seigneur de la Lune, pensez 160
Que nous congnoissons vostre cas.

Le Seigneur de la Lune *Il descend.*
Le Prince des Sotz ses estatz
Veult tenir. Je m'y en voys rendre.

L'Abbé de Frevaulx (f⁰ 7ʳ)
Comment? Voulez vous entreprendre 164
A faire sans moy cas nouveaulx?
Ha! por Dieu!

Le .iii.
Abbé de Frevaulx,
Je vous prie que ame ne se cource.

L'Abbé de Plate Bource
Ha! ha! 168

Le Premier
Abbé de Plate Bource,
Abregez vous, vers nous venez.

L'Abbé de Plate Bource
Je viens de enluminer mon nez,
Non pas de ces vins vers nouveaulx.

---

153 *P* quelqu'un – 165 *P* nouveaux – 166 *M* par Dicu

LA SOTTIE

        Le .ii.
Ça! ça! Plate Bource et Frevaulx,   172
Venez avec la seigneurie;
Car je croy, par saincte Marie,
Qu'il y aura compaignie grosse.

      L'Abbé de Frevaulx
Je m'y en voys avec ma crosse   176
Et porteray ma chappe exquise,
Aussi chaulde que vent de bise.
Pour moy vous ne demourerez.

      L'Abbé de Plate Bource
Plate Bource et Frevaulx aurez   (f° 7ᵛ) 180
Tout maintenant, n'ayez soucy.

        Le .iii.
Plat d'Argent!

      Le Seigneur du Plat
         Holla! me vecy
Bien empesché, n'en doubtez point,
Car je metz le logis a point   184
De ces seigneurs et ces prelatz.
Tout en est tantost hault et bas
Quasi plain.

        Le Premier
      Le Prince des Sotz
A voulu et veult ses suppostz   188
Traicter ainsi qu'il appartient.

      Le Seigneur du Plat
Mot, mot! Le vecy ou il vient.
Prenez bon courage, mes hostes.

      Le Prince des Sotz
Honneur, Dieu gard les sotz et sottes!   192
Benedicite, que j'en voy!

172 *P* Or ça – 179 *M* demourrez (-1)

    Le Seigneur de Gayecte
Ilz sont par troppeaulx et par bottes.

    Le Prince des Sotz
Honneur, Dieu gard les sotz et sottes!

    Le Seigneur de Gayecte
Arriere, bigotz et bigottes.   (f⁰ 8ʳ) 196
Nous n'en voulons point par ma foy.

    Le Prince
Honneur, Dieu gard les sotz et sottes!
Benedicite, que j'en voy!
J'ay tousjours Gayecte avec moy,   200
Comme mon cher filz tresaymé

    Gayecte
Prince, par sur tous estimé,
Non obstant que vous soyez vieulx,
Tousjours estes gay et joyeulx   204
En despit de voz ennemys,
Et croy que Dieu vous a transmys
Pour pugnir meffaitz execrables.

    Le Prince
J'ay veu des choses merveillables   208
En mon temps.

    Le Premier
      Tresredoubté Prince,
Qui entretenez la Province
Des Sotz en paix et en silence,
Voz suppostz vous font reverence.   212

    Le .ii.
Vecy voz subgectz, voz vassaulx
Deliberez de vous complaire,

202 *FHM* sus

LA SOTTIE

265

Et a qui que en vueille desplaire
Aujourd'huy diront motz nouveaulx.   (f° 8ᵛ)   216

        Le .iii.
Voz princes, seigneurs et vassaulx
Ont fait une grande assemblee;
Pourveu qu'elle ne soit troublee,
A les veoir vous prendrez soullas.   220

        Le Premier
Voz prelatz ne sont point ingratz,
Quelque chose qu'on en babille;
Ilz ont fait durant les jours gras
Bancquetz, bignetz, et telz fatras   224
Aux mignonnes de ceste ville.

        Le Prince de Nates
Ou est l'abbé de la Courtille?
Qu'il vienne sur peine d'amende.

        Gayecte
Je cuyde qu'il est au Concille.   228

        Le .ii.
Peult estre, car il est habille
Respondre a ce qu'on luy demande.

        L'Abbé de Plate Bource
Je vueil bien que chascun entende,
Et qui vouldra courcer s'en cource   232
Que tiens La Courtille en commande.

        Le .iii.
Le corps bieu, c'est autre viande.

---

218 *M* grant – 223 *M* ces jours – 225 *M* mignottes – 228a *MP* le .ii. – 230 *G* resppndre

L'Abbé de Plate Bource

Au moins les deniers en enbource.
Je suis Abbé de Plate Bource 236
Et de la Courtille.

Le Premier
Nota.

L'Abbé de Plate Bource

Je courus plus tost que la cource
En poste.

Le Prince
Raison pourquoy?

L'Abbé de Plate Bource
Pource
Tel n'est mort qui ressucita. 240

Gayecte
Et ou est Frevaulx?

L'Abbe de Frevaulx
Me vella!
Par devant vous vueil comparestre.
J'ay despendu, notez cela,
Et mengé par cy et par la 244
Tout le revenu de mon cloistre.

Le Prince
Voz moynes?

L'Abbé
Et ilz doivent estre
Par les champs pour se pourchasser.
Bien souvent quant cuident repaistre, 248
Ilz ne sçayvent les dens ou mettre,
Et sans soupper s'en vont coucher.

235 *H* embource – 242 *M* veulx – 246 *P* moines – 247 *M* eulx pourchasser

LA SOTTIE

        Gayecte
Et sainct Liger, nostre amy cher,
Veult il laisser ses prelatz dignes?   252

        Le .ii.
Quelque part va le temps passer,
Car mieulx se congnoist a chasser
Qu'il ne fait a dire matines.

        Le .iii.
Vos prelatz font ung tas de mynes,   256
Ainsi que moynes regulliers.
Mais souvent dessoubz les courtines
Ont creätures femynines
En lieu d'heures et de psaultiers.   260

        Le Premier
Tant de prelatz irreguliers!

        Le .ii.
Mais tant de moynes apostatz!

        Le .iii.
L'Eglise a de maulvais pilliers.

        Le Premier
Il y a ung grant tas d'asniers   264
Qui ont benefices a tas.

        La Sotte Commune   (f° 10ʳ)
Par Dieu, je ne m'en tairay pas!
Je voy que chascun se desrune,
On descrye florins et ducatz.   268
J'en parleray, cela repugne.

        Le Prince
Qui parle?

260 *P* psautiers

Gayecte
La Sotte Commune.

La Sotte Commune
Et que ay je a faire de la guerre
Ne que a la chaire de sainct Pierre   272
Soit assis ung fol ou ung saige?
Que m'en chault il se l'Eglise erre,
Mais que paix soit en ceste terre?
Jamais il ne vint bien d'oultraige.   276
Je suis asseur en mon village;
Quant je vueil, je souppe et desjeune.

Le Prince
Qui parle?

Le Premier Sot
La Sotte Commune.

La Commune
Tant d'allees et tant de venues,   280
Tant d'entreprises incongnues,
Appoinctemens rompuz, cassez,
Traysons secretes et congnues.   (f° 10ᵛ)
Mourir de fievres continues,   284
Bruvaiges et boucons brassez,
Blancz scellez en secret passez;
Faire feux, et puis veoir rancune.

Le Prince
Qui parle?

La Commune
La Sotte Commune.   288
Regardez moy bien hardiment.
Je parle sans sçavoir comment,

279a *M* Sot *manque* – 283 *GHiM* incongnues – 285 *M* Bruvaiges et boissons – 286 *FJ* Blancs – 288a *G* La Sotte, *M* La Sotte Commune

LA SOTTIE 269

A cella suis acoustumee.
Mais a parler realement, 292
Ainsy qu'on dit communement,
Jamais ne fut feu sans fumee
Aucuns ont la guerre enflamee,
Qui doivent redoubter Fortune. 296

Le Prince
Qui parle?

La Sotte
La Sotte Commune.

Le Premier Sot
La Sotte Commune, aprochez.

Le Second Sot
Qu'i a il? Qu'esse que cerchez?

La Commune (f° 11ʳ)
Par mon ame, je n'en sçay rien. 300
Je voy les plus grans empeschez,
Et les autres se sont cachez.
Dieu vueille que tout vienne a bien.
Chascun n'a pas ce qui est sien; 304
D'affaires d'aultruy on se mesle.

Le .iii.
Tousjours La Commune grumelle.

Le Premier
Commune, de quoy parles tu?

Le .ii.
Le Prince est remply de vertu. 308

---

295 *M* enflambee – 296 *P* doibvent – 297a *M* La Sotte Commune – 299 *M* Qu'est ce que – 303 *M* a *manque*

Le .iii.
Tu n'as ne guerre ne bataille.

Le Premier
L'orgueil des sotz a abatu.

Le .ii.
Il a selon droit combatu.

Le .iii.
Mesmement a mys au bas taille. 312

Le Premier
Te vient on rober ta poulaille?

Le .ii.
Tu es en paix en ta maison.

Le .iii. (f° 11ᵛ)
Justice te preste l'oreille.

Le Premier
Tu as des biens tant que merveille, 316
Dont tu peux faire garnison.

Le .ii.
Je ne sçay pour quelle achoison
A grumeller on te conseille.

La Commune *chante*
Faulte d'argent, c'est douleur non pareille. 320

Le .ii.
La Commune grumelera
Sans cesser, et se meslera
De parler a tort, a travers.

---

311 *M* selon son droit (+1) – 311a *M* Le tiers – 313a *M* Le second – 314a *M* Le tiers – 316 *M* plus que – 320a *M* Le .iii. – 323 *M* tort et travers

LA SOTTIE

La Commune
Ennuyt la chose me plaira,
Et demain il m'en desplaira.
J'ay propos müables, divers;
Les ungz regardent de travers
Le Prince, je les voy venir.
Par quoy fault avoir yeulx ouvers,
Car scismes orribles, pervers
Vous verrez de brief advenir.

Gayecte
La Commune ne sçait tenir
Sa langue.

Le .iii.
N'y prenez point garde;
A ce qu'elle dit ne regarde.

La Mere Sotte habillee par des-
soubz en Mere Sotte et par dessus
son habit ainsi comme l'Eglise.

La Mere Sotte
Sy le dyable y devoit courir
Et deussay je de mort mourir,
Ainsi que Abiron et Datan,
Ou dampné avecques Sathan,
Sy me viendront ilz secourir.
Je feray chascun acourir
Aprés moy et me requerir
Pardon et mercy a ma guise.
Le temporel vueil acquerir
Et faire mon renom florir.
Ha! brief, vela mon entreprise.
Je me dis Mere Saincte Eglise,

---

326 *M* muable – 333 *M* Sa legende (+1) – 334d *FHP* La Mere Sotte *manque* – 339 *M* secouri

Je vueil bien que chascun le note.
Je maulditz, anatematise, 348
Mais soubz l'habit, pour ma devise,
Porte l'habit de Mere Sotte.
Bien sçay qu'on dit que je radotte
Et que suis fol en ma vieillesse. 352
Mais grumeler vueil a ma poste,
Mon filz le Prince, en telle sorte (f° 12ᵛ)
Qu'il diminue sa noblesse.
Sotte Fiance!

   Sotte Fiance
    La haultesse 356
De vostre regnom florira.

   La Mere Sotte
Il ne fault pas que je delaisse
L'entreprisë, ains que je cesse,
Cent foys l'heure on en mauldira. 360

   Sotte Occasion
Qui esse qui contredira
Vostre saincte discretïon?
Tout aussi tost qu'on me verra
Avec vous, on vous aydëra 364
A faire vostre intencïon.

   La Mere Sotte
Ça, ça, ma Sotte Occasïon.
Sans vous ne puis faire mon cas.

   Sotte Occasion
Pour toute resolutïon 368
Je trouveray inventïon
De mutiner princes, prelatz.

---

358 *FH* faut – 361 *M* Qui est ce – 366 *P* Or ça

LA SOTTIE 273

        Sotte Fiance
Je promettray escus, ducatz,
Mais qu'ilz soyent de vostre aliance.   372

           La Mere Sotte   (f⁰ 13ʳ)
Vous dictes bien, Sotte Fiance.

        Sotte Fiance
On dit que n'avez point de honte
De rompre vostre foy promise.

        Sotte Occasion
Ingratitude vous surmonte;   376
De promesse ne tenez compte
Non plus que bourciers de Venise.

        Mere Sotte
Mon medecin juif prophetise
Que soye perverse, et que bon est.   380

        Sotte Fiance
Et qui est il?

        Mere Sotte
        Maistre Bonnet.

        Sotte Occasion
Nostre mere, il est deffendu
En droit par juif se gouverner.

        Sotte Fiance
Ainsi comme j'ay entendu,   384
Tout sera congnu en temps deu;
Il y a bien a discerner.

        Mere Sotte
Doit autre que moy dominer?

373 *M* Vous dictes vray – 382 *P* est il – 385 *P* du

Sotte Fiance
On dit que errez contre la loy. (f° 13ᵛ) 388

Mere Sotte
J'ay Occasion quant et moy.

Occasion
Nostre Mere, je vous diray,
Voulentiers je vous serviray
Sans qu'il en soit plus repliqué. 392

Mere Sotte
Aussy tost que je cesseray
D'estre perverse, je mourray;
Il est ainsi pronosticqué.

Sotte Fiance
Vous avez tresbien allegué; 396
Ne le mectray en oublïance.

La Mere
J'ay avec moy Sotte Fïance.

Occasion
Qu'est la Bonne Foy devenue,
Vostre vraye sotte principalle? 400

La Mere Sotte
Par moy n'est plus entretenue,
El est maintenant incongnue;
Au temps present on la ravalle.

Sotte Fiance
Sy l'ay je veu juste et loyalle 404
Autreffois jouer en ce lieu.

388a *M* La Mere Sotte – 389a *M* Sotte Occasion – 395 *P* pronostiqué – 395a *G* Fiance *manque* – 398a *M* Sotte Occasion – 402 *P* Et – 405 *FH* autresfois

LA SOTTIE

       La Mere Sotte (f° 14ʳ)
La Bonne Foy, c'est le viel jeu.

       Occasion
Vostre filz, le Prince des Sotz,
De bon cueur vous honnore et prise. 408

       La Mere
Je veuil qu'on die a tous propos,
Affin que acquiere bruyt et lotz,
Que je suis Mere Saincte Eglise.
Suis je pas en la chaire assise? 412
Nuyt et jour y repose et dors.

       Sotte Fiance
Gardez d'en estre mise hors.

       La Mere Sotte
Que mes prelatz viennent icy!
Amenez moy les principaulx. 416

       Occasion
Ilz sont tous prestz, n'ayez soulcy,
Et deliberez, Dieu mercy,
Vous servir comme voz vassaulx.

       Sotte Fiance
Croulecu, Sainct Liger, Frevaulx! 420
Ça, La Courtille et Plate Bource!
Venez tost icy a grant cource!

       Plate Bource
Nostre Mere!

       Frevaulx (f° 14ᵛ)
       Nostre asottee!

---

406 *FHJ* vieil – 408 *P* honore – 408a *M* Mere Sotte – 412 *P* chair – 414a *M* Mere Sotte – 419 *P* vos – 422a *M* L'abbé de Plate Bource

Croulecu

Nostre suport, nostre soullas! 424

Plat Bource

Par Dieu, vous serez confortee,
Et de nuyt et jour supportee
Par voz vrays suppostz, les prelatz.

Mere Sotte

Or je vous diray tout le cas: 428
Mon filz la temporalité
Entretient, je n'en doubte pas.
Mais je vueil, par fas ou nephas,
Avoir sur luy l'auctourité. 432
De l'espiritüalité
Je joüys, ainsy qu'il me semble.
Tous les deux vueil mesler ensemble.

Sotte Fiance

Les princes y contrediront. 436

Sotte Occasion

Jamais ilz ne consentiront
Que gouvernez le temporel.

La Mere

Veuillent ou non, ilz le feront,
Ou grande guerre a moy auront, 440
Tant qu'on ne vit onc debat tel.

Plate Bource (f° 15ʳ)

Mais gardons l'espiritüel;
Du temporel ne nous meslons.

La Mere Sotte

Du temporel joüyr voullons. 444

---

426 *M* et de jour (+1) – 427 *P* vos – 432 *P* auctorité – 438 *G* tempprel – 438a *M* Mere Sotte – 439 *M* non il sera tel

LA SOTTIE

        Sotte Fiance
La Mere Sotte vous fera
Des biens, entendez la substance.

         Frevaux
Comment?

        Sotte Fiance
    El vous dispencera
De faire ce qu'il vous plaira,
Mais que tenez son alïance.

         Croulecu
Qui le dit?

        Sotte Ocasion
    C'est Sotte Fiance:
Je suis de son oppinion.
Gouvernez vous a ma plaisance;
Contente suis mener la dance,
Je qui suis Sotte Occasïon.

         Mere Sotte
Il sera de nous mencïon
A jamais, mes suppotz feäulx,
Se faictes mon intencïon.
Vous aurez en conclusïon
Largement de rouges chappeaulx.

        Plate Bource
Je ne me congnois aux assaulx.

      La Mere Sotte
Frappez de crosses et de croix.

        Plate Bource
Qu'en dis tu, Abbé de Frevaulx?

448

452

456

(f° 15ᵛ)

460

---

446 *M* biins – 447 *M* Elle (+1) – 450 *M* Ceste – 454 *G* Accasion – 455-57 *P Ces trois vers manquent* – 461 *M* frappes – 461a *M* L'abbé de Plate Bource

Frevaulx
Nous serons trestous cardinaulx,
Je l'entens bien a ceste fois. 464

Croulecu
On y donne des coups de fouetz,
Et je enrage quant on me oppresse.

Mere Sotte
Mes suppotz et amys parfaitz,
Je sçay et congnois que je fais. 468
De en plus deviser, c'est simplesse.
Je voys par devers la noblesse
Des princes.

Plate Bource
    Allez, nostre Mere,
Parachevez vostre mistere. 472

Mere Sotte
Princes et seigneurs renommez,
En toutes provinces clamez,
Vers vous viens pour aucune cause. (f° 16ʳ)

Le Seigneur du Pont Alletz
Nostre Mere, dictes la clause. 476

La Mere Sotte
Soustenir vueil en consequence
Devant vous, mes gentilz suppotz,
Que doy avoir preëminence
Par dessus le Prince des Sotz. 480
Mes vrays enfans et mes dorlotz,
Allïez vous avecques moy.

Le Seigneur de Joye
J'ay au Prince promis ma foy:
Servir le vueil, il est ainsi, 484

462a *M* L'Abbé de Frevaulx – 466a *M* La Mere Sotte – 467 *G* amy, *P* parfaictz – 471a *M* L'abbé de Plate Bource – 476a *M* Mere Sotte – 479 *M* Que ne doy avoir preminence – 481 *M* et mes droitz (-1) – 483 *M* fay – 484 *M* vuele

LA SOTTIE   279

        Le Seigneur du Plat
Je suis son subgect.

        Le Prince de Nates
                Moy aussi.

        Le General d'Enfance
Je seray de son alïance.

        Le Seigneur de la Lune
Nostre Mere, j'ay esperance
Vous aider, s'il vous semble bon.   488

        Le Seigneur de Pont Alletz
Vella la Lune, sans doubtance,
Qui est varïable en sustance,
Comme le pourpoint Jehan Gippon.

        La Mere Sote   (f° 16ᵛ)
Serez vous des miens?

        Le Seigneur de Joye
                Nenny, non.   492
Nous tiendrons nostre foy promise.

        La Mere Sotte
Je suis la Mere Saincte Eglise.

        Le Seigneur du Plat
Vous ferez ce qui vous plaira,
Mais nul de nous ne se faindra   496
Sa foy, je le dis franc et nect.

        Le Prince de Nates
Le Prince nous gouvernera.

488a *M* La Mere Sotte – 490 *P* substance – 491a *M* La Mere Sote *manque* – 492a *M* Joyie – 493 *G* Nons – 494 *M* Mere de Saincte – 495 *M* ce qu'il – 497 *P* net

Le Seigneur du Pont Alletz
De fait on luy obeïra;
Son bon vouloir chacun congnoist. 500

Le General
Je porteray mon moulinet,
S'il convient que nous bataillons,
Pour combatre les papillons.

Sotte Fiance
La Mere vous fera des biens 504
Si vous voullez estre des siens;
Par elle aurez de grans gardons.

Le Seigneur de Joye
Comment?

Sotte Fiance (f° 17ʳ)
El trouvera moyens
Vous deslÿer de tous lÿens, 508
Et vous assouldra par pardons.

Le Seigneur de la Lune
Elle nous promet de beaulx dons,
Se voullons faire a sa plaisance.

Le Seigneur du Plat
Voire, mais c'est folle fiance. 512

Sotte Occasion
Nostre Mere, pour bien entendre,
Doit sur tous les sotz entreprendre;
Vela ou il fault regarder.
Se le Prince ne luy veult rendre 516
Tout en sa main, on peult comprendre
Qu'el vouldra oultre proceder.

498a *G* Alles – 505 *M* des *manque* – 507 *M* Elle – 510 *P* nout – 512 *M* ceste Folle Fiance – 517 *M* conprendre – 518 *P* voudra

Et qui n'y vouldra conceder,
On congnoistra l'abusïon. 520

    Le Seigneur du Pont Alletz
Vela pas Sotte Occasïon?

    Le Seigneur de Joye
Qu'en dis tu?

    Le Seigneur [du Pont Alletz]
    Je tiendray ma foy.

    Le General
En effect, sy feray je moy.

    Le Prince de Nates   (f° 17ᵛ)
Au Prince je ne fauldray point. 524

    La Lune
En effect, a ce que je voy,
Ma Mere, obeÿr je vous doy;
Servir vous vueil de point en point.

    La Mere
Je voys mettre mon cas a point, 528
Je le vous prometz et afferme.

    Le Seigneur du Plat
Et dea! quelle mousche la point?

    Le Seigneur du Pont Alletz
Je n'entens pas ce contrepoint:
Nostre Mere devient gendarme. 532

    La Mere Sotte
Prelatz, debout! Alarme! Alarme!

---

519 *M* qui ne vouldra – 523 *P* effet – 525 *P* effet – 526 *M* day – 530 *M* le – 533 *G* Prleatz

Habandonnez eglise, autel!
Chascun de vous se treuve ferme!

   L'Abbé de Frevaulx
Et vecy ung terrible terme!   536

   L'Abbé de Plate Bource
Jamais on ne vit ung cas tel!

   Croulecu
En cela n'y a point d'appel,
Puis que c'est vostre oppinïon.

   Sotte Occasion
El veult que l'espiritüel   (f° 18ʳ) 540
Face la guere au temporel,
Et par vous, Sotte Occasïon.

   Le Premier Sot
Il y a combinacïon
Bien terrible dessus les champs.   544

   Le .ii. Sot
L'Eglise prent discentïon
Aux seigneurs.

   Le .iii.
   La divisïon
Fera chanter de piteux chans.

   La Commune
Bourgois, laboureurs et marchans   548
Ont eu bien terrible fortune.

   Le Prince
Que veulx tu dire, La Commune?

---

537 *M* veit – 540 *M* Et – 542 *FH* par nous – 547 *P* piteus – 548 *P* bourgeois

LA SOTTIE

      La Commune
Affin que le vray en devise,
Les marchans et gens de mestier   552
N'ont plus rien; tout va a l'Eglise.
Tous les jours mon bien amenuyse,
Point n'eusse de cela mestier.

      Le Premier
Se aucuns vont oblique sentier,   556
Le Prince ne le fait pas faire,

      La Commune   (f° 18ᵛ)
Non, non, il est de bon affaire.

      Le .ii.
Tu parles d'ung tas de fatras,
Dont ne es requise ne priee.   560

      La Commune
Mon oye avoit deux doigs de gras,
Que cuydoye vendre en ces jours gras,
Mais, par Dieu, on l'a descryee.

      Le .iii.
Et puis?

      La Commune
    Je m'en treuve oultragee,   564
Mais je n'en ose dire mot.
Non obstant qu'el soit vendengee,
Je croy qu'el ne sera mangee
Sans qu'on boyve de ce vinot.   568

      Le Premier Sot
Tu dis tousjours quelque mot sot.

      Le .iii.
El a assez acoustumé.

---

564 *P* puys, *G* oultragé – 568a *M* Sot *manque* – 570 *M* Elle

La Commune

Je dis tout, ne m'en chault se on m'ot :
En fin je paye tousjours l'escot, 572
J'en ay le cerveau tout fumé,
Le dyable ait part au coq plumé,
Mon oye en a perdu son bruyt, (f° 19ʳ)
Le feu si chault a allumé 576
Aprés que a le pot escumé,
Il en eust la süeur de nuyt.
Le merle chanta, c'estoit bruyt
Que de l'ouÿr en ce repaire. 580
Bon oeil avoit pour sauf conduyt ;
Quant ilz eurent fait leur deduyt,
Ilz le firent signer au pere.

Le .iii.

Nous entendons bien ce mistere. 584
Je vous prie, parlons d'aultre cas ;
Le Prince n'y contredit pas.

La Mere Sotte

Que l'assault aux princes on donne,
Car je vueil bruit et gloire acquerre, 588
Et y estre en propre personne !
Abregez vous sans plus enquerre.

Le Seigneur du Pont Alletz

L'Eglise nous veult faire guerre,
Soubz umbre de paix nous surprendre. 592

Le Seigneur du Plat

Il est permys de nous deffendre :
Le droit le dit, se on nous assault.

La Mere Sotte

A l'assault, prelatz, a l'assault !

---

574 *GHiJ* y ait (+1) – 578 *GH* le sueur, *P* les sueurs – 584 *FH* mystere – 592 *F* Soumbz

LA SOTTIE

Icy se fait une bataille de Pre=   (f° 19ᵛ)
latz et Princes.

Le Premier Sot
L'Eglise voz supposz tourmente   596
Bien asprement, je vous prometz,
Par une fureur vehemente.

La Commune
En effect, point ne m'en contente ;
J'en ay de divers entremetz.   600

Le Prince
A ce qu'elle veult, me submetz.

Le .iii.
Vous faire guerre veult pretendre.

Le Prince
Je ne luy demande que paix.

Gayecte
A faire paix ne veult entendre.   604

Le .iii.
Prince, vous vous povez deffendre
Justement, canoniquement.

La Commune
Je ne puis pas cecy comprendre :
Que la mere son enfant tendre   608
Traicte ainsi rigoureusement.

Le Prince
Esse l'Eglise proprement ?

La Commune   (f° 20ʳ)
Je ne sçay, mais elle radotte.

---

599 *FP* effet – 605 *FH* pouvez – 606 *P* canonicquement – 611 *H* radote, *J* Je en sçay

Le Prince
Pour en parler reällement, 612
D'Eglise porte vestement;
Je vueil bien que chascun le notte.

Le .ii.
Gouverner vous veult a sa poste.

Le .iii.
El ne va point la droicte voye. 616

Le Premier
Peult estre que c'est Mere Sotte
Qui d'Eglise a vestu la cotte,
Parquoy y fault qu'on y pourvoye.

Le Prince
Je vous supplye que je la voye. 620

Gayecte
C'est Mere Sotte, par ma foy!

Le Premier
L'Eglise point ne se forvoye,
Jamais, jamais ne se desvoye;
El est vertüeuse de soy. 624

La Commune
En effect, a ce que je voy,
C'est une maulvaise entreprise.

Le Prince
Conseillez moy que faire doy. (f° 20ᵛ)

Le .ii.
Mere Sotte, selon la loy, 628
Sera hors de sa chaire mise.

---

619 *M* Parquoy il fault — 624 *M* Et est — 629 *M* chaise

LA SOTTIE 287

>Le Prince
>Je ne vueil point nuyre a l'Eglise.

>Le .iii.
>Sy ne ferez vous en effect.

>Le Premier
>La Mere Sotte vous desprise. 632
>Plus ne sera en chaire assise,
>Pour le maulvais tour qu'el a fait.

>Le .ii.
>On voit que, de force et de fait,
>Son propre filz quasy regnie. 636

>Le .iii.
>Pugnir la fault de son forfait,
>Car elle fut posee de fait
>En sa chaire par symonie.

>Le Premier Sot
>Trop a fait de mutinerie 640
>Entre les princes et prelatz.

>La Commune
>Et j'en suis, par saincte Marie,
>Tant plaine de melencolie
>Que n'ay plus escuz ne ducas. 644

>Le .ii.
>Tays toy, Commune, parle bas. (f° 21ʳ)

>La Commune
>D'ou vient ceste division ?

>Le .iii.
>Cause n'a faire telz debatz.

---

633 *M* chaise – 634 *M* qu'elle – 639a *M* Sot *manque* – 646 *FH* cette

Le Premier
A mal faire prent ses esbatz. 648

Le .ii.
Voire, par Sotte Occasïon.

Le .iii.
S'elle promet, c'est fixïon,
N'en faictes aucune ygnorance.

Le Premier
Avec elle est Sotte Fïance. 652

Le .ii.
Conclüons ainsi qu'on devise.

La Sotte Commune
Affin que chascun le cas notte:
Ce n'est pas Mere Saincte Eglise
Qui nous fait guerre sans fainctise, 656
Ce n'est que nostre Mere Sotte.

Le .iii.
Nous congnoissons qu'elle radotte
D'avoir aux sotz discentïon.

Le Premier
El treuve Sotte Occasïon, (f° 21ᵛ) 660
Qui la conduit a sa plaisance.

Le .ii.
Conclüons:
Le .iii.
C'est Sotte Fïance.

---

658 *FH* radote

La Moralité (f° 22ʳ)

Le Peuple François
Je suis en paix, ame ne me travaille,
Competamment je paye subside et taille;
J'ay des vivres, la mercy Dieu, assez;
Et s'il y a discord, noise, bataille,   4
C'est loing de moy. Mais il fault que je baille,
Sans que aye sommeil, mes motz bien compassez.
Brief, les plus grans en sont interessez,
Et les petitz n'ont plus or ne monnoye: 8
Tousjours en fin vient ung cop qui tout paye.

Le Peuple Ytalique
Incessamment suis dessus la muraille;
Quant je cuyde repaistre, il fault que saille
Hors ma maison: mes membres sont lassez.   12
Je ne suis point ung jour sans que on me assaille,
En mon fouyer je couche sur la paille,
Mes biens mondains sont rompuz et cassez.
Grans et petis sont tant interessez   16
Qu'ilz n'ont plaisir, repos, soullas ne joye:
Tousjours en fin vient ung cop qui tout paye.

Le Peuple François
J'ay peu de biens, et sy encor me raille.
De servir Dieu cuydez vous qu'il m'en chaille;   20
Je fais des maulx, biens sont par moy laissez,   (f° 22ᵛ)
J'ay tousjours peur que le bien ne me faille.
Argent et or je porte a la mitaille,
Les escuz sont descendus, abaissez,   24
Mais ceulx qui ont tous ces brouetz brassez,
Je les mauldiz juc au cueur et au foye:
Tousjours en fin vient ung cop qui tout paye.

---

2 *M* subdite – 5 *H* loin – 6 *M* opassez – 11 *Hi* te –18 *H* un – 19 *H* si – 23 *H* se porte à la muaille, *Hi* muaille – 25 *M* broetz

>   Peuple Ytalique
> Prins ce, notez que sommes desprisez,   28
> Injurïez, menassez et tencez,
> Batuz, navrez en maisons, champs et voye.
> Le temps passé avons esté rusez :
> Tousjours en fin vient ung cop qui tout paye.   32
>
>   Le Peuple François
> Je pers mon temps, plus rien je ne pratique,
> D'amasser biens je suis en grant soucy.
>
>   Le Peuple Ytalique
> Tu n'as cause d'estre melencolique,
> Peuple François.
>
>   Peuple François
>   Qu'esse, Peuple Ytalique ?   36
>
>   Peuple Ytalique
> Tu as le temps.
>
>   Peuple François
>   Tu as l'argent aussi.
> Se je amasse des biens, il est ainsi
> Qu'on te porte mon argent, ma sustance.   (f° 23ʳ)
>
>   Peuple Ytalique
> Tu es traicté humainement icy ;   40
> Et moy, je suis quasi mort et transsy,
> Car tant soit peu ne vis en asseurance.
>
>   Peuple François
> Il est certain que mangeus ma pitance
> En paix, sans bruit. Se on vient en ma maison   44
> Pour me faire desplaisir, sans doubtance,
> Incontinent la justice se avance
> De m'en faire le droit et la raison.

32a M Le *manque* – 37 G Tu a

LA MORALITÉ   291

       Peuple Ytalique
J'ay gens d'armes qui sont en garnison   48
En mon hostel, je n'en suis pas le maistre,
Souvent n'y a ne ryme ne raison.
Il court pour moy si maulvaise saison
Que ne me sçay ou heberger et mettre.   52
Peuple François, tu te plains. Vueilles estre
Contend de Dieu ; tu as prince et seigneur,
Lequel se fait craindre, doubter, congnoistre ;
A ung chascun il se veult apparestre   56
Humain et doulx, de vices correcteur.

       Peuple François
Peuple Ytalique, tu es ung grant flateur,
Tu as cueur faulx et deceptive voix.
Les gens du roy te ont monstré grant doulceur, (f° 23ᵛ) 60
Quant ilz cuydent estre avec toy asseur ;
De trahison les sers souventesfois.
Jamais, jamais n'aymeras les François,
Bien l'as monstré depuis ung peu en Bresse.   64
En ton blason fier je ne me dois,
Car tu corromps promesses, dont tu voys
Pugnitïon Divine, qui te oppresse.

       Peuple Ytalique
Il est vray que la gentillesse   68
Ne prise pas tant que avarice,
Peuple François, je le confesse.

       Peuple François
Jamais villain n'ayma noblesse,
Tousjours songe quelque malice ;   72
Peuple Ytalique est plain de vice.

       Peuple Ytalique
Peuple François, sy es tu, toy !

---

54 *H* content – 58 *H* un – 73 *H* plein

Peuple François
Chascun a de ton cas notice.
Poison en lieu de bonne espice 76
Tu bailles, offensant la loy.

Peuple Ytalique
Tu fais maintenant comme moy;
Mon mestier as bien praticqué.

Peuple François
Et dy moy la raison pourquoy! (f° 24ʳ) 80

Peuple Ytalique
Il n'est rien pire, par ma foy,
Qu'est ung François Ytaliqué.

Peuple François
Tout ton povoir est suffocqué;
Pense que Dieu te veult pugnir. 84

Peuple Ytalique
Peuple François, tu m'as picqué,
Sans qu'il en soit plus repliqué:
Redoubte le temps·advenir.

L'Homme Obstiné *commence.*
Mais que est cecy? D'ou me peult il venir 88
D'estre pervers et ne vouloir tenir
Compte de Dieu, ne d'homme, ne de dyable?
Je ne me puis de mal faire abstenir,
Ma promesse ne vueil entretenir, 92
Ainsi que ung Grec suis menteur detestable,
Comme la mer inconstant, varïable.
Luna regnoit l'heure que je fuz né,
Je suis ainsi que ung Genevoys traictable: 96
Regardez moy, je suis l'Homme Obstiné.

83 G suoffcqué

LA MORALITÉ   293

    Je ne vueil droict ne raison soustenir,
    Les innocens prens plaisir a pugnir,
    Brief, je commetz maint peché execrable ;   100
    D'avecques moy saincteté vueil bannyr,   (f° 24ᵛ)
    A Symonye me joindre et me honnir.
    De mon ame ne suis point pitoyable,
    Il m'est advis que je suis permanable,   104
    En ce monde maint mal ay machiné,
    De tous humains suis le plus redoubtable :
    Regardez moy, je suis l'Homme Obstiné.

    Pillars, pendars, menteurs vueil retenir,   108
    Avec larrons me allïer et tenir ;
    Ma promesse leur est irrevocable ;
    Ainsi que ung vieil cheval je vueil hennir.
    Il me semble que je doy rajeunir   112
    Et que au monde seray tousjours durable.
    Peuple François je feray miserable,
    Car contre luy suis si fort indigné
    Que transgloutir le vouldroye come ung able : 116
    Regardez moy, je suis l'Homme Obstiné.

    Prince, Bacus par art medicinable
    A mon museau sy bien mediciné :
    Que pers le sens. J'ayme bien longue table :   120
    Regardez moy, je suis l'Homme Obstiné.

          Peuple Ytalique
  Je suis en doubte tous les jours,
  Mes trahisons sont en decours,
  Je ne sçay de quel pied dancer.   (f° 25ʳ)   124

          L'Homme Obstiné
  On me joue de sy subtilz tours
  Qu'on abbat mes chasteaulx et tours,
  Parquoy fault a mon cas penser.
  Je puis pardonner, dispenser ;   128
  Je mauldictz ; quant je vueil, je absoubz.

119 *H* si

Peuple Ytalique

Temps est de ce propos cesser
L'Homme Obstiné. Il fault laisser
Obstinatïon, oyez vous. 132
Helas! helas! nous sommes tous
En dangier en ce territoire.
Monstrez vous humble, courtois, doulx;
Nous avons estez bien secoulx 136
Des François, il est tout notoire.

L'Homme Obstiné

Ne ramenez a mon memoire
Les faitz passez, il ne m'en chault.
Je doy avoir en fin victoire. 140
Soubz mon hault timbre l'auditoire
Tout tremblera, mais il vous fault
Monstrer trahistre, subtil et cault.
Se trahison on ne machine, 144
Nous serons surprins en sursault.

Peuple Ytalique

Je vous prie, regardez la hault. (f° 25ᵛ)

L'Homme Obstiné

Qu'esse?

Peuple Ytalique

Pugnicïon Divine.

L'Homme Obstiné

Ma puissance n'est pas faillie; 148
A tout gouverner suis commis.

Peuple Ytalique

Vous souvient il que en Ytallie,
Pour pugnir nostre grant follie,
Flagellum Dei fut transmis? 152

131 *H* fait – 150 *M* qne

LA MORALITÉ

    Se François ne sont voz amys,
    De brief tumberez en ruyne.
    Levez les yeulx! Il est permys
    Quë hors d'icy serez desmis.   156

          L'Homme Obstiné
Qu'esse?

                Peuple Ytalique
                Pugnicïon Divine.

          L'Homme Obstiné
Je vueil trahir princes et roys,
Voire, quelque chose qu'il couste,
Et tenir sumptüeux arroys,   160
Me mirant a faire desroys.
Brief, j'appete qu'on me redoubte.

                Peuple Ytalique   (f° 26ʳ)
L'Homme Obstiné, voyez vous goutte?
Regardez ung merveilleux signe   164
Qui vous mettra plus bas que en soubte.
Voullez vous prendre a luy la jouxte?

          L'Homme Obstiné
Qu'esse?

                Peuple Ytalique
                Pugnicïon Divine.

Pugnicion Divine *hault assise
en une chaire et eslevee en l'air.*

Tremblez, tremblez, pervers Peuple Ytallique,   168
Le Createur a prins a vous la picque.
Estre devez courroucez et pensifz:

154 *M* temberez – 166 *H* Voulez – 167b *H* elevee

L'Homme Obstiné, ingrat, fol, fantastique,
Felon, pervers, par conseil judaïcque, 172
Vous fait faire des cas trop excessifz.
Sachez que Dieu a voz cueurs endurcis,
Comme a Pharaon. O peuple habandonné,
Si de bien brief n'as a ton cas regard, 176
Je parferay ce que est predestine ;
On se repent aucunesfois trop tard.

Par trop souvent cheminez voye oblique,
Gaigner voullez la maison plutonicque 180
Et dedans Stix estre plongez assis.
L'Homme Obstiné, qui a tout mal s'aplicque,
Se veult monstrer rebelle, fantastique. (f° 26ᵛ)
Je ne croy point qu'il ne soit circoncis. 184
O cueurs pesans, gros, enflez et massis,
Pour vous batre mon fleau est assigné :
Ou il tumbe, tout consumme et tout art.
Peuple Ytalique, ne crois l'Homme Obstiné : 188
On se repend aulcunesfois trop tart.

Delaisse tost ton cueur erronicque,
Chasse dehors ton usure publique
Et luxure sodomite abolis. 192
Oste regard deceptif, basilique,
Qu'on ne voye plus l'Eglise tyrannicque.
Haulte fierté dechasse et amolis,
Souvent trahis le juste et loyal lys, 196
Qui est piteux, bien conditïonné,
Parquoy te veuil presenter mon fier dart.
Pense a ton cas ains que soyes bestourné :
On se repend aucunesfois trop tart. 200

Prins ce, saichez que Dieu est indigné
Encontre ceulx qui usent de faulx art,
Quant leurs procés est clos et fulingné :
On se repent aucunesfois trop tart. 204

181 *H* Styx – 187 *Hi* consummé – 189 *H* repent

    Peuple Ytalique
Pugnicïon Divine espart
Son fleau sur nous pour nous toucher.   (f° 27ʳ)

    L'Homme Obstiné
Vin de Candie et vin Bastard
Je treuve frïant et gaillard   208
A mon lever, a mon coucher.

    Peuple Ytalique
Je cuyde que voullez cercher
La Pugnicïon corporelle.

    L'Homme Obstiné
Je appete a bien nourrir ma chair.   212

    Peuple Ytalique
Craingnez vous point de trebuscher
Ou cheoir en la peine eternelle?

    L'Homme Obstiné
Peuple François, la chose est telle,
Feray en France retourner,   216
Ou de mort tresapre et cruelle
Je mourray.

    Peuple Ytalique
  Trop estes rebelle.

    L'Homme Obstiné
Icy ne doit point sejourner.

    Symonie
Je soulloye les Rommains dominer   220
Et a iceulx avoye seulle alïance;
Mais maintenant on me laisse regner

219 *H* dois

Et tout par tout courir et cheminer, (f° 27ᵛ)
A mon plaisir, au royaulme de France. 224
Peuple François est soubz moy en souffrance.
En l'Eglise suis haultement munye :
Peu en y a pourveuz sans Symonie

        Ypocrisie
Pour bruyt avoir je fais la chatemytte 228
Et faintz manger ung tas de herbes sauvages ;
Il semble, a veoir mes gestes, d'ung hermite,
Devant les gens prier Dieu je me acquite,
Mais en secret je fais plusieurs oultrages, 232
Faignant manger crucifix et ymages.
Pense a mon cas, trompant maint homme et femme :
Tout suis a Dieu, fors que le corps et l'ame.

        Symonie
Mes serviteurs voy souvent pourmener 236
En l'Eglise, et y ay grant puissance ;
Ilz ne tachent que a prendre et rapiner.
Par mon moyen ilz veullent resigner
Benefices. A moy ont aliance 240
Curez, doyens et abbez sans doubtance ;
Chantres, evesques a mon plaisir manye :
Peu en y a pourveuz sans Symonie.

        Ypocrisie
Si je fais bien, je n'y ay nul merite, 244
Car je deçois souvent les folz et saiges.
En paliant, biens acquiers et herite ; (f° 28ʳ)
Je me cource, fume, despite, irrite,
Dont aucuns ont grande perte et dommages. 248
Mon beau maintien, mes gracïeux langages
Abusent gens ; chascun devot me clame.
Tout suis a Dieu, fors que le corps et l'ame.

---

229 *M* Et fait manger ung tas d'herbes – 242 *G* mayne – 245 *M* souvent et folz – 247 *Hi* cource

LA MORALITÉ 299

       Symonie
On ne veult plus benefices donner,   252
Se je n'y suis en estat et bobance ;
Asnes commetz chanter et jargonner
En l'Eglise, caqueter, sermonner.
Les dignitez je baille pour finance.   256
Mais cuydez vous que les bons clercz avance ?
Je n'en vueil point, je les chasse et regnie.
Peu en y a pourveuz sans Symonie.

       Ypocrisie
Il semble aux gens que a bien faire je incite   260
Les souffreteux vivans en leurs mesnages,
Mais non fais, non. Leurs biens mondains je cite
Et ne tache, affin que le recite,
Que d'en jouÿr et mettre a mes usages.   264
Inventeur suis de mille larcinaiges
Voire, sans ce que charité me enflame.
Tout suis a Dieu fors que le corps et l'ame.

       Symonie
Prins ce, voyez que a moy ont acointance   268
Ypocrites, qui ont bource garnye   (f° 28ᵛ)
Des biens de Dieu, comme on a congnoissance.
Peu en y a pourveuz sans Symonie.

       Ypocrisie
Prins ce, je fais cent mille mutinages   272
Entre les gens ; je les blasme et diffame
Tant en villes, chasteaulx, bourcz que villages :
Tout suis a Dieu, fors que le corps et l'ame.

       Symonie
Ypocrisie, nous gouvernons   276
Peuple François a nostre guise.

---

255 G sermonnerr – 257 G clecz – 268 G voyz (-1) – 269 G ypotrites

Ypocrisie
Comme il nous plaist, nous le menons,
En faignant que l'endoctrinons,
Pechons par couverte faintise. 280

Symonie
Nous avons grant bruit en l'Eglise.

Peuple François
En voz fais je ne me congnois.

Ypocrisie
S'il y a chose qui te nuyse,
Je y pourvoiray a ta devise, 284
Entens tu bien, Peuple François?

Peuple François
Par Dieu, je ne sçay se je doys
Croire en voz ditz.

Ypocrisie (f° 29^r)
    Par seurement!
Pour ton prouffit je viens et voys, 288
Je t'enseignes les sainctes loix
Et de Dieu le commandement,
Le crois tu pas?

Peuple François
    Aucunement!
Et si n'en suis pas trop certain. 292
Vous mettez trouble incessamment
En l'Eglise; certainement
Vous ne allez point le chemin plain.

Ypocrisie
Je boys de l'eaue, je mangeuz du pain, 296
Je fais oraisons, abstinences.

---

289 *H* enseigne – 296 *M* mengue

Pour mes biensfaicteurs j'ay grant fain
Qu'ilz soyent saulvez.

       Peuple François
                    Vous n'avez grain
De vertu; plaine estes d'offences.   300
Folz desirs et concupiscences,
Soubz umbre de devotïon,
Vous font avoir preëminences
Et donner sur vous les sentences   304
Qu'estes plain de discretïon.
Mais...

       Ypocrisie   (f° 29ᵛ)
Quel mes?

       Peuple François
                    Vostre intentïon
N'est pas telle comme vous dictes.
Vous usez de deceptïon   308
Et faictes plus de exactïon
Que les seigneurs. Vous contredictes
A raison et choses licites.
Se d'aventure y accordez,   312
Vous alleguez les loix escriptes
Au contraire. Ha! chatemittes!
Je sçay bien que en riant mordez.

       Pugnicion Divine
De voz meffaitz vous recordez,   316
Autrement je vous pugniray.
Peuple François. Se n'entendez
A vous corriger et tardez
Tant soit peu, je me courceray   320
Et si asprement frapperay
Sur vous que jusq'a la racine
De voz membres vous navreray.

---

303 *M* preeminence – 305 *M* discreption – 309 *H* Faites – 316 *M* noz meffaitz

        Peuple François
Vela Pugnicïon Divine. 324

        Pugnicion Divine
Dieu vous envoye des biens mondains
Plus que vous n'avez deservy. (f° 30ʳ)
Force avez de vins et de grains,
Et de peché estes si plains 328
Que c'est pitié: Dieu mal servy
Est de vous. Jamais je ne vy
Dedans l'Eglise tant de foulx.

        Peuple François
Ypocrisie, el parle a vous. 332

        Pugnicion Divine
Le pere fait guerre a son filz
Et veult mettre scisme sur terre.
Pour ce cas j'en ay desconfitz;
Toutesfois jamais je ne fis 336
Ne n'entreprins si dure guerre
Que je feray. Fault il qu'on erre
Contre Dieu? C'est maulvais propos.

        Peuple Ytalique
L'Homme Obstiné, note ces motz. 340

        Pugnicion Divine
Sans amour, sans fraternité,
Le peuple veult aujourd'huy vivre;
Quant est d'amour et charité,
Plus n'y en a, en verité. 344
Nul le droit chemin ne veult suyvre,
Mais gens pervers hanter, ensuyvre,
Qui corrompent justices, loix.

342 *GM* vnire

LA MORALITÉ

        Symonie (f° 30ᵛ)
Entens a toy, Peuple François. 348

        Pugnicion
Vous voyez les sainctz sacremens
Estre venduz par gens d'Eglise :
Ilz prennent leurs esbatemens
D'aprecier enterremens, 352
Baptesmes. C'est erreur commise,
Vicaires, fermiers. L'entreprise
Desplait a Dieu, notez le tous.

        Peuple François
Symonie, elle parle a vous. 356

        L'Homme Obstiné
Pour cela ne suis en esmoy ;
A ses ditz je ne pense point.
Symonië, acollez moy.

        Symonie
Toute vostre suis, par ma foy. 360

        L'Homme Obstiné
Vous estes venue bien a point ;
Quant je vous voy, le cueur m'espoint.

        Symonie
Je suis a vous, la chose est telle

        L'Homme Obstiné
Je vueil, pour final contrepoint, 364
Puis que le ver coquin me point,
Tenir tout le monde en tutelle. (f° 31ʳ)

        Peuple François
Je ne sçay d'ou vient la cautelle :
L'Eglise mect son estudie 368

352 *M* eaterreme – 358 *Hi* ces – 365 *M* vert

A avoir biens, qui que en grumelle.
Brief, tout sera tantost a elle,
Puis qu'il fault que je le vous die.

    Peuple Ytalique
Ypocrisie et Symonie   372
Sont cause, comme je ymagine,
Que on voit Pugnicïon Divine.

    Peuple François
Mais d'ou vient maintenant la guise
Que prestres ont des chamberieres,   376
Qui les chandelles de l'Eglise
Vont vendre? C'est toute faintise;
Au moins cela ne me plaist gueres.

    Peuple Ytalique
Nous voyons en toutes manieres   380
Que l'Eglise est practicïenne.

    Le Peuple François
Ses servans font de bonnes chieres
Et des choses irregulieres;
Promesse n'y a qui s'y tienne.   384

    L'Homme Obstiné
Il fault que le peuple soustienne
L'Eglise, Justice, et Noblesse.   (f° 31ᵛ)

    Peuple François
J'ay grant peur que ne nous adviennne
Du mal beaucop.

    Ypocrisie
      Il fault qu'on tienne   388
Desormais a Dieu sa promesse.
Ha! Peuple François, cesse, cesse

381a *M* Le *manque* – 385 *H* faut

De commettre maulx, je te prie;
Confesse toy a Dieu, confesse.   392
Ton orgueil oultrageux delaisse,
Ou ton ame sera perie.

Peuple François
Que ne laissez vous Symonie,
Qui vous fait faire maintz forfaitz?   396
Foy que doy la Vierge Marie,
Soubz umbre de bigoterie,
Vous faictes pis que je ne fais.

Ypocrisie
Peuple François, de ce te tais!   400
Ta langue sans cesser babille.

Peuple François
«*Ve, ve, ypocrite tristes!*»
Sainct Jehan le dit en l'Evangille.
Rien ne faictes qui soit utille,   404
Fors rapiner et amasser.

Peuple Ytalique   (f° 32ʳ)
Ypocrisie est difficille.

Peuple François
En secret mainte femme et fille
Fait par dessoubz ses mains passer.   408

Les Demerites Communes
Vous n'avez cause de tencer,
Faictes accord et paix ensemble.
Il vous convient a moy penser,
Quant vous vouldrez Dieu offencer: 412
Dictes tous que de moy vous semble.

---

402 *M* ypocrisie – 407 *M* mainte fille et femme – 408 *M* ces – 410 *M* accorder paix

L'Homme Obstiné
En effect, ceste cy ressemble
A mes Demerites.

Peuple Ytalique
    Vrayment,
El ressemble certainement   416
A mes Demerites.

Le Peuple François
   Aussi
Il me semble advis que vecy
Mes Demerites en personne.

L'Homme Obstiné
Noz Demerites, je m'estonne   420
De les veoir icy, fin de compte.

Les Demerites   (f° 32ᵛ)
Quelque chose qu'on en blasonne
Ou qu'on en babille ou sermonne,
Ce suis je. Avez vous de moy honte?   424

Peuple Ytalique
Le sang au visaige me monte,
Quant je vous voy ainsi tachee.

Peuple François
Qui l'a ainsi enharnachee?

Peuple Ytalique
Noz Demerites, qu'est cecy?   428
Vous avez allegué ung sy.

Les Demerites
J'ay tousjours ung sy, voirement,
Je vueil bien que vous le sachez.

415a *M* Peupley – 415 *M* Vraymente – 417a *M* Le *manque* – 423 *M* sermonn –
428 *M* qu'est ce y ung sy – 429 *M* ung sy *manque* (-2)

LA MORALITÉ 307

    L'Homme Obstiné paisiblement 432
Vivroit en paix et sainctement,
Sans commettre sy grans pechez,
Dont plusieurs en sont empeschez,
Qui offencent Dieu et la loy, 436

        Peuple François
Sy ne fust?

        Les Demerites
            Qu'il faulce sa foy.
L'Homme Obstiné gouverneroit
Tresbien l'Eglise Militante,
La grace Dieu luy ayderoit, (f° 33ʳ) 440
Honneur a Chrestïens feroit,
Et seroit sa vertu puissante
Et sa saincteté florissante
En son magnifique abitacle, 444

        Symonie
Sy n'estoit quoy?

        Les Demerites
            Symonï[acl]e.
L'Homme Obstiné auroit cueur sain
Et si trouveroit les moyens
Laisser son vouloir inhumain, 448
Dont il est si enflé et plain
Que lÿé est d'aspres lÿens.
Au peuple feroit plus de biens
Que je ne pense ne discerne, 452

        Ypocrisie
Sy n'estoit?

---

441 *M* a tous Chrestiens feront – 445 *GHHiM* Symonie

        Les Demerites
            Que ung Juif le gouverne.
Peuple Ytalique ne seroit
Point destruit, on lui feroit grace,
Le roy a mercy le prendroit,   456
Et a le saulver entendroit,
Posé qu'il luy ait fait fallace ;
Pardon auroit en peu d'espace,
Non obstant sa folle entreprise,   (f° 33ᵛ)   460

        Symonie
Se n'estoit?

        Les Demerites
            L'erreur de Venise.
Peuple François seroit plaisant
A Dieu et au roy agreable,
En toute vertu florissant,   464
Et feroit maint cas admirable ;
Dit seroit peuple raisonnable,
Dieu le prendroit a bonne fin,

        L'Homme Obstiné
S'il n'estoit?

        Les Demerites
            A peché enclin.   468
Religïon acquerroit bruit,
Saincteté seroit exaulcee,
L'Eglise feroit ung grant fruit,
Le peuple seroit bien instruit,   472
Erreur confundue, abaissee,
Ingratitude delaissee,
Charité des humains choisie,

        Peuple François
Si ce n'estoit?

469 G acquiert

LA MORALITÉ

        Les Demerites
            Ypocrisie.   476
La Divine Pugnicïon   (f° 34ʳ)
Menace le Peuple Ytalique,
Pource que par deceptïon
Le chesne umbrage le lÿon,   480
Remply de usure et de trafique.

        Peuple François
L'Homme Obstiné est erronique,
On le congnoist a peu de pause.

        Peuple Ytalique
Las! noz Demerites sont cause,   484
Comme j'entens, de tout cecy,
Car ilz ont a la queue ung sy.

        Pugnicion Divine
De voz Demerites ostez
Ce sy de la queue en brief temps,   488
Ou vous serez de tous costez
Assaillis, de ce ne doubtez.
J'en ay les mandemens patens.
Peuple François, a moy entens,   492
Et ostés de tes Demerites
Ce sy, affin que Dieu ne irrites.

        Le Peuple François
Princes, seigneurs, qui l'estat de noblesse
Entretenez par pompe et hardiesse,   496
Voz Demerites font de vous jugement;
Pugnicïon les plus hardis rabaisse.
Ostez ce sy qui vostre ame tant blesse   (f° 34ᵛ)
Qu'en danger est d'en souffrir gref torment.   500
Vous ne povez perpetuellement
Estre au monde ou tout mal s'enracine.
Helas! craignez Pugnicïon Divine!

---

488 *M* temps *manque* (-1) – 492 *GH* toy – 500 *H* grief

Peuple Ytalique

O justiciers, le peuple a vous s'adresse. 504
Las! faictes tant que la justice oppresse
Les malfaicteurs; traictez humainement
Les povres gens qui ont peu de richesse,
Leur povreté supportez et foiblesse. 508
Voz Demerites nectoyez prudamment:
Ostez ce sy qui fait incessamment
Troubler l'esprit et tumber en ruÿne.
Helas! craignez Pugnicïon Divine! 512

Peuple François

Prelatz devotz, que Symonie on laisse!
Ypocrisie vault pis que une dyablesse.
Avec bigotz ne hantez nullement,
A voz curez monstrez la vraye adresse 516
De gouverner vostre peuple en simplesse.
Pourvoyez ceulx qui ont entendement,
Et ne baillez aucun gouvernement
A ces asnes, mais dure discipline. 520
Helas! craignez Pugnicïon Divine!

Ypocrisie

Bourgois, marchans, je vous prie qu'on laisse (f° 35ʳ)
Toute usure, et avarice cesse,
Car ilz rompent corps, ame, entendement. 524
Ceulx qui veullent rabesser par finesse
Monnoye et or, corrigent leur rudesse:
Du peuple sont maulditz cruellement.
Ostez ce sy qui est incessamment 528
A vostre queue; le monde s'en mutine.
Helas! craignez Pugnicion Divine!

Pugnicion Divine

Ne prenez tant de plaisir ne lÿesse
Aux biens mondains que Christ on ne confesse 532

---

508 *GHi* povretez – 511 *GH* et ruyne – 516 *M* vraye exemple – 524 *M* ame et entendement (+1) – 531 *H* de lyesse

LA MORALITÉ 311

    Estre vray Dieu, fort, sapient, clement.
    Faictes Pitié vostre intercesseresse,
    Grace Divine sera vostre maistresse,
    Mais que ce cy ostez hastivement.   536
    Se le laissez avec vous longuement,
    Sur vous viendray par ung merveilleux signe.

          Peuple Ytalique
  Helas! craignez Pugnicïon Divine!

          Peuple François
Pugnicïon Divine nous menace,   540
Par quoy devons cryer a Dieu mercy.
Noz Demerites ont a la queue ung sy:
Je vous supplie a trestous qu'on l'efface.

Le Jeu du Prince des Sotz et Mere Sotte

Notes

Le Cry :

vv. 1-40 : Voir Hindley, éd., 59, n. 1, pour une discussion du *cri* en tant que genre. Hindley, 61, décrit ce texte de la façon suivante : « Ce *Cry* remarquable nous paraît en effet être moins le texte déclamé d'un *monstre* qui précédait le spectacle, qu'un rappel poétique de l'esprit du carnaval qu'évoquent ses énumérations rythmiques, sa grande variété, et son ton légèrement grivois ».

La Sottie :

vv. 1-6 : Référence vague au fait que les pouvoirs de la sainte Ligue se fortifiaient contre les Français en Italie. Le sot suggère que les Français devraient cesser de menacer l'ennemi et que Louis XII devrait ne plus se fier aux promesses de Jules II. Voir les vers 374-78, qui confirment l'engagement peu fiable de Mère Sotte, l'alter égo du pape. En effet, Jules II avait plusieurs fois donné l'impression aux Français qu'il négocierait une paix, surtout pendant le siège de Bologne en 1510-11, mais il finit par les gruger tout en gagnant du temps.

vv. 7-12 : Allusion par métaphore culinaire aux machinations diverses des pouvoirs européens contre la France alimentées par le Pape Jules II. Au vers 8 il se peut que Gringore fasse référence aux Suisses, soutenus depuis le printemps 1510 par le pontife au lieu de Louis XII. Aux vv. 9-10, il s'agit vraisemblablement des Anglais et de l'Empire.

vv. 13-18 : Comprendre : *Si les coalisés ne s'inclinent pas devant la France, elle les détruira.*

vv. 19-23 : Le sot conseille que le Prince et ses alliés cessent de se considérer victimes de la sainte Ligue et qu'ils se décident à attaquer.

vv. 24-28 : Jeu de mots sur les différents sens de *couvers* et de ses composés *recouvers* et *descouvers*. Allusion vague aux actions des ennemis de la France pendant l'hiver 1511-1512. Ce passage anticipe ce qui se passera littéralement pour Mère Sotte à la fin de la *Sottie*.

vv. 29-30 : Gringore donne une image très positive du Prince, l'alter égo de Louis XII. Voir Le Fur, 109-261, pour une discussion approfondie de l'image promue par d'autres publicistes de Louis XII.

vv. 31-33: Référence au fait que le pape feignit de négocier avec les Français pour gagner du temps à la fin de 1510 et à la prise de Bologne par les Français en mai 1511. Voir, ci-dessus, l'*Introduction* à la *Chasse du cerf des cerfz* (210).

v. 35: Comme le refrain d'un virelais, c'est une situation qui se répète.

v. 37: *Fust froid ou chaud*: qu'il fasse froid ou chaud.

vv. 36-38: Les *rouges colletz*, c'est la décapitation. En France on croyait que le cardinal Alidosi, légat du pape à Bologne, avait été décapité à la suite de la perte de Bologne, quoique le commandant des troupes pontificales, Francesco della Rovere, l'eut tué à Ravenne (Picot, *Recueil des Sotties*, II, 134, n. 1).

v. 41: Le roi d'Espagne, Ferdinand, s'était déclaré contre les Français en s'associant à la sainte Ligue en automne 1511. Il s'était aussi mis d'accord secrètement avec Henri VIII pour envahir la Guyenne le 17 novembre 1511.

v. 42: Les Français craignaient qu'Henri VIII, le nouveau roi d'Angleterre, s'allie avec le pape et la sainte Ligue. En effet, en janvier 1512, alliée du roi d'Espagne pour attaquer les Français en Guyenne, la flotte anglaise, qui se préparait pour la guerre, était très présente dans la Manche.

vv. 44-45: Gringore introduit le Prince, ou Louis XII, comme un pacifiste.

vv. 46-48: Voilà une des principales accusations de la politique royale: Jules II dépassait les limites de sa fonction comme chef spirituel en cherchant à s'approprier aussi le pouvoir temporel.

v. 65: Il faut imaginer à la vue des sots-suppôts du Prince sommeillant sur scène une satire des nobles et des prélats français.

vv. 66-73: Le Seigneur de Pont Alletz est un des sots qui ne dort pas, car il observe les Espagnols et les Italiens (*Lombards*), et surveille les activités de l'Empereur Maximilien (*Allemans*), des Flamands, gouvernés par sa fille, Marguerite d'Autriche, et des Anglais. Le Seigneur du Pont Alletz était le nom professionnel d'un célèbre acteur et écrivain de farces et de moralités à l'époque, Jean de l'Epine. Voir Jean Frappier, «Sur Jean du Pont-Alais», *Mélanges d'Histoire du Théâtre, du Moyen Age à la Renaissance offerts à Gustave Cohen*, Paris: Nizet, 1950, 133-46. Sherman, «The Selling of Louis XII», 248, donne l'analyse suivante de ce passage: «In the context of this play the identification of a person of

Pont Alais' profession with the character of a vigilant and outspoken protector of the interests of the Prince des Sotz suggests that Gringore viewed his and Pont Alais' profession as ranking among the important props of the French monarchy and perhaps also French society as a whole».

v. 69: Jeu de mots sur *timbre* (tête) et *timbré* (fou). Voir Héricault et Montaiglon, 207, n. 2: «*Qui ont mis leurs têtes folles, qui ont arboré les signes de leurs folies*».

vv. 80-89: Le Prince des Nates mène une vie de fêtes et de banquets – sa *chambre natee* étant meublée avec le plus grand comfort et le plus grand luxe –, tandis que le Seigneur de Joye, qui *ne demande que lyesse* passe son temps avec les femmes. Le dramaturge critique la vie dissipée de certains nobles, ce que le public bourgeois aurait sans doute bien apprécié.

v. 90: Un jeu de mots érotique (Hindley, éd., 72, n. 19).

vv. 108-10: Le Général d'Enfance agit comme un enfant en s'exprimant par monosyllabes incompréhensibles, en prenant ses jouets pour des armes, et en négligeant de s'habiller complètement. Gringore critique-t-il les commissions militaires qu'on accordait à des nobles peu capables, comme le suggère Sherman («The Selling of Louis XII», 248)? En mettant en relief les accessoires du Général d'Enfance – le hochet, le cheval en bois, le moulinet et la hallebarde – ainsi que les «fatrasies» qu'il énonce, Hindley, éd., 73, n. 21, le décrit comme «l'évocation carnavalesque de l'enfant-évêque de l'ancienne Fête des Fous».

vv. 120-35: Le Seigneur du Plat d'Argent, dont le nom évoque sa lourdeur d'esprit, est peut-être inspiré du propriétaire d'une taverne où se réunissaient les Enfants sans souci (Héricault et Montaiglon, 210, n. 2). Selon Hindley, éd., 75, n. 23, «loger au Plat d'Argent» voulait dire «être pauvre».

vv. 140-59: Le Seigneur de la Lune symbolise l'instabilité et l'inconstance. Il sera le seul à abandonner le Prince.

vv. 149-50: L'emploi de *variable* à la rime de ces deux vers est certainement fautif. La correction en *muable* (M) résulte en un vers hypométrique.

v. 152-4: En prenant *Bourbon* pour le soleil, Picot, 142, n. 1, propose le sens suivant: «Quand la lune passe sur le soleil, l'éclipse présage un malheur. L'homme en danger serait le pape que la colère de Bourbon menacerait d'une ruine complète».

NOTES: LA SOTTIE   315

vv. 164-82: L'arrivée sur la scène de l'Abbé de Frevaulx et de l'Abbé de Plate Bource signale un changement de perspective. Gringore se moque maintenant du clergé, dont la vie dissolue était souvent un sujet de dérision dans la littérature contemporaine, et ne pouvait que plaire à son public. Plate Bource ne s'intéresse qu'aux vins – est-ce la raison pour laquelle sa bourse est plate? – et Frevaulx ne se soucie que de ses vêtements luxueux. Plus tard (vv. 242-45), il avouera avoir dilapidé tout l'argent du monastère.

vv. 194-207: Le Seigneur de la Gayecte est l'optimiste qui accompagne le Prince des Sotz. Gayecte souligne l'idée que le roi de France est le représentant de Dieu. Certains éditeurs ont adopté l'orthographe *Gayecté* pour ce nom, mais la syllabation au vers 200 confirme que le nom n'a pas d'accent aigu.

v. 228: Il s'agit d'une référence au Concile de Pise qui se réunissait alors à Milan, non pas au Concile de Latran convoqué par le pape.

v. 234: Jeu sur *corbeau* ou *corps Dieu*?

vv. 238-40: Allusion à ceux qui se précipitent pour remplir les bénéfices vidés par la mort de quelqu'un.

vv. 251-55: Sainct Liger n'est pas un prélat sur qui on peut compter. Il s'intéresse plus à la chasse qu'à ses obligations ecclésiastiques.

v. 261: Jeu de mots sur le clergé *régulier* (par opposition au clergé séculier).

vv. 264-65: Satire de la distribution des bénéfices aux ecclésiastiques qui ne les méritaient pas.

vv. 266-69: La Sotte Commune se présente d'abord comme quelqu'un qui condamne la dévaluation de l'argent et qui cherche la paix à tout prix. Elle avoue ne pas s'intéresser à la guerre du roi contre le pape, car cela ne la touche pas directement et elle se considère quand même fortunée. Dans cette scène, la Sotte Commune se plaint constamment, mais le Prince ne l'entend ou ne la comprend pas, ce qui produit une satire du défaut ou de l'absence de communication entre la Cour et le peuple. Quoique la Sotte Commune fasse des critiques sérieuses de la situation économique, politique, et religieuse qui ne pouvaient qu'agréer le public, elle prétend ne pas savoir de quoi elle parle. Après tout, elle est une sotte. Pour une analyse plus détaillée de ce passage, voir Brown, *Political Misrule*, 96-98.

v. 283: L'emploi d'*incongnues* à la rime est certainement fautif, car le même mot se trouve à la rime au vers 281. La correction de *H*, *et congnues*, est plus satisfaisante comme lecture.

v. 288-89: Dans la version *G* on trouve une nouvelle rubrique, *La sotte* après le v. 288 (*M*: *La Sotte Commune*) qui annonce le locuteur des vers 289-296. Puisque c'est le même personnage qui parle, nous avons éliminé cette rubrique.

vv. 306-19: Les autres sots attaquent la Sotte Commune pour avoir osé critiquer le Prince. D'après eux, elle n'a pas de raison de se plaindre, puisqu'elle jouit d'une situation très prospère.

v. 312: Louis XII avait réduit l'impôt de la taille. Voir Baumgartner, 83-104, 199-208, pour des détails.

v. 315: Louis XII améliora le système judiciaire en introduisant des réformes importantes. Voir Baumgartner, 199-208, pour des détails.

v. 320: Voir Picot, *Recueil des Sotties*, 152, n. 1, pour le texte de la chanson dont ce vers, la seule décasyllabe dans la *Sottie*, est l'incipit.

v. 330-31: Allusion à la crainte répandue d'un schisme qui pourrait bien résulter des deux conciles.

vv. 335-356: Mère Sotte fait preuve dès son arrivée sur la scène d'une arrogance outrée qui la rend antipathique au public.

v. 348: Le pape avait déjà usé de son pouvoir d'excommunication contre le duc de Ferrare et les combattants français en 1510-11. Il avait menacé d'excommunier les participants au Concile de Pise.

vv. 351-52: En 1512 Jules II avait soixante-neuf ans. Gringore inpute le déréglement des actes du pontife à sa sénilité.

vv. 356-57: Sotte Fiance, aide de Mère Sotte, symbolise l'idée qu'il est fou de se fier à Jules II. Voir aussi les vers 371-72.

vv. 361-65: Sotte Occasion est celle qui parvient à s'attirer des alliés par la corruption.

vv. 371-72: Le pape n'était pas sans acheter ses alliés en les corrompant. Voir ci-dessous la discussion de l'*Obstination des Suysses* (325-26).

vv. 374-78: Voir la note aux vers 1-6. Dans son œuvre, Gringore fait communément condamner l'alter ego du Pape Jules II par ses propres alliés.

vv. 379-83: Mère Sotte n'a pas honte d'exposer sa perversité à tout le monde. Bonnet de Lates fut le médecin juif de Jules II. Ces vers accusent l'intolérance des Juifs à l'époque.

vv. 382-88: Les conseillers de Mère Sotte lui rappelle ses actions *contre la loi*, mais elle s'obstine dans sa volonté de domination.

v. 389: Il faut comprendre *J'ay Occasion avec moy*.

vv. 399-406: Sotte Occasion et Sotte Fiance ont supplanté la Bonne Foy dans son rôle de conseiller, voire de conscience, de l'Eglise/Mère Sotte. C'est une autre image satirique de la corruption dans l'Eglise.

vv. 407-08: Autre exemple de la stratégie rhétorique de Gringore qui consiste à mettre dans la bouche de l'ennemi des louanges du roi.

vv. 409-13: L'alter ego du pape agrège sa personne à l'institution de l'Eglise, collusion qui sera critiquée à la fin de la pièce. Allusion comique qui rend littéral l'attribut du pouvoir du pontife, *la chaire*, dans laquelle il ne fait que se reposer et dormir.

vv. 428-44: Gringore dresse pour le public français le portrait d'un pape qui désire à tort détenir le pouvoir temporel et qui est bien plus belliqueux – et ainsi plus responsable de la guerre – que le roi de France.

vv. 436-44: Les prélats essaient sans succès de rappeler à Mère Sotte les limites de son pouvoir. Quoiqu'elle accuse le Prince d'être l'agresseur, il est clair que c'est Mère Sotte qui déclenche l'agression.

vv. 457-59: Autre satire des ecclésiastiques. A la différence des nobles, qui résisteront aux pots de vin de Mère Sotte, tous les prélats, corrompus par la promesse de cardinalats, finissent par accepter de se ranger à son côté. Il était connu que le pape avait acheté le soutien de ses ecclésiastiques en les désignant cardinaux.

v. 461: C'est une image à la fois choquante et comique par laquelle des symboles religieux servent d'armes de combat.

vv. 465-66: Sens peu clair. Croulecu semble révéler son caractère violent.

vv. 483-527: Gringore renvoie une image plus flatteuse de la noblesse que du clergé, car tous les seigneurs, sauf l'inconstant Seigneur de la Lune, dont les propres alliés se moquent, demeurent fidèles au Prince, en dépit de l'effort des suppôts de Mère Sotte de les corrompre.

vv. 490-91: *Le pourpoint Jehan Gippon* se réfère aux jupons bariolés des soldats écossais, selon Picot, *Recueil des Sotties*, 162-64, n. 1, qui y voit aussi une allusion au roi d'Espagne, puisque Jean Gippon était «le surnom que le populaire français avait donné à» Ferdinand d'Aragon étant donné que «son royaume paraissait fait de pièces et de morceaux».

v. 503: Allusion amusante aux soldats du pape. Noter que le Général d'Enfance s'arme une fois encore de jouets au combat.

v. 532: Mère Sotte se vêt comme un soldat, une image créée pour rappeler au public que le pontife lui-même participait directement aux batailles, comme il avait fait, par exemple, à Mirandole en janvier 1511. Voir Hindley, éd., 106, n. 8: «Cette transformation peut se faire aisément au théâtre: il se peut que sa mitre et sa crosse, symboles de son pouvoir spirituel, deviennent casque de guerrier et arme de guerre, symboles du pouvoir temporel qu'il convoite».

vv. 543-49: La Sotte Commune continue à se plaindre de la situation, tandis que les trois sots continuent à défendre le Prince. En effet, au vers 558, la Sotte Commune admettra que le Prince ne soit pas responsable de la crise.

vv. 561-63: Jeu de mots sur *monnoye* dévaluée et *mon oye decryee*, que les trois sots ne comprennent pas. La plainte de la Sotte Commune suggère que la guerre en Italie a des conséquences négatives sur la situation économique du peuple français.

vv. 571-83: Après avoir tenu le rôle du seul sot à n'être pas fou en critiquant sévèrement la situation, la Sotte Commune devient une sotte et profère des coqs-à-l'âne qui n'ont aucun veritable sens. Et, effet logique dans le contexte d'une sottie, les autres sots annoncent qu'ils la comprennent pour la première fois. Voir Brown, «Political Misrule», 102-04. Pour une autre interprétation de ce passage, voir Fournier, 305; Picot, *Recueil des Sotties*, 168-69; Héricault et Montaiglon, 238; et Sherman, «The Selling of Louis XII», 257-58.

vv. 587-95: C'est Mère Sotte qui, en se montrant de plus en plus belliqueuse, déclenche la bataille. Hindley, éd., 110, n. 87, suggère que les spectateurs auraient assimilé cette bataille simulée au combat entre Carnaval et Carême. Le Seigneur du Plat d'Argent et, par la suite, le Troisième Sot (vv. 605-06) déclarent que le Prince et les nobles peuvent *justement, canoniquement* se défendre contre l'Eglise.

vv. 599-609: La Sotte Commune se déclare mécontente des agissements de l'Eglise et l'attaque pour mauvais traitement de son propre fils, le Prince. C'est une prise de position que Gringore voulait faire adopter par son public.

v. 621: La découverte de Mère Sotte sous les robes de l'Eglise entraîna certainement un jeu de scène comique. Voir la description de Hindley, éd., 55: «La fin n'est que jeu, et plus précisément jeu de carnaval, où jugement satirique, déshabillement burlesque, et combat carnavalesque se réunissent pour emporter les spectateurs dans l'euphorie collective et rassurante de la fête».

vv. 622-24: C'est sans doute la dénonciation politique la plus importante de la *Sottie*, car Gringore enseignait au public la distinction que faisait la Cour entre l'institution de l'Eglise, à laquelle elle ne s'opposait pas, et l'homme à supplanter à la tête de cette institution.

vv. 654-57: C'est à Sotte Commune que revient d'exposer au public que l'ennemi des Français est l'homme et non l'institution.

La Moralité:

vv. 1-9: Le Peuple Français adopte la perspective même de la Sotte Commune dans la *Sottie*. Il se réfère à son soutien financier de la politique du roi, à sa stabilité économique et au fait que la guerre en Italie se fait loin de la France. Il y a une insistance encore une fois sur les soucis économiques du peuple.

vv. 5-6: Jeu de mots sur les deux sens de *bailler*, *bâiller* comme au sens moderne, et de *donner* au sens médiéval du terme.

v. 24: Héricault et Montaiglon, 235, n. 2, note que le 5 décembre 1511 les *escus viels*, ainsi que quelques autres anciennes monnaies françaises, les royaux et les francs à pied et à cheval, furent décriées.

vv. 40-47: La qualité de la vie en France est sans doute meilleure qu'en Italie, à tout le moins dans la perspective de Gringore.

v. 43: Noter la forme ancienne de l'indicatif du présent de *manger* à la première personne du singulier: *mangeus*.

v. 64: Quelques semaines auparavant, Gaston de Foix avait saisi la ville de Brescia, qui s'est révoltée par la suite contre les soldats français.

v. 76: Les Italiens avait la réputation d'empoisonner leurs ennemis.

v. 82: Comprendre: *Il n'est rien de pire...qu'un Français Italiqué* ou *Il n'est rien de pire...que d'être un Français Italiqué*.

vv. 88-121: L'Homme Obstiné, qui représente le pape, s'adonne à une autocritique bien fictive, dont le but est évidemment de convaincre le public français de soutenir la politique royale contre Jules II.

v. 95: Luna désigne le côté lunatique du pape; c'est un avertissement du Seigneur de la Lune, le seul noble qui n'ait pas hésité à s'allier avec l'alter égo du pontife dans la *Sottie*.

v. 116: Allusion voilée à l'appétit du pape.

vv. 118-120: Allusion aux abus de la table qui dérèglent les sens.

v. 129: Référence au pouvoir d'excommunication qu'avait le pape, un pouvoir qu'il avait exercé à plusieurs reprises en 1511.

vv. 130-37: Le fait que l'ennemi loue les Français est censé convaincre le public de la noblesse des actions du roi.

v. 172: Comme dans la *Sottie* (voir la note aux vv. 379-83), l'auteur se réfère à l'entente du pape et de son médécin juif.

vv. 180-81: Allusions classiques qui associent le pape à l'Enfer.

v. 184: Une accusation osée qui fait du pape lui-même un juif et un renégat.

v. 186: Voir Hindley, éd., 133, n. 23: «Pugnition Divine devait sans doute brandir un fléau pour symboliser sa colère; il le réutilisera dans un jeu de scène aux vv. 205-06».

v. 190: Ce vers est hypométrique.

vv. 196-97: Pugnicion Divine loue les actions du roi de France, le *loyal lys*, et rend compte de la conviction des Français que Dieu était de leur côté, puisque leur cause était juste. Voir Le Fur, 176-83.

vv. 207-09: Deuxième allusion à l'amour du pontife pour le vin. Voir Héricault et Montaiglon, 253-54, n. 2, pour des détails sur le *vin Bastard*, une muscadelle qui venait en grande partie de Crète ou de Candie.

vv. 215-18: L'Homme Obstiné prédit ce qui se passera quelques mois plus tard quand les Français furent constraints de regagner la France.

v. 230: Construction grammaticale bizarre. Comprendre: *Il semble, à voir mes gestes, que je suis un hermite*.

vv. 254-55: Comprendre: *Je nomme les ânes à chanter et à jargonner, à caqueter et à sermonner dans l'Eglise*. S'agit-il aussi d'une allusion aux fêtes des fous?

v. 265: *Larcinaiges*, mot inventé pour *larcins* pour rimer avec *usages*, tout comme *mutinages*, pour *mutineries*, au vers 272.

v. 282: Peuple François prétend ne pas connaître Ypocrisie et Symonie, les critique et résiste à leurs offres, mais Pugnicion Divine le châtiera aux vers 316-23, 325-31.

vv. 332-74: Chaque personnage, à tour de rôle, blâme un autre des accusations lancées par Pugicion Divine : Peuple Français blâme ici Ypocrisie ; Peuple Ytalique blâme L'Homme Obstiné par la suite (v. 340), Symonie blâme Peuple Français (v. 348), Peuple Français blâme Symonie (v. 356), Peuple Ytalique blâme Ypocrisie et Symonie (vv. 372-74).

v. 333: Comme dans la *Sottie*, l'auteur *suggère* que le roi de France soit le fils spirituel du pape, son père. Gringore attribue une fois encore le rôle de l'agresseur au pontife.

vv. 353-55: Héricault et Montaiglon, 261, n. 1, propose le sens suivant : « C'est une erreur que de faire des vicaires les fermiers des cures ou des sacremens ; un tel système déplaît à Dieu ».

vv. 364-66: Comme dans la *Sottie*, Gringore fait de l'alter égo du pape celui qui veut gouverner le monde.

v. 430: Jeu sur l'expression d'une *dame sans si* ? Selon Héricault et Montaiglon, 264, n.1 : « *Si* étoit quelquefois substantif dans le sens de condition ; c'est dans cette acception qu'il paroît être pris ici. Peut-être aussi le personnage qui remplissoit ce rôle avoit-il un *sy* inscrit sur quelque partie de ses vêtemens ».

vv. 430-83: Dans une série d'échanges entre Les Demerites, Peuple François, Symonie et Ypocrisie, on passe en revue toutes les erreurs de l'Homme Obstiné sous la forme conditionnelle. S'il n'avait pas agi mal à plusieurs reprises, tout irait bien mieux pour tout le monde.

v. 445: Les deux versions *G* et *M* ont la leçon *Symonie*, mais ce mot ne rime pas avec *abitacle* au vers 444. Nous pensons qu'il faut comprendre le néologisme *symoniacle*, fondé sur *simoniaque*. Voir la Piteuse Complainte de la Terre Sainte, v. 191, où Gringore emploie *symoniacles* à la rime.

v. 453: Allusion une fois encore qui démontre l'obsession des ennemis du pape du fait qu'il avait un médecin juif.

v. 461: Référence au fait que Jules II avait renversé l'alliance qui l'unissait aux Français contre Venise en automne 1509.

v. 468: Il y a une ambiguïté dans ce vers concernant l'antécédent de *il*. Se réfère-t-il à l'Homme Obstiné comme au vers 437 ou s'agit-il du Peuple Français qui *estoit / A peché enclin*? Le sens des vers suivants suggèrent que c'est toujours à l'Homme Obstiné qu'il est fait allusion.

v. 480: Le chêne désigne le pape, le lion, Venise.

vv. 484-86: C'est Peuple Ytalique, le premier de tous les personnages, qui se rend compte que les *demerites* de tout le monde ont précipité la situation désastreuse.

vv. 487-94: Pugnicion Divine réprime Peuple Ytalique et Peuple François, car l'un comme l'autre endosse une part de responsabilité de la situation.

vv. 495-543: Les personnages, sauf l'Homme Obstiné, s'adressent au public à la fin en exhortant toutes les classes, les *princes, seigneurs*, les *justiciers*, les *prelatz* et les *bourgois, marchans*, à se reformer. Hindley, éd., 51, suggère le jeu dramatique suivant:

> Pour démontrer la volonté de Peuple François et de Peuple Ytalique d'enlever «ce sy» (vv. 499, 510, 528) et tout ce qu'il implique, on peut conjecturer que pendant (ou après) le Chant royal qui conclut la pièce, tous les personnages en scène (sauf l'Homme Obstiné) venaient «ôter le sy» (vv. 493, 499, 510, 528, 536) que porte Les Demerites Communes à son «queue». Une telle action collective est tout à fait caractéristique de la moralité, genre où le vêtement a fréquemment une portée symbolique, un changement de costume figurant un changement de comportement moral.

L'OBSTINATION DES SUYSSES

Introduction

Résumé de l'œuvre

Adoptant l'opinion de Pie II selon laquelle «*les Suysses sont fiers et orguilleux*» (v. 3), le narrateur de l'*Obstination des Suysses* se lance dans une critique féroce à la troisième personne des agissements des anciens alliés des Français. D'après lui, les Suisses sont ingrats, avares, arrogants et orgueilleux en tant que guerriers. Il sont fous de croire pouvoir démenteler les Français. En outre, ils ne respectent pas les lois de Dieu. S'adressant directement aux ennemis de la France (IV-X), le narrateur accuse d'ignorance les Suisses, qui méprisent tous *gens doctes* (v. 39), et il les rabat à un niveau plus bas que les «*irraisonnables bestes*» (v. 62). Après avoir dénigré leur outrecuidance à se dresser contre la noblesse et la chevalerie des princes, le locuteur reprend l'analogie entre les Suisses et les bêtes, comparant cette fois-ci les princes aux loups affamés qui sortent du bois pour traquer leur proie, sans penser aux dommages qu'ils laissent derrière eux. Tout comme les chiens qui pourchassent toujours un autre morceau, les Suisses veulent toujours plus d'argent, même s'ils viennent d'être payés. S'exprimant une fois encore à la troisième personne, le narrateur souligne combien la violence dont ils font preuve à travers les villes et les champs – par la destruction de lieux sacrés, le viol d'abbesses et de dames, le meurtre de nombreux paysans et de maris innocents –, attestent de leur sauvagerie et de leur barbarie.

Dans l'avant-dernière strophe le locuteur s'adresse aux princes, en les avertissant des dangers qu'ils encourent en pactisant avec les Suisses, dont le seul métier est de faire la guerre, et en les encourageant à les éliminer. La dernière strophe, engendrée

Figure 8: *L'Obstination des Suysses* (BnF Rés. Ye 2954 [8]), page de titre

par le nom de l'auteur, constitue une fois encore une accusation insultante à l'encontre de ces Suisses, «*Grosses testes*» (v. 127), dont l'orgueil criminel sera châtié par Dieu.

Le contexte historique

Au début de son règne, Louis XII entreprint de négocier avec les Suisses, qui passaient pour les meilleurs soldats de toute la Chrétienté. Par l'entremise de son émissaire, Antoine de Baissy, baillif de Dijon, le roi de France réussit en mars 1499 à leur faire accepter un contrat de dix ans. Le Traité de Lucerne lui permet de recruter les Suisses en échange d'un paiement annuel de vingt mille livres tournois[153]. Grâce aux Suisses, les Français parviennent à s'emparer de Ludovic Sforza lors de la révolte de Milan en 1500 (voir les *Lettres nouvelles de Milan* ci-dessus)[154]. Ils font partie aussi de l'expédition des Français pour recouvrer Naples en 1501. Des tensions opposent cependant les Français et les Suisses, ces derniers considérant n'être suffisamment payés selon les accords négociés, et ceux-là estimant que les mercenaires étaient trop chers, barbares et inconstants.

En 1509, lors des négociations de reconduction du Traité de Lucerne, Louis finit par renoncer en raison des exigences financières des mercenaires suisses. C'est le pape Jules II qui, saisissant l'enjeu stratégique d'une telle association, parvient à un accord avec les Suisses, qui signèrent l'alliance de la sainte Ligue contre la France en octobre 1511. Un mois plus tard, pendant le Concile de Pise, organisé par Louis XII contre le pontife, Jules II

---

[153] Le fait que la Confédération helvétique appartenait à l'Empire depuis 1498 compliquait la situation, étant donné la contrainte plus ou moins ferme à obéir à l'empereur pendant des périodes de guerre. Dans notre discussion sur les Suisses, nous nous appuyons sur Baumgartner, 107-123, 194-210; Bridge, 120-26, 161-71, 235-37; et Quilliet, 242, 396-97, 408-26.

[154] Puisque des mercenaires suisses se trouvaient aussi bien dans l'armée des Français que dans celle de Ludovic, la Confédération helvétique leur avait interdit de lutter les uns contre les autres. Ludovic profita de la situation pour s'évader déguisé en mercenaire. C'est quand les Français menacèrent les Suisses qu'un parmi eux finit par indiquer où se cachait Ludovic.

fait investir la Lombardie par les Suisses, qui mettent à sac Varèse, dans les terres françaises. Gaston de Foix, à la tête des Français, les laisse progresser jusqu'à Milan, mais sa stratégie les forcent à se retirer. Pourtant, ce n'est qu'après avoir pillé plus de vingt villages et amassé un important butin que les Suisses regagnèrent leur pays.

Exhortés à marcher encore une fois contre les Français, les Suisses, alliés avec Venise et le pape, attaquent Vérone en mai 1512 et contraignent les Français, cette fois sous le commandement de Jacques de Chabannes La Palisse, à abandonner Bologne, Bergame, Crémone, Pizzighettone, Asti, Pavie et Milan. A la fin juin, les Français se replient en France, serrés de près des Suisses.

En mai 1513 les Français font à nouveau campagne en Italie pour reprendre Milan et la Lombardie. Mais en raison de la supériorité tactique des Suisses, qui soutenaient le nouveau duc de Milan, Massimiliano Sforza, contre la France, et du carnage qu'ils font dans les rangs français, l'armée du roi perd le Milanais une deuxième fois. Sous la menace de l'empereur et de la pression du roi d'Angleterre dans le nord, inquiété par le mouvement des troupes suisses de plus en plus belliqueuses à l'est, l'émissaire de Louis XII, La Trémouille, signe le Traité de Dijon le 14 septembre 1513, renonçant aux territoires français d'Italie et acceptant de payer quatre cent mille écus d'or aux mercenaires.

Les traditions littéraires

Gringore se sert une fois encore d'une forme rhétorico-poétique qui lui est devenue familière depuis la *Piteuse Complainte de la Terre Sainte* et l'*Entreprise de Venise*. Un seul narrateur-protagoniste monte sur scène et s'en prend sur le mode poétique à l'ennemi, en l'occurrence les Suisses, par un réquisitoire acerbe à la deuxième personne et à la troisième personne. Par contraste avec cette rhétorique vitupérative, le narrateur exhorte ensuite les *nobles princes*, dont il est plus ou moins le porte-parole, et les incite en termes très modérés et même équivoques à anéantir les Suisses.

Ce texte fut vraisemblablement publié en vue de l'adhésion des Français à la politique de Louis XII en Italie, qui se solda pourtant par une défaite totale.

La versification

Le nombre de syllabes. Les cent trente-quatre vers de l'*Obstination des Suysses*, la plus courte des pièces de propagande étudiées dans ce volume, sont tous décasyllabiques et se divisent presque toujours en hémistiches de quatre et six syllabes[155]. A la différence des poèmes polémiques que Gringore rédigea tout au début du siècle, l'*Obstination des Suysses* contient très peu de césures épiques. Elles ne se trouvent que dans deux vers, soit 1% du total, qui font tomber le *-ent* final. En revanche, trente-sept vers, soit 28%, ont une césure lyrique, ce qui constitue un changement significatif. Dans deux vers, le *-e* muet à la césure s'élide avec le premier mot du deuxième hémistiche (vv. 9, 61).

Très peu d'exemples de syllabation irrégulière se présentent dans notre poème. Dans un seul vers, le *-es* final d'un mot tombe devant une consonne au milieu d'un hémistiche (v. 78)[156]. Le mot *quatriesme* placé devant une voyelle ne compte que comme deux syllabes (v. 9), ainsi que le mot *deveroient*, placé à une césure épique (v. 22). L'*Obstination des Suysses* évite également l'hiatus (voir, cependant, les vers 14, 37, 67, 94, 128). Il est assez remarquable que Gringore n'emploie aucun mot qui se termine en *-tion*, une terminaison avec hiatus répandue dans ses précédents écrits polémiques, surtout à la rime.

Formes strophiques. Toutes les strophes, sauf la dernière, sont constitueés de neuvains décasyllabiques, qui s'imposent comme une des formes préférées par Gringore, au moins pour ses poèmes de propagande plus tardifs. Pour se conformer aux huit lettres

---

[155] Le premier vers se divise en deux hémistiches de sept et trois syllabes et le dernier vers se divise en six et quatre syllabes.

[156] Mais voir les variantes de la version *M*, qui propose une lecture différente pour éviter cette situation.

acrostiches dans le nom de l'auteur, la dernière strophe se limite au huitain décasyllabique. Les schémas de rimes sont les suivants:

    quatorze neuvains décasyllabiques: aabaabbcc (I-XIV)
    un huitain décasyllabique: aababbcc (XV)

Les rimes. Les rimes employées le plus fréquemment sont *-ain* ou *-ains* (huit fois), *-age* ou *-aige* (cinq fois), *-erre* (cinq fois), *-eux* (cinq fois), *-in* ou *-ins* (cinq fois). *Guerre* et *querre,* des mots déterminants dans l'attaque de Gringore, figurent deux fois à la rime.

Les rimes sont moins recherchées que dans les écrits précédemment étudiés et, à part l'acrostiche qui engendre la dernière strophe, on ne trouve pas vraiment de jeux de rimes. La plupart des rimes sont suffisantes, tandis qu'il n'y a qu'une douzaine de rimes riches dans le poème. Par deux fois les rimes comprennent deux syllabes, dont la première est une rime riche léonine (vv. 84, 87, 88; 118, 119, 121, 122). De plus Gringore exploite une rime qui évoque la *Chasse du cerfs des cerfz: serve – serve – cerve* (vv. 12, 14, 15). Une rime irrégulière se trouve aux vers 37, 38, 40, 41, dans la mesure où Gringore emploie un adjectif au singulier dans les deux premiers cas *(muable, raisonnable)* et un adjectif au pluriel dans les deux derniers *(traictables, notables),* ce qui ne constitue pas une véritable rime. Comme dans les autres poèmes de Gringore, les vers épiphonèmes ponctuent la plupart des strophes dans l'*Obstination des Suysses* (voir les vv. 18, 27, 36, etc.). Gringore exploite l'enjambement moins que d'habitude dans ce poème, où il apparaît environ trente-cinq fois.

LE TEXTE

Editions

Il existe aujourd'hui deux versions du XVIe siècle de l'*Obstination des Suysses,* un imprimé (*P*) et un manuscrit (*M*), ainsi qu'un facsimilé du XIXe siècle fait d'après un exemplaire appartenant vraisemblablement à la même édition que *P,* mais dans un tirage plus tardif enrichi de quelques corrections (*C*). A la fin de leur édition de la *Vie Monseigneur saint Louis*, deuxième volume des *Œuvres complètes de Gringore*, Anatole de Montaiglon et James de Rothschild publièrent une édition de notre poème, qui ne figurait pas dans le premier volume par défaut de temps chez les auteurs (*R*). En 1983, Alison Adams, croyant qu'il s'agissait d'une œuvre de Jean Lemaire de Belges, donnait une édition de la version *M*.

C (Chantilly, Musée Condé, ms. 505 [ancien 1598])
Edition en facsimilé sur parchemin[157]. Paris: A. Veinant, XIXᵉ s. 4 ff. à 1 col. de 26 ll au plus, in-8°, car. goth. Titre (f. 1ʳ): *Lobstinatio(n) des suysses*. Sous le titre, une gravure sur bois montre une scène d'extérieur où un homme vêtu d'une robe et d'un chapeau (à droite) accompagné d'une suite en vêtements civils, parle à un groupe de soldats tenant des armes (à gauche). Au f. 1ᵛ on trouve le titre: *Lobstination des suysses*. Le texte de l'*Obstination des Suysses* se trouve aux folios 1ᵛ-4ʳ. F. 4ʳ: Signature en acrostiche (GRINGORE) de l'auteur. *FINIS*[158].
Références: *Catalogue des Manuscrits*, Chantilly, 111; Oulmont, 44

M (Paris, BnF ms. fr. 1690)
Vélin, XVIᵉ siècle [1512/1513-1545]. 8 ff. à 1 col., car. goth. Au f. 5ʳ: *Lobstination des suisses* en lettres rouges[159]. Le texte de l'*Obstination des Suysses* se trouve aux folios 5ʳ-7ʳ.
Références: *Catalogue des Manuscrits*, BnF; Oulmont, 44
D'autres exemplaires: Edition Adams[160]

---

[157] Bien que cataloguée comme manuscrit, la version *C* est le facsimilé d'un imprimé.

[158] Le texte de l'*Obstination des Suysses* est suivi du *Testament de Lucifer* dans cette édition en facsimilé.

[159] Un autre texte, qui s'intitule *Exhortation aux princes terriens*, une attaque des Turcs, se trouve aux folios 2ʳ-4ᵛ et termine avec la devise *Sans picquer qui ne me touche*. Au folio 7ᵛ, un rondeau a été barré à l'encre noire.

[160] «Le manuscrit huntérien de l'*Epistre du Roy* de Jean Lemaire de Belges et le manuscrit B.N. Fonds Français 1690», *Bibliothèque d'Humanisme et Renaissance*, XLV, 3 (1983), 514-17.

P (Paris, BnF Rés. Ye 2954 [8])
Edition sur papier, s.l.n.d. [Paris: Janot/Veuve Trepperel[161], juillet 1512-après juin 1513]. 4 ff. à 1 col. de 26 ll au plus, in-8°, car. goth. Titre (f. 1ʳ): *Lobstinatio(n) des suysses*. Sous le titre, une gravure sur bois montre une scène d'extérieur où un homme vêtu d'une robe et d'un chapeau (à droite), accompagné d'une suite en vêtements civils, parle à un groupe de soldats tenant des armes (à gauche) (Fig. 8)[162]. Au f. 1ᵛ on trouve le titre: *Lobstination des suysses*. Le texte de l'*Obstination des Suysses* se trouve aux folios 1ᵛ-4ʳ. F. 4ʳ: Signature en acrostiche (GRINGORE) de l'auteur. *FINIS*[163].
Références: BnF *Catalogue des Imprimés*, t. 64, 789; Brunet 1757; Graesse, 159; Oulmont, 44; Tchémerzine, VI, 77

R (Montaiglon et Rothschild)
Eds. Anatole de Montaiglon et James de Rothschild. Paris: Daffis, 1877, t. II des *Œuvres complètes de Gringore*, pp. 350-56.
Références: Oulmont, 44[164]
D'autres exemplaires: Anatole de Montaiglon, *Poésies françoises*, VIII (1858), 282ff.

Les versions *P* et *C* sont presque identiques, mais on trouve dans *C* la correction de quelques erreurs commises par le typographe dans *P*: *Eneas* au lieu d'*Eueas* (v. 1); *souvent* au lieu de *souveut* (v. 18); *Tous* au lieu de *Tons* (v. 45); *disposee* au lieu de *diiposee* (v. 71); et *orgueilleux* au lieu de *orgueillux* (v. 117). Ces

---

[161] Mention de la main de Brigitte Moreau sur la feuille de garde. Ces deux imprimeurs, qui publièrent probablement la version *M* du *Jeu du Prince des Sotz et Mere Sotte*, travaillèrent ensemble entre 1512 et 1517 (Philippe Renouard, *Répertoire des Imprimeurs parisiens, libraries, fondeurs de caractères et correcteurs d'imprimerie*, Paris: Minard, 1965, 414).

[162] Pour une autre reproduction de la page de titre, voir Tchémerzine, VI, 77.

[163] Pour une reproduction du dernier folio, voir Tchémerzine, VI, 77.

[164] Oulmont, *Pierre Gringore*, prétend que Montaiglon et Rothschild éditèrent leur version d'après le ms. fr. 1690 de la Bibliothèque Nationale, mais en fait ils l'établirent sur la version *P* tout en tenant compte de la version *M*. Pourtant ils ne tinrent pas compte de la version *C*.

INTRODUCTION   331

petits changements nous font croire que l'exemplaire dont *C* est un facsimilé représente un tirage plus tardif que *P*. A la différence de la plupart des œuvres polémiques de Gringore que nous avons éditées ci-dessus, comme l'*Entreprise de Venise*, l'*Union des Princes*, la *Chasse du Cerf des Cerfz* et l'*Espoir de paix*, il n'y a pas de privilège dans les impressions *CP* de l'*Obstination des Suysses*. Ce défaut suggère soit que Gringore n'avait pas obtenu ou cherché à obtenir de privilège, peut-être parce que l'*Obstination des Suysses* est un pamphlet très court, soit que l'hypothétique édition avec privilège ne nous est pas parvenue.

La version *M* est un manuscrit qui, selon les informations données par le premier folio, a été offert par un certain *maistre Jehan servant* à *Loys de Cleves*. Adams (513ff) suggère que ce *maistre Jehan* est Jean Lemaire de Belges. Cette version semble bien avoir été copiée d'après les impressions *CP*, car les corrections qu'elle contient relèvent d'un moyen français rajeuni, ce que confirme l'époque de Louis de Clèves, qui mourut en 1545. Il existe très peu de différences entre *CP* et *M*. Par exemple, presque tous les participes présents s'accordant avec le sujet qu'ils modifient dans les versions *CP* ont une forme modernisée dans la version *M*: *faisant* au lieu de *faisans* (v. 53), *Voullant* au lieu de *Voulans* (v. 56), *l'ignorant* au lieu de *ignorans* (v. 72). De plus, la préposition est répétée devant chaque substantif dans *M* à la différence des versions *CP*; on trouve dans *M*: *en ville et en villaige* au lieu de *en villes, cours ou village* (v. 78). La version *M* présente d'autres modernisations: *Ce sont bestes* au lieu de *Se sont bestes* (v. 25); *de tout* au lieu de *du tout* (v. 32); *faictes* au lieu de *faictez* (v. 34), *francz* au lieu de *frans* (v. 131).

En outre, la version *M* corrige quelques erreurs qui se trouvent dans *CP*, des corrections que nous avons adoptées dans le texte édité:

CP	Sans **cogitez** que faictez mesprison	(v. 33)
M	Sans **cogiter** que *faictes* mesprison	

CP	Folz font ainsi qui leur monte a **leur** testes	(v. 63)
M	Folz font ainsy qui leur monte a **leurs** testes	

CP	Qu'elle ne **sçait** soy venger disposee	(v. 71)
M	Qu'elle ne **soit** soy vengier disposee	
CP	Se on **luy** donne quelque morceau pain	(v. 83)
M	Se on donne quelque morceau **de** pain	
CP	Indiscrectz, folz, par argent **subvertir**	(v. 129)
M	Indiscrectz, folz, par argent **subvertiz**	
CP	Gens qui sont frans **voulez assubgectir**	(v. 131)
M	Gens qui sont francz **voyez assubgectiz**	

Quant à la datation de notre poème, nous ne pouvons proposer que des dates approximatives. Montaiglon fixa la date de composition entre 1510, date de l'alliance des Suisses avec le pape et les Vénitiens contre les Français, et 1516, date du Traité de Fribourg, suggérant quand même que Gringore aurait rédigé l'*Obstination des Suysses* sous le règne de Louis XII, «c'est-à-dire avant 1512, et au commencement de la querelle» (350-51). En revanche, Michael Sherman («The Selling of Louis XII», 271), sans donner de dates précises, préfère la *fin* de la période de confrontation militaire entre la France et la sainte Ligue, quand les Suisses repoussaient les Français du Milanais, en raison du libre cours que l'auteur donne à sa vituperation[165].

Quoique les allusions internes de l'*Obstination des Suysses* soient assez vagues, la référence au pillage de Milan par les Suisses au vers 30 (et plus indirectement aux vers 55-57) nous permet de fixer le *terminus post quem* soit après la fin juin 1512, quand, à cause de l'opposition trop forte de la sainte Ligue, les Français furent forcés de rentrer en France[166]; soit après que les Suisses aidèrent Massimiliano Sforza à renvoyer les Français du Milanais définitivement en juin 1513.

---

[165] Adrian Armstrong, «The Practice of Textual Transmission: Jean Molinet's *Ressource du petit peuple*», *Forum for Modern Language Study*, xxxiii, 3 (1997), 280, en s'appuyant peut-être sur Adams, croit que l'*Obstination des Suysses* a été composée entre 1513 et septembre 1515.

[166] Les Français furent «suivis de près jusqu'au passage des Alpes par les harcèlements continuels des mercenaires suisses», selon Quilliet, 416.

L'établissement du texte

Nous nous servons de la version *C* comme base de notre edition. Contemporaine de *P*, puisque s'agissant vraisemblablement d'un tirage amendé de la même edition, tout en y apportant quelques corrections, *C* est plus fiable. Quand la version *C* est fautive, nous avons adopté les corrections de *M* et les avons signalées en note à la suite du texte édité. Les variantes dans les versions *P*, *M*, et *R* sont reproduites en bas de page ainsi que les leçons non acceptées de *C*. Pour montrer comment *M* et *R* ont très souvent rajeuni *CP*, nous avons indiqué exceptionnellement les différences d'orthographe. Les mêmes critères philologiques que ceux adoptés dans les éditions précédentes s'appliquent à cette édition.

L'Obstination des Suysses (f° 1ᵛ)

I **S**i Enëas Silvius, qui fut dit
 Pape Pië, en son escript predict
 Que les Suysses sont fiers et orguilleux,
 Au temps present je n'y metz contredict, 4
 Car j'aperçoy que par faict et par dict
 Plus que onques mais se monstrent oultrageulx.
 Bien est heureulx qui n'a que faire a eulx,
 Comme ledict Pape Pie recolle 8
 En sa nonante et quatriesme epistole.

II Suysses ingratz sont et plains d'avarice;
 Joindre, adapter ne veullent a Justice,
 Mais desirent la tenir comme serve, 12
 La desprisant et blasmant son office;
 Et si quelq'un contre iceulx obiïce,
 Ilz veullent bien que Justice leur serve.
 Moins sont piteux que n'est la loupve cerve 16
 Eschauffee dedans le boys ramaige:
 L'ouvrier souvent est congneu a l'ouvraige.

III C'est grant orgueil a telz bellicateurs
 De ce dire des princes correcteurs, 20
 Car ignars sont et sans clericature.
 Ilz se devroient nommer explorateurs,
 Tirans, pervers, de bien d'aultruy rapteurs. (f° 2ʳ)
 Fiers, merveilleux ilz sont de leur nature; 24
 Se sont bestes qui charchent leur pasture
 Sur roys, princes, bourgoys et populaire:
 A gens ingratz il n'appartient salaire.

---

1 *P* Eueas – 2- *M* predit – 3 *M* Suisses – 5 *M* j'apperçoy que par fait et par dit – 6 *M* outrageus – 7 *M* eureux – 9 *M* epistole – 10 *M* Suisses – 13 *CP* blasment – 14 *M* se quelqu'un encontre obice, *R* objice – 16 *M* serve, *R* piteulx que n'est la loupe – 18 *P* souueut – 20 *M* de princes – 21 *M* Car ignares sont sans clericature – 22 *MR* devroient – 23 *M* Tyrans pervers de biens, *R* biens – 25 *M* Ce sont bestes qui cerchent, *R* Ce – 27 *M* ilz

IV Gens eshontez, plains d'orgueil et follye, 28
    Par trop avez rançonné Itallye,
    Pillé Millan sans droict et sans raison;
    Et vous semble que France demolye
    Sera par vous et du tout abolye, 32
    Sans cogiter que faictez mesprison.
    Vous ne faictez envers Dieu oraison,
    Mais vous semble qu'Il soit subject a vous:
    Riens pire ne est que les obstinez foulz. 36

V   Vostre vouloir est indiscret, müable,
    Riens ne jugez juste ne raisonnable,
    Et desprisez gens doctes, scienticques.
    Vous ne croyez, comme gens mal traictables, 40
    Que ce qui est conferné sans notables;
    A voz testes folles et fantasticques
    Le droict chemin laissez, et voyes oblicques
    Voulez suyvre; trop tenez de la lune: 44
    Tous hommes sont en dangier de Fortune.

VI Par trop allez vostre orgueil eslevant, (f° 2ᵛ)
    Car Therence le soustient en prouvant
    Qu'il ne est homme plus injuste de faict 48
    Que cil qui est ignare, non sçavant;
    Et luy semble soit derriere ou devant
    Qu'il n'y a riens bien fait s'il ne l'a faict.
    Suysses, Suysses, congnoissés le forfaict 52
    Que commectés faisans a autruy guerre:
    A ung mouton n'est requis cinq piedz querre.

VII Mais qui vous meult venir descendre en France,
    Voulans tenir les princes en souffrance, 56

---

28 *M* follie – 29 *M* Ytalie – 30 *M* Pillié Millan sans droit – 31 *M* France demollie – 32 *M* du tout abollie, *R* de tout – 33 *CP* cogitez, *M* faictes – 34 *MR* faictes – 35 *M* subgiet – 36 *M* Rien pire n'est – 38 *M* Rien – 39 *MR* scientificques (+1) – 42 *R* Avez testes – 43 *R* obliques – 44 *M* Voullez – 45 *C* Tons, *M* au danger – 48 *M* fait – 51 *R* bien faict – 52 *M* Suisses Suisses congnoissez le forfait, *R* congnoissez – 53 *M* commetez faisans, *R* faisant – 54 *M* En ung monton – 56 *M* Voullant

Cuydant gaster une province telle?
C'est follye avec oultrecuydance
Et que n'avez de raison congnoissance.
Chacun sçait bien que n'y avez querelle; 60
Vraye science, acquise ou naturelle,
Vous prisés moins que irraisonnables bestes:
Folz font ainsi qui leur monte a leurs testes.

VIII   O cueurs felons derogans a noblesse, 64
Qui appetez par folle hardyesse
Dessus princes avoir la seigneurie,
Desprisez vous leur vertu et proësse
Et que leurs cueurs, rempliz de gentillesse, 68
Ne combatent vostre gendarmerie?
Extimez vous si peu chevalerie (f° 3ʳ)
Qu'elle ne soit soy venger disposee?
Par ignorans science est desprisee. 72

IX   Comme le loup hors du boys se transporte
Quand il a fain, esperant qu'il rapporte
Beste ou oyseau de quelque pasturage,
Suysses pervers assemblent leur cohorte; 76
Des montaignes partent en ceste sorte,
Leurs proyes prennent en villes, cours ou village,
Et ne visent a la perte et dommaige
Que au peuple font, ne qu'ilz offencent Dieu: 80
La ou force regne bon droict n'a lieu.

X   Bien congnoissez que quant ung chien a fain,
Se on luy donne quelque morceau de pain,
Quant l'a mengé, d'autre en vient demander. 84
Tout en ce point font Suysses pour certain:

---

57 *M* Cuidant – 58 *M* Follie – 60 *R* chascun – 62 *M* prisez – 63 *CP* leur, *M* ainsy, *R* en leurs testes – 64 *M* derrogans – 65 *M* hardiesse – 70 *M* Estimiez, *R* Estimez – 71 *CP* sçait soy venger, *M* vengier – 72 *M* l'ignorant – 74 *M* raporte – 75 *M* pastourage – 75 *M* Suisses – 78 *M* Leur proye prennent en ville et en villaige, *R* en ville et en villaige – 80 *M* offensent – 81 *M* droit – 83 *CP* luy donne quelque morceau pain (-1), *M* luy *manque* (-1) – 84 *M* mengié, *R* mangé – 85 *M* Suisses

TEXTE ÉDITÉ 337

        Se argent ont huy, ilz en vouldront demain.
        Par trop veullent les Suysses gourmander.
        Si est requis de leur faire amender,   88
        Puis que chacun leur orguel apperçoyt :
        Le fol ne croyt jusques a ce qu'il reçoyt.

XI   En lieux sacrez Suysses mectent les mains ;
        Abbés, moynes, prestres et chappellains   92
        Batent, pillent, rançonnent et molestent,   (f° 3ᵛ)
        Et sont si fiers, cruëlz et inhumains
        Qu'i viollent abbesses et nonnains ;
        Des corporaulx et chasubles se vestent,   96
        Les biens d'autruy injustement conquestent,
        De rappine vivent et de larecin :
        Si Dieu acroit, il paye en la parfin.

XII   Dedans villes rançonnent les marchans,   100
        Les bledz et fruictz gastent dessus les champs,
        Chairs, vins happent sans demander combien,
        Les simples gens de leurs glaives tranchans
        Navrent, percent, tant sont fort non sachans ;   104
        Et brief en eulx il n'y a aucun bien.
        Or ne peult on sur iceulx gaigner rien,
        Parquoy l'en crainct a telz paillars combatre :
        L'orgueil des folz par vertu fault abbattre.   108

XIII   Ce sont tirans plains d'opprobres diffames,
        Qui ne craignent meurtrir, dampner leurs ames,
        Car conduictz sont par les espritz malins ;
        Leur desduict est a faire veufves femmes,   112
        Et se mirent a deflorer les dames,
        Desheritans pupilles, orphelins.

---

86 *R* ils – 87 *M* princes gourmander – 89 *M* apperçoit – 90 *M* juc a ce qu'il reçoit – 91 *M* Suisses mettent – 92 *M* Abbez moynes prebstres, *R* Chappelains – 93 *M* battent – 95 *M* Qu'ilz – 96 *M* De corporaulx – 98 *M* rapine vivent et de larcin – 99 *M* Se Dieu accroit – 101 *M* gastens – 102 *M* Chars – 103 *M* trenchans – 104 *M* sont folz – 107 *M* Par quoy on craint, *R* l'on – 108 *M* abatre – 109 *M* tyrans – 110 *CP* craignant meurtrir dampnez – 111 *M* esperitz – 112 *CP* Leurs desduictz, *M* vefves – 113 *R* desflorer – 114 *M* Desheritant

        Garder les fault de venir a leurs fins,
        Car le dangier y seroit perilleux : 116
        Riens n'est pire que le povre orgueilleux. (f° 4^r)

XIV   Nobles princes, gardez de vous laisser
        Assubgectir, fouller ne interesser
        Par les Suysses, gens avollez, sans terre. 120
        Il est requis leur orgueil rabaisser,
        Ou tellement vous vouldront oppresser,
        Que incessamment ilz vous feront la guerre.
        C'est leur mestier, autre n'en veullent querre. 124
        Faictes que de eulx il ne soit plus memore :
        Cil qui ce fait agneau, loup le devore.

XV   Grosses testes, sans sens, lourdz et labilles,
        Robustes, faulx, varïans, tresmobiles, 128
        Indiscrectz, folz, par argent subvertiz,
        N'esperez pas que par vous serfz servilles,
        Gens qui sont frans, voyez assubgectiz.
        Orgueil conduict larrons mal advertis, 132
        Raison ne ayment, a discorde ont reffuge :
        En la fin Dieu pugnist, c'est le vray juge.

---

117 *M* Rien...pouvre, *P* orgueillux – 118 *CP* garder – 119 *M* A subgectir – 120 *M* ses Suisses gens avollés – 124 *M* autre ne veullent – 125 *M* memoire – 126 *M* se fait aigneau – 127 *M* lours – 129 *CP* subvertir, *R* Indiscretz folz par argent subvertis – 131 *CP* voulez assubgectir, *R* voulez – 132 *M* conduit larrons maladvertiz – 133 *M* Raison ne ayment a discord ont refuge – 134 *M* pugnit

L'Obstination des Suysses

Notes

vv. 1-2: Æneas Silvius Piccolomini fut pape, sous le nom de Pie II, de 1459 à 1464.

v. 6: L'insistance sur *plus que **oncques** mais* suggère que Gringore pense à un événement grave qui précipita la composition de cet écrit.

v. 9: Dans le 94ᵉ Epître, Pie II écrivit: «Cancellarius scribit mihi ex Constantia nullam spem esse concordiae cum Suicensibus; nam superbi natura homines non se Justitiae cooptant, sed ipsam sibi Justitiam famulari volunt, justumque id putant quod eorum phantasticis est conforme capitibus, 'beneque, *inquit Comicus*, homine imperito nihil quidquam injustius est, qui nihil rectum putat nisi quod ipse fecit'» (Montaiglon et Rothschild, 351-52, n. 3). Gringore s'appuiera sur ces idées aux vers suivants (voir les strophes II et VI).

v. 13: Nous avons remplacé *blasment* dans les versions *CP* avec une meilleure leçon de *M*, *blasmant*.

vv. 16-17: Ces vers rappellent l'analogie que Gringore établit entre le pape Jules II et un cerf en rut dans sa *Chasse du cerf des cerfz* (voir l'édition de cette œuvre ci-dessus).

vv. 29-32: Allusion au rôle joué par les mercenaires suisses en repoussant du Milanais les Français, soit en juin 1512 soit en juin 1513.

v. 33: Les versions *CP* comportent une erreur avec la leçon *cogitez*, peut-être par anticipation du deuxième verbe *faictez*. Nous l'avons remplacé par l'infinitif, tel qu'il se trouve dans la version *M*.

v. 42: Gringore emprunte l'expression du pape Pie II (voir la citation ci-dessus au v. 9).

v. 46: Noter la construction médiévale *allez...eslevant*.

vv. 46-51: Comme il l'annonce, le narrateur emprunte l'idée de Térence, que cite Pie II dans sa 94ᵉ Epître (voir ci-dessus, v. 9). Son attaque contre les Suisses n'en est que plus autorisée.

v. 54: Comprendre: *Quiconque cherche un mouton à cinq pieds est fou.*

vv. 55-57: En fait, ce sont Jules II et Matthieu Schiner, cardinal suisse et allié du pape, qui encourageaient les Suisses à se lever contre les Français. En 1513, ce fut Massimiliano Sforza, duc de Milan, qui fit venir les Suisses en Italie pour lutter contre la France. L'expression *descendre en France* implique qu'il s'agit du territoire français en Italie ; la *province* est le Milanais. La constuction de cette phrase est étrange. Il faut comprendre : *Mais qui vous pousse à descendre en France, à vouloir dépouiller les princes et à ravager une telle province ?*

vv. 58-59 : Il n'y a pas de parallélisme grammatical dans ces vers, ce qui est assez typique des vers de Gringore.

v. 63 : *Qui* dans ce vers = *ce qui*. Nous avons corrigé l'erreur dans l'emploi de l'adjectif possessif au singulier (***leur** testes*) par le pluriel, la leçon dans *M*.

vv. 64-72 : Dans ces vers-ci, ainsi que dans les précédents, Gringore souligne la distinction entre les princes, seigneurs et chevaliers auxquels les Suisses osent s'en prendre et la *gendarmerie* peu noble des Suisses. Aux vers 67-69, il y a une absence de parallélisme grammatical. Au vers 71, nous avons adopté la leçon de la version *M* pour corriger un vers qui n'avait pas de sens autrement. Il faut comprendre : *Estimez-vous si peu la chevalerie à croire qu'elle ne soit pas disposée à se venger ?*

vv. 73-81 : Gringore dépeint la nature sauvage des Suisses.

vv. 79-80 : Il y a une absence de parallélisme grammatical.

vv. 81-87 : La soi-disante avidité des Suisses, qui pensent n'être jamais assez payés pour leurs services, est mise en relief dans cette strophe. Au vers 83, nous avons ajouté la leçon *de* tirée de la version *M* pour maintenir le vers décasyllabique.

v. 90 : Noter que Gringore omet d'employer le subjonctif après *jusques a ce que*, peut-être par souci de garder la rime avec le vers précédent. Le même proverbe se présente dans l'*Entreprise de Venise* (v. 154).

vv. 91-117 : Dans ces vers le narrateur insiste sur le comportement sauvage des Suisses, surtout à l'encontre de l'Eglise, et sur la barbarie dont ils font preuve dans les villes et les campagnes. Il finit par les réduire aux *paillars* (107), ce qui reflétait l'attitude générale des Français.

v. 110 : Le sens de ce vers étant problématique dans toutes les versions, nous l'avons corrigé d'après la version *M*.

v. 118 : Nous avons corrigé l'erreur dans les versions *CP* (*garder*) par la forme impérative de la version *M*.

vv. 127-129 : Gringore énumère toutes les faiblesses des Suisses, qu'il vient de mentionner dans les vers précédents, et insiste surtout sur leur manque d'intelligence et de culture, sur leur inconstance et sur leur avarice.

vv. 130-31: Puisque le verbe à la rime au vers 131 devrait être en *-iz*, nous avons adopté la leçon de *M*, mais le sens n'est toujours pas évident. Comprendre : *N'espérez pas que vous, serfs serviles, verrez les gens qui sont francs* [= des Français] *assujetis par vous.*

BIBLIOGRAPHIE

Sources primaires

Auton, Jean, *Chroniques de Louis XII*, éd. R. de Maulde La Clavière, 4 tomes, Paris: Renouard, 1888-95.

–, *Epistre d'Hector au roy*, éds. Adrian Armstrong et Jennifer Britnell, Paris: Société des Textes Français Modernes, 2000.

Bouchet, Jean, *La Déploration de l'Eglise militante*, éd. Jennifer Britnell, Genève: Droz, 1991.

Chartier, Alain, *Quadrilogue invectif*, éd. Arthur Piaget, Paris: Droz, 1950.

Commynes, Philippe de, *Mémoires*, dans *Historiens et Chroniqueurs du Moyen Age*, éd. Albert Pauphilet, Paris: Gallimard, 1952, 949-1448.

Cretin, Guillaume, *Œuvres poétiques*, éd. K. Chesney, Paris: Firmin-Didot, 1932, reprint Genève: Slatkine, 1977.

Gringore, Pierre, *Chasteau de labour*, éd. Alfred. W. Pollard, Edinburgh: Roxburghe Club, 1905.

–, *Les Fantasies de Mere Sote*, éd. R. L. Frautschi, Chapel Hill: The University of North Carolina Press, 1962.

–, *Le Jeu du Prince des Sotz et de Mere Sotte*, éd. Alan Hindley, Paris: Champion, 2000.

–, *Lettres nouvelles de Milan*, éd. E. Balmas, Milan-Varese: Nicola, 1955, reprint Milano: Cisalpino, 1968.

–, *Mystère inédit de saint Louis*, tome II des *Œuvres complètes de Pierre Gringore*, éds. Anatole de Montaiglon et James de Rothschild, Paris: Daffis, 1877.

–, *Œuvres politiques*, tome I des *Œuvres complètes de Pierre Gringore*, éds. Charles d'Héricault et Anatole Montaiglon, Paris: Jannet, 1858.

–, *Sottie contre le Pape Jules II*, dans *Recueil Général des Sotties*, éd. Emile Picot, Paris: Didot, 1904, reprint New York: Johnson Reprint Company, 1968, tome II, 105-73.

– (attribué), *Sotye nouvelle des croniqueurs*, dans *Recueil Général des Sotties*, éd. Emile Picot, Paris: Didot, 1904, reprint New York: Johnson Reprint Company, 1968, tome II, 213-44.

–, *L'Union des Princes*, éd. Anna Slerca, Milan: Pubblicazioni della Università Cattolica, 1977.

La Vigne, André de, *Atollite portas de Gennes et Quis est iste rex glorie en ballades*, dans *The Shaping of History and Poetry in Late Medieval France*, éd. Cynthia J. Brown, Birmingham: Summa, 1985, 163-68.

–, *Patenostre quis es in celis des Genevois*, dans *The Shaping of History and Poetry in Late Medieval France*, éd. Cynthia J. Brown, Birmingham: Summa, 1985, 169-72.

–, *La Ressource de la Chrétienté*, éd. Cynthia J. Brown, Montréal: CERES, 1989.

Lemaire de Belges, Jean, «Allégorie sur les différends», dans *A Contribution to the Study of Jean Lemaire de Belges*, éd. Kathleen M. Munn, Genève: Slatkine, 1975, 169-71.

–, *Concorde du genre humain*, éd. Pierre Jodogne, Bruxelles: Palais des Académies, 1964.

–, *Epistre du roy à Hector et autres pièces de circonstances (1511-1513)*, éds. Adrian Armstrong et Jennifer Britnell, Paris: Société des Textes Français Modernes, 2000.

–, *Œuvres*, éd. J. Stecher, 4 vols., Louvain: Lefevre, 1882-91.

–, *La Plainte du Désiré*, éd. Dora Yabsley, Paris: Droz, 1932.

–, *Traicté de la différence des schismes et des conciles de l'Eglise*, éd. Jennifer Britnell, Genève: Droz, 1997.

Marot, Jean, *Les Deux Recueils*, éds. Gérard Defaux et Thierry Mantovani, Genève: Droz, 1999.

–, *Le Voyage de Gênes*, éd. Giovanna Trisolini, Genève: Droz, 1974.

Molinet, Jean, *Faictz et Dictz*, éd. Noël Dupire, 3 tomes, Paris: SATF, 1936-37.

Picot, Emile, éd., *Recueil général des sotties*, Paris: Firmin, 1904, t. II.

Rutebeuf, *Œuvres complètes*, éds. E. Faral et J. Bastin, 2 tomes, Paris: Picard, 1977.

Ouvrages historiques et critiques

Adams, Alison, «Le manuscrit huntérien de l'*Epistre du Roy* de Jean Lemaire de Belges et le manuscrit B.N. Fonds Français 1690», *Bibliothèque d'Humanisme et Renaissance*, XLV, 3, 1983, 514-17.

Arden, Heather, *Fools' Plays: A Study of Satire in the Sottie*, Cambridge: Cambridge University Press, 1980.

Armstrong, Adrian, «The Practice of Textual Transmission: Jean Molinet's *Ressource du petit peuple*», *Forum for Modern Language Study*, xxxiii, 3, 1997, 270-82.

–, *Technique and Technology: Script, Print and Poetics in France, 1470-1550*, Oxford: Clarendon Press, 2000.

Armstrong, Elizabeth, *Before Copyright: The French Book-Privilege System, 1498-1526*, Cambridge: Cambridge University Press, 1990.

Aubailly, Jean-Claude, «L'Image du prince dans le théâtre de Gringore», dans *Le Pouvoir monarchique et ses supports idéologiques aux XIVe-XVIIe siècles*, éds. Jean Dufournet, Adelin Fiorato et Augustin Redondo, Paris: Publications de la Sorbonne Nouvelle, 1990, 175-83.

–, *Le Monologue, le dialogue et la sottie*, Paris: Champion, 1976.

–, *Le Théâtre médiéval profane et comique*, Paris: Larousse, 1975.

Baumgartner, Frederic J. *Louis XII*, New York: St. Martin's Press, 1994.

–, «Louis XII's Gallican Crisis of 1510-1513», dans *Politics, Ideology and the Law in Early Modern Europe: Essays in Honor of J. H. M. Salmon*, éd. Adrianna E. Bakos, Rochester: Rochester University Press, 1994, 55-72.

Bridge, John S. C., *A History of France from the Death of Louis XI*, 5 tomes, Oxford: Clarendon Press, 1921-36.

Britnell, Jennifer, «Antipapal Writing in the Reign of Louix XII: Propaganda and Self-Promotion», dans *Vernacular Literature and Current Affairs in the Early Sixteenth Century: France, England and Scotland*, éds. Jennifer Britnell et Richard Britnell, Aldershot: Ashgate, 2000, 41-61.

Bordonove, Georges, *Les Rois qui ont fait la France: Louis XII, Le Père du peuple*, Paris: Pygmalion, 2000.

Brown, Cynthia J., «Les *Abus du Monde* de Pierre Gringore: De l'imprimé au manuscrit»? dans *La Génération Marot: Poètes français et néo-latins (1515-1550)*, Actes du colloque international de Baltimore, 5-7 décembre 1996, éd. Gérard Defaux, Paris: Champion, 1997, 35-58.

–, «The Confrontation Between Printer and Author in Early Sixteenth-Century France: Another Example of Michel Le Noir's Unethical Printing Practices», *Bibliothèque d'Humanisme et Renaissance*, LIII, 1, 1991, 105-18.

–, «Patterns of Protest and Impersonation in the Works of Pierre Gringore», dans *Vernacular Literature and Current Affairs in France, England and Scotland, 1500-1530*, éds. Jennifer Britnell and Richard Britnell, Aldershot: Ashgate, 2000, 16-40.

—, «Pierre Gringore: Acteur, Auteur, Editeur», *Cahiers V. L. Saulnier (Les Grands Rhétoriqueurs)*, 14, 1997, 145-63.

—, *Poets, Patrons, and Printers: Crisis of Authority in Late Medieval France*, Ithaca: Cornell University Press, 1995.

—, «Political Misrule and Popular Opinion: Double Talk and Folly in Pierre Gringore's *Jeu du Prince des Sotz*», *Le Moyen Français* 11, 1982, 82-111.

—, *The Shaping of History and Poetry in Late Medieval France: Propaganda and Poetic Expression in the Works of the Rhétoriqueurs*, Birmingham: Summa, 1985.

Chambers, David et Brian Pullan, *Venice: A Documentary History, 1450-1630*, Oxford: Blackwell, 1992.

Chamard, Henri, «Gringore», *Dictionnaire des Lettres Françaises: Le Seizième Siècle*, Paris: Fayard, 1951.

Cloulas, Ivan, *Jules II*, Paris: Fayard, 1990.

Cowling, David, *Building the Text: Architecture as Metaphor in Late Medieval and Early Modern France*, Oxford: Clarendon Press, New York: Oxford University Press, 1998.

Cooper, Richard, «Noël Abraham, Publiciste de Louis XII, Duc de Milan: Premier Imprimeur du Roi»? dans *Passer les Monts: Français en Italian – l'Italie en France (1494-1525)*, éd. Jean Balsamo, Xe Colloque de la Société Française d'étude du Seizième Siècle, Paris: Champion, 1998, 149-76.

Dane, A., «Linguistic Trumpery: Notes on a French Sottie (*Recueil Trepperel* No. 10)», *Romanic Review*, LXXI, 2, 1980, 114-21.

Devaux, Jean, *Jean Molinet, indiciaire bourguignon*, Paris: Champion, 1996.

Dittmann, Walter, *Pierre Gringore als Dramatiker: Ein Beitrag zur Geschichte des französischen theaters*, Berlin: Ebering, 1923.

Droz, Eugénie, *Le Recueil de Trepperel: Les Sotties*, Paris: Droz, 1935.

Dull, Olga Ann, *Folie et Rhétorique dans la Sottie*, Genève: Droz, 1994.

—, «Rhetorical Paradoxes of the French Late Middle Ages: Mother Folly the Wise», *Fifteenth Century Studies*, 22, 1996, 68-84.

Finlay, Robert, *Politics in Renaissance Venice*, New Brunswick: Rutgers University Press, 1980.

Frank, Grace, *The Medieval French Drama*, Oxford: Clarendon, 1954.

Frappier, Jean, «Sur Jean du Pont-Alais», dans *Mélanges d'Histoire et du Théâtre, du Moyen Age à la Renaissance offerts à Gustave Cohen*, Paris: Nizet, 1950.

Galand-Hallyn, Perrine et Fernard Hallyn, éds, *Poétiques de la Renaissance: le modèle italien, le monde franco-bourguignon et leur héritage en France au XVIe siècle*, Genève: Droz, 2001.

Garapon, Robert, «Le Comique verbale chez Pierre Gringore», dans *Le Comique verbal en France au XVIe siècle*, Actes du Colloque organisé par l'Institut d'Etudes Romanes et le Centre de Civilisation Française de l'Université de Varsovie, avril 1975, Varsovie: Editions de l'Université de Varsovie, 1981, 39-47.

Guy, Henry, *L'Ecole des Rhétoriqueurs*, tome I de l'*Histoire de la Poésie française au XVIe siècle*, Paris: Champion, 1910.

Helmich, Werner et Jeanne Wathelet-Willem, «La Moralité: genre dramatique à redécouvrir», dans *Le Théâtre au moyen âge*, Actes du deuxième colloque de la Société Internationale pour l'Etude du Théâtre Médiéval, Alençon, 1977, éd. Gary R. Muller, Québec: L'Aurore/Univers, 1981, 205-37.

Higman, Francis M., *Censorship and the Sorbonne: A Bibliographical Study of Books in French Censured by the Faculty of Theology of the University of Paris, 1520-1551*, Genève: Droz, 1979.

Hochner, Nicole, «Pierre Gringore: une satire à la solde du pouvoir»? *Fifteenth-Century Studies*, 26, 2000, 102-20.

Jeanneret, Michel, *Poésie et Tradition biblique au XVIe siècle: Recherches stylistiques sur les paraphrases des psaumes de Marot à Malherbe*, Paris: Corti, 1969.

Jokinen, Ulla, «Réduplication synonymique dans quelques poèmes politiques de Pierre Gringore», dans *La Grande Rhétorique (Hommage à la mémoire de Paul Zumthor)*, éds. Giuseppe Di Stefano et Rose M. Bidler, Actes du colloque international, Université McGill, Montreal, 5-6 octobre 1992, Montreal: CERES, 1995, 103-22.

Knight, Alan E., *Aspects of Genre in Late Medieval French Drama*, Manchester: Manchester University Press, 1983.

Labande-Mailfert, Yvonne, *Charles VIII et son milieu (1470-1498): la jeunesse au pouvoir*, Paris: Klincksieck, 1975.

Lacroix, Paul, *Louis XII et Anne de Bretagne: Chronique de l'Histoire de France*, Paris: Hurtrel, 1882.

Le Fur, Didier, *Louis XII 1498-1515: Un autre César*, Paris: Perrin, 2001.

Lepage, Henri, *Pierre Gringore*, Nancy: A. Lepage, 1865.

–, *Pierre Gringore: extrait d'études sur le théâtre en Lorraine*, Nancy: Reybois, 1849.

Margolin, Jean-Claude, «Pamphlets gallicans et antipapistes (1510-13): de la 'Chasse du cerf des cerfs' de Gringore au 'Julius exclusus' d'Erasme», *Cahiers V.-L. Saulnier: Traditions polémiques*, 2, 1984, 21-36.

Markus, R. A. et E. John, *Papacy and Hierarchy*, London: Sydney, Sheed and Ward, 1969

Mazouer, Charles, *Le Théâtre français du moyen âge*, Paris: SEDES, 1999.

Nelson, Ida, *La Sottie sans souci: essai d'interprétation homosexuelle*, Paris: Champion, 1977.

Oulmont, Charles, *Pierre Gringore: la poésie morale, politique et dramatique à la veille de la Renaissance*, Paris: Champion, 1911, reprint Genève: Slatkine, 1976.

Parent, Annie, *Les Métiers du livre à Paris au XVIe siècle (1535-1560)*, Genève: Droz, 1974.

Partridge, Loren and Randolph Starn, *A Renaissance Likeness: Art and Culture in Raphael's Julius II*, Berkeley: University of California Press, 1980.

Pastor, Louis, *Histoire des papes depuis la fin du moyen âge*, trad. Furcy Raynaud, tome V, Paris: Plon, 1898.

Petit de Juleville, Louis, *Les Comédiens en France au Moyen Age*, Paris: Cerf, 1886.

Picot, Emile, *Pierre Gringore et les comédiens italiens sous François Ier*, Paris: Morgand et Fatout, 1878.

–, *Le Monologue dramatique dans l'ancien théâtre français*, Mâcon, 1886-88, reprint Genève: Slatkine, 1970.

–, *Les Moralités polémiques ou la controverse religieuse dans l'ancien théâtre français*, Paris, 1887, reprint Genève: Slatkine, 1970.

Porter, Lambert C., «La Farce et la Sotie», *Zeitschrift für Romanische Philologie*, LXXV, 1969, 89-123.

Poupard, Paul, *Le Pape*, Paris: Presses Universitaires de France, 1997.

Quilliet, Bernard, *Louis XII*, Paris: Fayard, 1986.

Randall, Michael, *Building Resemblance: Analogical Imagery in the Early French Renaissance*, Baltimore: The Johns Hopkins University Press, 1996.

Riley-Smith, Jonathan, *The Crusades: A Short History*, New Haven: Yale University Press, 1987.

Sauval, Henri, *Histoire et Recherches des Antiquités de la Ville de Paris*, tome III, Paris: Moette, 1724.

Scheller, Robert W., «Ensigns of Authority: French Royal Symbolism in the Age of Louis XII», *Simiolus*, 13, 1983, 135-41.

–, «Gallia Cisalpina: Louis XII and Italy 1499-1508», *Simiolus*, 15, 1, 1985, 7-13.

–, «L'Union des princes: Louis XII, his allies and the Venetian campaign 1509», *Simiolus*, 27, 4, 1999, 195-243.

Seguin, Jean-Pierre, *L'Information en France de Louis XII à Henry II*, Genève: Droz, 1961.

Shaw, Christine, *Julius II: The Warrior Pope*, Oxford: Blackwell, 1993.

Sherman, Michael A., «Political Propaganda and Renaissance Culture: French Reactions to the League of Cambrai, 1509-10», *The Sixteenth Century Journal*, VIII, Supplement (1977), 97-128.

–, «The Selling of Louis XII: Propaganda and Popular Culture in the Renaissance France, 1498-1515», Diss. University of Chicago, 1974.

Thiry, Claude, «Débats et moralités dans la littérature française du XVe siècle: intersection et interaction du narratif et du dramatique», *Le Moyen Français (La Langue, Le Texte. Le Jeu: Perspectives sur le Théâtre Médiéval)*, 19, 1987, 203-44.

–, *La Plainte funèbre*, Turnhout: Brepols, 1978.

Zumthor, Paul, *Le Masque et la lumière: la poétique des rhétoriqueurs*, Paris: Seuil, 1978.

Ouvrages bibliographiques, linguistiques et philologiques

Baudrier, Henri, *Bibliographie lyonnaise*, Paris: Nobele, 1964, tome XI.

Brunet, Jacques-Charles, *Manuel du libraire et de l'amateur de livres*, Paris: Dorbon-Ainé, 1865, tome II.

Le Cabinet des livres imprimés antérieurs au milieu du XVIe siècle: Chantilly, Paris: Plon, 1905.

Catalogue des manuscrits français (ancien fonds), Bibliothèque Impériale, Départment des Manuscrits, Paris: Didot, 1868, tome Ier.

Catalogue général des manuscrits des bibliothèques publiques en France, Nantes-Quimper-Brest, Paris: Plon, 1893, tome XXII.

Chatelain, Henri, *Recherches sur le vers français au XVe siècle*, Paris, 1908, reprint New York: B. Franklin, 1971.

Copinger, Walter Arthur, *Supplement to Hain's Repertorium bibliographicum*, Part II, London, 1898-1902, reprint Milan: Görlich, 1950, tomes I-II.

Cotgrave, Randle, *A Dictionaire of the French and English Tongues*, London, 1611, reprint Columbia: University of South Carolina Press, 1950.

Davies, Hugh William, *Catalogue of a Collection of Early French Books in the Library of C. Fairfax Murray*, London: Private publication, 1910, tome Ier.

Deschamps P. et Charles Brunet, *Manuel du libraire et de l'amateur de livres*, Supplément, Paris: Firmin-Didot, 1878, tome II.

Gesamtkatalog der Wiegendrucke: Herausgegeben von der Staatsbibliothek zu Berlin, Stuttgart: Hiersemann, 1994, tome X, 2.

Godefroy, Frédéric, *Dictionnaire de l'ancienne langue française*, 10 tomes, Paris, 1881-1902, reprint Vaduz: Kraus, 1965.

Goujet, Claude Pierre, *Bibliothèque Françoise ou Histoire de la littérature françoise*, 18 tomes, Paris: Mariette, 1741-56.

Greimas, A. J. et T. M. Keane, *Dictionnaire de moyen français: La Renaissance*, Paris: Larousse, 1992.

Graesse, Jean. G. T., *Trésor de livres rares et précieux*, Milan: Görlich, 1932.

Gültlingen, Sybille, *Bibliographie des livres imprimés à Lyon au seizième siècle*, tomes I-II du *Répertoire bibliographique de livres imprimés en France au seizième siècle*, fascicule hors série, Baden-Baden et Bouxwiller: Koerner, 1992-93.

Hassell, James Woodrow, *Middle French Proverbs, Sentences, and Proverbial Phrases*, Toronto: Pontifical Institute of Medieval Studies, 1982.

Huguet, Edmond, *Dictionnaire de la langue française au XVIe siècle*, 7 tomes, Paris: Champion, 1925-67.

Imbs, Paul, *Trésor de la langue française: Dictionnaire de la langue du XIXe et du XXe Siècle*, 16 tomes, Paris: CNRS, 1971-94.

Lenger, Marie-Thérèse, *Bibliotheca Belgica: bibliographie générale des Pays-Bas*, Bruxelles: Culture et Civilisation, 1964, t. V.

Marchello-Nizia, Christiane. *Dire le vrai: l'adverbe "si" en français médiéval*, Genève: Droz, 1985.

—, *Histoire de la langue française aux XIVe et XVe siècles*, Paris: Bordas, 1979.

Moraswki, Joseph, *Proverbes français antérieurs au XVe siècle*, Paris: Champion, 1925.

Niceron, R. P., *Mémoires pour servir à l'histoire des hommes illustres*, Paris, 1736, t. xxxiv.

Nijhoff, Wouter, *Nederlandsche bibliographie van 1500 tot 1540*, s'Gravenhage: Nijhoff, 1923-71.

Oulmont, Charles, *Etude sur la langue de Pierre Gringore*, Paris: Champion, 1911.

Péhant, Emile, *Catalogue méthodique de la Bibliothèque de la Ville de Nantes*, Paris: Forest et Grimaud, 1870, t. V.

Pellechet, Marie et Marie-Louis Pollain, *Catalogue général des incunables des bibliothèques publiques de France*, Nendeln, Liechtenstein: Kraus-Thomson, 1970.

Picot, Emile, *Catalogue des livres de la Bibliothèque de M. le Baron James de Rothschild*, 4 tomes, Paris: Morgand, 1884.

Quitard, Pierre-Marie, *Dictionnaire étymologique, historique et anecdotique des proverbes et des locutions proverbials des autres langues*, Genève: Slatkine, 1968.

Renouard, Philippe, *Répertoire des Imprimeurs Parisiens, Libraires, Fondeurs de Caractères et Correcteurs d'Imprimerie*, Paris Minard, 1965.

– et Brigitte Moreau, *Inventaire chronologique des éditions parisiennes du XVIe siècle*, Paris: Imprimerie municipale, 1972-77, tomes I-III.

Rey, Alain et Sophie Cantreau, *Dictionnaire des expressions et locutions*, Paris: Le Robert, 1993.

Schulze-Busacker, Elisabeth, *Proverbes et expressions proverbiales dans la littérature narrative du moyen âge français: recueil et analyse*, Genève: Slatkine, 1985.

Stefano, Giuseppe di, *Dictionnaire des locutions en moyen français*, Montréal: CERES, 1991.

Tchémerzine, Avenir, *Bibliographie d'éditions originales ou rares des auteurs français des XVe, XVIe, XVIIe, et XVIIIe siècles*, 10 tomes, Paris: Plee, 1932.

Van der Haeghen, Ferdinand et Marie-Thérèse Lenger, *Biblioteca Belgica: Bibliographie Générale des Pays-Bas*, Bruxelles: Culture et Civilisation, 1964, tome V.

INDEX DES NOMS PROPRES

Les noms de personnes sont en caractères romains, les noms de lieu en italiques. Les abréviations suivantes se rapportent aux textes pris en particulier : CC : *La Chasse du cerf des cerfz* ; EV : *L'Entreprise de Venise* ; EP : *L'Espoir de paix* ; JPC : *Cry* du *Jeu du Prince des Sotz* ; JPS : *Sottie* du *Jeu du Prince des Sotz* ; JPM : *Moralité* du *Jeu du Prince des Sotz* ; LN : *Lettres nouvelles de Milan* ; OS : *L'Obstination des Suysses* ; TS : *La Piteuse Complainte de la Terre Sainte* ; UP : *L'Union des Princes*. Le chiffre tout seul renvoie au numéro de vers. L'astérisque signifie que le mot se trouve à la rime.

Abbadie, EV, 156★, la Badie

Abiron, JPS, 337, Abiram, qui, après avoir comploté avec Korah, Dathan et On pour vaincre Moïse, fut tué par un tremblement de terre

Acquileya, EV 13, Aquilée, ancien nom de Venise

Adriatique, EV 2★

Adryanus, **Adryen**, **Adrian**, EP 100, 233, 240, 241 ; UP 66, Adrien I, pape de 772 à 795

Agapitus, EP 201, Agapet Ier, pape de 535 à 536

Alexandre, EP 97, 105, Alexandre Ier, pape de 105 à 115

Alexandre, UP 221, Alexandre le Grand, roi de Macédoine (336-323 av. J.-C.)

Allemans, JPS 71★, Allemands

Anacletus, EP 81★, 94, Anaclet, pape de 76 à 88

Angloys, JPC 42, Anglais

Anthoine, EP 116, Antonin, empereur romain de 138 à 161

Apia, EP 122★, Appia

Archeduc, EV 123, l'archiduc Charles d'Autriche

Arriens, EP 164, partisans des idées d'Arrien, historien grec du IIe siècle

Asie, LN, 297

Athenes, UP 112, Athènes

Athilla, EV 14★, Attila

Atropos, TS 126, troisième des Moires qui coupe le fil de la vie

Autriche, EV 107

Autrichons, UP 184, Autrichiens

Azolle, EV 149, Azoulle, ville d'Italie

Babel, UP 110★

Bacus, CC 3 ; JPM 118, Bacchus, dieu grec du vin

Bastard, vin de, JPM 207, vin doux de Crète ou de Candie

Bentivolle, EP 310, Bentivoglio, famille princière italienne, souveraine de Bologne aux XVe et XVIe siècles

Beygamo, EV 142, Bergame (Bergamo), ville d'Italie en Lombardie en bordure des Alpes

Boniface, huytiesme, EP 281, 289, Boniface VIII, pape de 1294 à 1303

Bonnet, Maistre, JPS 381*, Bonnet de Lates, médecin de Jules II

Boreas, LN 287, Borée, dieu grec qui apporte le vent glacial du nord

Boulogne, Boullongne la Grasse, EP 308; JPS 31, Bologne (Bologna), ville d'Italie

Bourbon, JPS 152

Bourguignons, LN l. 8, l. 10

Brandis, EV 192, Brindisi, ville d'Italie dans les Pouilles sur l'Adriatique

Bresse, EV 142*; JPM 64*, Brescia, ville d'Italie en Lombardie

Cahors, CC 22*

Calixtus, EP 121, Calixte, pape de 217 à 222

Callais, Calletz, JPS 42*, 73*, Calais

Candie, CC 211; JPM 207, ancien nom de la ville principale de la Crête

Carthage, UP 111*

Castilles, EV 117*, Castille

Catholique Eglise, EV 73* (voir aussi **Eglise**)

Cecille, UP 146, Sicile

Celestinus, EP 177, Célestin I, pape de 422 à 432

Cerme, EV 69, Cervie (Cervia)

Cezar, UP 219, César

Charles, Charles huitiesme, LN 233; UP 128, Charles VIII, roi de France (1483-98)

Charles le grant, Charles, Charlemaigne, Charlemaine, EP 238, 242, 260; UP 222, Charlemagne

Chipre, Chippre, Cipre, Chippres, EV 162, 169, 171, 177, 178, Chipre

Chipriens, EV 179

Christ, JPM 532; UP 270 (voir aussi **Jesuchrist**)

Clement, EP 81, Clément, pape de 88 à 97

Clement le Quint, EP 297, Clément V, pape de 1305 à 1314, qui transporta le Saint-Siège à Avignon pour complaire au roi de France, Philippe le Bel

Clete, EP 81, Anaclet, pape de 76 à 88

Constantin, EP 137, empereur romain de 306 à 337

Constantinoble, UP 70, 86, Constantinople

Corbeil, CC, 18, ville sur la Seine

Courtille, L'Abbé de la, JPS 226*, 233, 237, 421, personnage dans la *Sottie* du *Jeu du Prince des Sotz et Mere Sotte*

Cremone, EV 141*, Crémone (Cremona)

Crestienté, Christienté, EP 232; TS 194, Chrétienté personnifiée

Croulecu, JPS 420, personnage dans la *Sottie* du *Jeu du Prince des Sotz et Mere Sotte*

Dalmacie, EV 99★, Dalmatie, région de la Croatie sur la côte de l'Adriatique

Dathan, JPS 337★, Dathan, qui, après avoir comploté avec Korah, Abiram et On pour vaincre Moïse, fut tué par un tremblement de terre

Dijon, LN l. 12, ancienne capitale de la Bourgogne

Demerites Communes, JPM 417, 420, 428, personnage dans la *Moralité* du *Jeu du Prince des Sotz et Mere Sotte*

Eglise militante, EP 329★, JPM 439

Eglise, saincte Eglise, Eglise Rommaine, Mere Saincte Eglise, EP, 5, 9, 26★, 48★, 74, 147, 170★, 234, 303★; 322★, 353; EV 65, 77, 88; JPS 346★, 411★, 494★, 655★; UP 178, 265★

Empire, EV 80, 83, 88★, l'Empire Romain

Enfance, General d', JPS 106★, personnage dans la *Sottie* du *Jeu du Prince des Sotz et Mere Sotte*

Entheon, CC 218★, Actéon, chasseur qui, ayant surpris Artémis au bain, fut changé en cerf et aussitôt dévoré par ses propres chiens

Espaigne, le roy d', UP 199, le roi d'Aragon, Ferdinand

Espaignolz, EV 211; JPC 41; JPS 68, Espagnols

Esprit, saint, voir **Saint Esprit**

Estienne, EP 225, Etienne III, pape de 752 à 757

Estiolles, CC 18, Etiolles, voir **Soisy**

Evangille, l', JPM 403, les Evangiles

Felix, EP 165, Félix II, pape de 355 à 358

Ferrare, EV 155★, ville d'Italie sur le Pô

Flamens, JPS 72★, Flamands

Fortune, OS 45★

France, EP 259, 345★; EV 61, 74★, 232★; LN 38, 113★, 190, 253★; OS 31, 55★; TS 209★

François, Françoys, EV 235; JPM 63★, 82, 137, 153; LN l. 39a, 1★, 8, 30, 34, 67, 116, 145, 167, 194, 223, 229, 250, 267, 319, les Français

Frevaulx, L'Abbé de, JPS 172★, 180, 241, 420★, personnage dans la *Sottie* du *Jeu du Prince des Sotz et Mere Sotte*

Gelasius, EP 193, Gélase Ier, pape de 492 à 496

General d'Enfance, voir **Enfance**

Genetz, LN 175, 269, Genevois

Genevois, Genevoys, EV 147; UP 93, Genevois

INDEX DES NOMS PROPRES

Gippon, Jehan, JPS 491★, Jean Gippon, soldat écossais
Godeffroy de Billon, UP 254, Godefroi de Bouillon, qui conduit la première croisade
Grec, JPM 93
Gregoire, saint, CC 226; EP 209, Grégoire le Grand, pape de 590 à 604

Halles, Les, JPC 9, 18, 27, 36
Hanibal, EP 310, Hannibal, général carthaginois (247-183)
Hongrés, EV 14, Huns
Hongrie, EV 96, la Hongrie
Hongrie, le roy de, UP 209★, Ladislas Jagellon, roi de Hongrie
Hostel de la Ville, LN l. 35, l'Hôtel de Ville (Paris)
Hutdanne, EV 115★, ville d'Italie

Indiens, UP 65★
Innocent, Pape, EP 169, Innocent Ier, pape de 401 à 417
Italiens, Ytaliens, LN, 33, 41, 47, 48
Itallye, OS 29★, Italie

Jacques de Lesignan, Jacques de Lusignan, Bâtard de Chypres, EV 176★
Janus, EV 170, premier roi légendaire de Latium qui avait toujours présent aux yeux le passé et le présent
Jarca, EV 100, ville d'Italie
Jason, LN 6, roi d'Iolcos, qui conduisit les Argonautes à la conquête de la Toison d'or en Colchide, épousa Médée mais la répudia pour épouser Créüse, fille de Sisyphe
Jehan, douziesme, EP 278, Jean XII, pape de 955 à 963
Jehan, sainct, JPM 403, saint Jean
Jesus, EP 49, 65, 76, 257, 348; LN 320, Jésus
Jesuchrist, Jhesuchrist, UP 235, 262, Jésus Christ
Jherusalem, UP 237, Jérusalem
Joye, Seigneur de, JPS 81★, 94★, 98★, personnage dans la *Sottie* du *Jeu du Prince des Sotz et Mere Sotte*
Juif, JPM 453★
Jupiter, LN 283
Justice, OS 11★, 15, personnification

Leon, EP 185, Léon Ier, dit le Grand, pape de 440 à 461
Leon troisiesme, EP 249, Léon III, pape de 795 à 816
Liberius, EP 161, 166, Libère, pape de 352 à 366
Liger, sainct, JPS 420, personnage dans la *Sottie* du *Jeu du Prince des Sotz et Mere Sotte*
Lombardie, LN 200★, 318★
Lombart, LN 32, Lombard
Lombars, les, CC 7; EP 226, 231, 233★; JPS 68★; LN 11, 136, 144, 156, 172, 275, 299, les Lombards
Louis Douziesme, Loÿs, EP, 305, 330; EV 135; LN l. 29,

182, 222, Louis XII, roi de France de 1498-1515
Ludovic, LN l. 4, l. 13, l. 25, l. 39b, 20, 56★, 65, 85, 92, 252★; UP 151, Ludovic Sforza, duc de Milan de 1494-1500, surnommé Le More (1452-1508)
Luna, JPM 95
Lune, Seigneur de la, JPS 144★, 160, 489, personnage dans la *Sottie du Jeu du Prince des Sotz et Mere Sotte*
Lyne, EP 81, Lin, pape de 67 à 76
Lyon, LN l. 22

Macomet, UP 286, Mahomet II, sultan ottoman qui prit Constantinople en 1453
Macomistes, UP 65, Turcs, ou alliés de Mahomet
Mantue, EV 148★, Mantoue (Mantua), ville et marquisat en Italie
Marguerite, la, UP 185, référence, par allusion à la fleur, à Marguerite d'Autriche (1480-1530), régente des Pays Bas (1507-15 ; 1518-30)
Marie Vierge, saincte Marie, EP 188 ; JPM 397★ ; JPS 174★, 642★, la Vierge Marie
Marquitravisanne, EV 113★, la marche Trévisanne
Mars, CC 10★ ; LN 281 ; UP 218, dieu de la guerre
Menepoly, EV 192, Monopoli, ville et port d'Italie, dans les Pouilles, sur l'Adriatique
Mere Sotte, la, JPS 350★, 445, 621, 628, 632, 657★, personnage dans la *Sottie du Jeu du Prince des Sotz et Mere Sotte*
Mestre, EV 108★, ville d'Italie en Vénétie
Millan, Milan, EV 137 ; LN 119★, 150, 157, 193, 324 ; OS 30, ancienne capitale du Milanais
Millannois, Milannoys, LN l. 39c, 154, 273, 293, les Milanais
Minerve, EV 229, déesse latine de la guerre
Molla, EV 191, Mola, ville d'Italie dans les Pouilles
More, le, LN 42, 56, 264, 272, 278, Ludovic le More (voir aussi **Ludovic** Sforza)
Moyse, UP 262★, Moïse

Naples, UP 129
Nates, Prince de, JPS 80★, 99, personnage dans la *Sottie du Jeu du Prince des Sotz et Mere Sotte*
Nature, CC 193
Neptunus, LN 285, Neptune, dieu des mers
Noblesse, OS 64★, personnification
Nostre Dame, LN, l. 34, L'Eglise de Notre-Dame de Paris
Novarre, LN l. 6, l. 7, l. 12, l. 27 ; UP 162, Novare (Novara), ville d'Italie dans le duché de Milan

Octavien, UP 223, Octavien Auguste
Octrento, EV 190★, Otrante (Otranto), ville de l'Italie méridionale

Olivier, UP 224, Olivier dans la *Chanson de Roland*

Padue, EV 84, 184, Padoue (Padova), ville à l'ouest de Venise dans la Vénétie
Paris, LN l. 32, l. 34
Parlement, LN l. 35
Pepin, EP, 228★; EV 61, 64, Pépin, roi des Francs (751-68)
Peres sainctz, EP 25★, 33★, Pères saints, les Pères de l'Eglise
Petilenne, le prince de, UP 145, Niccolo Orsini, comte de Pitigliano à la fin du XVe siècle, capitaine des forces vénitiennes à Agnadello
Peuple François, JPM 36, 53, 73, 85, 114, 215, 225, 277, 285★, 318, 348★, 390, 400, 462, 494, personnification dans la *Moralité* du *Jeu du Prince des Sotz et Mere Sotte*
Peuple Ytalique, JPM 36, 58, 74, 168★, 188, 454, 478★, personnification dans la *Moralité* du *Jeu du Prince des Sotz et Mere Sotte*
Phebus, LN 284, Phébus, l'épithète d'Apollon
Pie, Pape, OS 2, 8, Pie II, pape de 1458 à 1464 (voir aussi **Silvius, Eneas**)
Pierre, sainct, EP 15, 73★, 75; JPS 272★; LN 313★; UP 175★, saint Pierre
Pietres, le capitaine des, LN l. 9, capitaine du parti de Ludovic Sforza

Pistara, EV 149★, Pescara, ville d'Italie en Toscane
Plat d'Argent, Seigneur du, JPS, 182, personnage dans la *Sottie* du *Jeu du Prince des Sotz et Mere Sotte*
Plate Bource, Abbé de, JPS 168★, 172, 180, 236★, 421★, personnage dans la *Sottie* du *Jeu du Prince des Sotz et Mere Sotte*
Pluto, LN 282, Pluton, dieu des Enfers
Poligano, EV 192★, Polignano, ville d'Italie
Polisine, EV 160, Polesina, région d'Italie
Pont Alletz, Seigneur du, JPS 70★, 74★, 78★, personnage dans la *Sottie* du *Jeu du Prince des Sotz et Mere Sotte*, basé vraisemblablement sur l'acteur Jean du Pont-Alais
Pouille, la, EV 190, Les Pouilles (Puglia), ancienne Apulie, région de l'Italie méridionale
Prince des Sotz, JPC, 39; JPS 44, 52, 162, 187★, 407★, 480★, personnage dans la *Sottie* du *Jeu du Prince des Sotz et Mere Sotte*
Promission, UP 276★, la Terre Promise
Pugnicion Divine, JPM 147★, 157★, 167★, 205, 324, 374★, 477, 500, 503★, 512★, 521, 530★, 539★, 540, personnification dans la *Moralité* du *Jeu du Prince des Sotz et Mere Sotte*

INDEX DES NOMS PROPRES 359

Ravane, EV 69, Ravenne (Ravenna), ville d'Italie
Robertet, LN l. 29, Florimond Robertet, secrétaire du roi Louis XII
Rollant, UP 225★, Roland, héros épique de la *Chanson de Roland*
Rommains, EV 212; JPM 220, les Romains
Rommains, l'empereur des, UP 181★, Maximilien Ier
Romme, EP 138, Rome
Romiere, EV 128★, ville d'Italie?
Roygo, EV 156, Rovigo, ville d'Italie

Saincte Eglise, CC 15; EV, 88; TS 192★, sainte Eglise
Saltran, EV 115, ville d'Italie
Saint Esprit, EP 21, saint Esprit
Sarrazins, UP 65, 123★, Sarrasins
Sathan, JPS 338★, Satan
Saturne, LN 281, dieu latin
Savinian, EP 217, Sabinien, pape de 604 à 606
Savoye, EV 163★; UP 191★, Savoie
Seine, CC 18★, rivière qui traverse Paris
Serés, CC 4, Cérès, déesse latine de l'agriculture
Sergius, le Tiers, EP 275, Serge III, pape de 904 à 911
Silvestre, EP 137★, Silvestre Ier, pape de 314 à 335
Silvestre, le deuziesme, EP 273★, Silvestre II, pape de 999 à 1003

Silvius, Eneas, OS 1, Enea Silvio de Piccolomini, qui devint le pape Pie II (1458-64)
Sixtus, EP 105★, Sixte Ier, pape de 115 à 125
Sixtus Tiers, EP 182, Sixte III, pape de 432 à 440
Sotte Commune, La, JPS 270★, 279★, 288★, 297★, 298, 306, 307, 321, 332, personnage dans la *Sottie* du *Jeu du Prince des Sotz et Mere Sotte*
Sotte Fiance, JPS 356, 373★, 398★, 450★, 652★, 662★, personnage dans la *Sottie* du *Jeu du Prince des Sotz et Mere Sotte*
Sotte Occasion, JPS 366★, 454★, 521★, 542★, 649★, 660★, personnage dans la *Sottie* du *Jeu du Prince des Sotz et Mere Sotte*
Soysy, CC 21★, château de Soisy-sous-Etioles
Sotz, Prince des, voir **Prince des Sotz**
Stix, JPM 181, Styx, fleuve aux Enfers
Suysses, les, LN l. 13, l. 16, 174; OS 3, 10, 52, 85, 87, 91, 120, les Suisses
Symonye, JPM 102, 227★, 259★, 271★, 356, 359, 372★, 395★, 445★, 513, Simonie, personnification dans la *Moralité* du *Jeu du Prince des Sotz et Mere Sotte*

Terre Sainte, Terre Saincte, saincte Terre, TS 215★; UP 66★, 276, Terre Sainte

Thelesporus, EP 113, Télésphore, pape de 125 à 136

Therence, OS 47, Térence, poète comique latin (v. 185-159 av. J.C.)

Trains, EV 109*, Trévise (Traviz), ville d'Italie

Tranne, EV 191, Trani, ville d'Italie dans les Pouilles sur l'Adriatique

Treist, EV 127, Trieste, ville d'Italie en Vénétie, port sur l'Adriatique

Trescrestien, TS 212; UP 190, référence au roi de France, Louis XII

Troye, UP 111, Troie

Turcz, Turcs, TS 11, 142; UP 64, 123, 179, 260, Turcs

Ursins, Virgille, le seigneur de, UP 152, Virgilio Orsini, connétable du royaume de Naples à la fin du XVe siècle

Valoys, LN 5, les Valois

Veniciens, EP 301*, 309, 313*; EV 8, 22, 174, 197*; UP 106, 147*, 205, 250, Vénitiens

Venise, CC 9; EV 3*, 21, 71*, 173, 181*, 205*, 238; UP 103, 138*, 204

Veronne, EV 84*, Vérone (Verona), ville d'Italie en Vénétie

Veronnoix, EV 118*, de la région de Vérone

Vincence, EV 84*, Vicence (Vicenza), ville d'Italie en Vénétie

Vulcanus, EV 228, Vulcain, dieu du feu et du métal

Ylion, UP 111, Ilion (Troie)

Ypocrisie, JPM 372, 406, 476*, 513, personnage dans la *Sottie du Jeu du Prince des Sotz et Mere Sotte*

Ytalie, Ytallie, EV 11*, 51*; JPM 150*; LN 167*; UP 208*, Italie

Ytaliens, cf. **Italiens**

Ytalles, Ytales, les EP, 222*; EV 59; LN 8*, l'Italie

Zephirus, LN 286, Zéphyr, personnification du vent d'ouest

GLOSSAIRE

Les abréviations suivantes se rapportent aux textes pris en particulier: CC = *La Chasse du cerf des cerfz*; EV = *L'Entreprise de Venise*; EP = *L'Espoir de paix*; JPC = *Le Cry* du *Jeu du Prince des Sotz et Mere Sotte*; JPS, *La Sottie* du *Jeu du Prince des Sotz et Mere Sotte*; JPM = *La Moralité* du *Jeu du Prince des Sotz et Mere Sotte*; LN = *Les Lettres nouvelles de Milan*; OS = *L'Obstination des Suysses*; TS = *La Piteuse Complainte de la Terre Sainte*; UP = *L'Union des Princes*. Le chiffre tout seul renvoie au numéro de vers. L'astérisque signifie que le mot se trouve à la rime.

able, s. m., JPM 116*, petit poisson bon à manger

accordance, s. f., TS 18*, 21*, accord, harmonie

achoison, s. f., TS 162*, cause, raison; motif

[acoustrer], ind. prés. 5 *acoustrez*, EV 53, orner, décorer

[acroire], ind. prés. 3 *acroit*, OS 99, prêter, donner à crédit

[acquester], ind. prés. 3 *acqueste*, LN 94*, acquérir

adjuteur, s. m., LN 322*, protecteur

adresse, s. f., TS 80, chemin; loc. *prendre son adresse*, TS 111*, prendre une route, une direction

[affin], s. m. pl. *affins*, EV 94*, UP 120*, allié

[affiner], p. p. m. s. *affiné*, CC 162, tromper par finesse

affinité, s. f., UP 85*, alliance

affranchir, TS 218, libérer

agu, adj. m. s., CC 8, pointu

ains, prep., EP 107, avant de; prep., *ains que*, EP 114, avant de; conj., *ains que*, JPS 359; JPM 199, avant que

aire, s. m., EP 123*, qualité

aise, adv., CC 99, aisément

[alarme], s. f. pl. *alarmes*, UP 275*, combat

amas, s. m., LN 61*, grand rassemblement, armée

amender, inf., OS 88*, donner une compensation à

[apert, appert], adj. f. s. *aperte*, TS 14*, évident, manifeste; loc. *en appert*, TS 181*, ouvertement, visiblement

[apparoir], ind. prés. 3, *appert*, LN 321, apparaître

appecter, [appeter, apeter], EP 172; imp. 3, *appetoit*, EP 131, 136; *apetoit*, CC 226; ind.

prés. 5, *appetés, appetez*, EV 37; OS 65; ind. prés. 1, *appete*, JPM 162, 212; ind. prés. 3, *appete*, LN 125, desirer vivement, prétendre à

appoinctement, s. m., LN l. 10, accord, conciliation

[argu], s. m. pl. *arguz*, EP 145, 181, querelle

arrest, s. m., UP 75, décret

arroy, s. m., LN 18, 90★; UP 128★; armée, appareil militaire; EP 320★; pl. *arroys*, JPM 160★, état; façon de vivre

asperges, s. m., EP 103, aspersion d'eau bénite

assaillir, inf., EV 151; ind. prés. 3 *assoult*, EP 175★; *assault*, LN 312, attaquer, se jeter sur

[assigner], p. simp. 3 *assigna*, EP 284★, fixer

asseur, adj. m., loc. *estre asseur*, EP 141★; JPS 277★; JPM 61★, être en sûreté, en paix

assez, pron. indéf., EV 30, beaucoup

[atourner], p. p. f. s. *atournee*, TS 229★, orner, embellir, parer

[atremper], p. p. m. s. *atrempé*, CC 196, modérer

aval, loc. *aval le vent*, CC 127, suivant le cours du vent, emporté par le vent

[avollé], adj. m. pl. *avollez*, OS 120, étourdi

[avoyer] [s'], prés. ind. 3 *s'avoye*, EV 166★, se disposer, se préparer

bailler, inf., CC, 122; part. prés. *baillant*, EV 157; ind. prés. 3 *baille*, LN 26; TS 154; p. p. s. f. *baillee*, UP 30, donner

[bargaigner], p. présent *bargaignant*, TS 239, marchander, débattre le prix

bas, s. m., LN 53, bât

[beau beau], s. m. pl. *beaulx beaulx*, LN 96★, mensonge, flatterie

[bellicateur], s. m. pl. *bellicateurs*, 169 UP★, OS 19★, guerrier

[bender], [se], ind. prés. 6 *se bendent*, CC 83★, se grouper, se mettre en bande

besoing, s. m. loc. *au besoing*, EV 94, UP 90, dans le besoin

bestir, inf., EV 144, bâtir, construire

[bestourner], p. p. m. s. *bestourné*, JPM 199★, détruire

[bignet], s. m. pl. *bignetz*, JPS 224, friandise à la mode pendant la période de Carnaval

[blarie], s. f. pl. *blaries*, CC 4, champ de blé

[blason], s. m. pl. *blasons*, LN 39, invective, attaque

blic, cf. **bloc**

bloc, s. m., loc. *en bloc et en blic*, LN 256★, en bloc, tout ensemble

[bobant], s. m. pl. *bobans*, TS 37, festin luxe, repas fastueux

bobance, s. f., TS 51, arrogance; JPM 253★, pompe, triomphe

[bombarde], s. f. pl. *bombardes*, EP 200, machine de guerre, canon

[bouter], ind. prés. 3 *boute*, UP 78★, pousser
brief, adv., *de...brief*, EV 75, 121★, 206; JPS 331; JPM 154, 176
bric, s. m., LN 58★, 259★, piège à prendre des oiseaux ou des animaux
bruit, s. m., CC, 13, 191; EP 93, LN, 22, JPS 588, JPM 281, 469★, réputation, renommée; CC 55, 236★; JPM 44, bruit

[campane], s. f. pl. *campanes*, EP 223★, cloche
[canonier], s. m. pl. *canoniers*, EV 219★, soldat chargé d'une pièce de canon qui appartenait aux troupes d'élite
care, s. f., LN 136★, cure, souci
[cault], adj. m. pl. *caulx*, LN 12, rusé
cautelle, s. f., CC 151★, 248★; JPM 367★; TS 38; pl. *cautelles*, CC 110★; TS 166★, ruse
celler [se], inf., EP 344★, cacher
[chair], s. f. pl. *chairs*, OS 102, viande
[chaloir], ind. prés. 3 *chault*, EV 31; JPM 139★; JPS 274, 571; LN 134★; subj. prés. 3 *chaille*, JPM 20★, préoccuper
cher, s. f., CC 215★; pl. *chieres*, JPC 30★, JPM 382★, repas; festin, réjouissance
chiennaille, s. f., LN 28★, canaille
[chou], s. m. pl. *choux*, loc. *faire les choux gras*, JPC 25★, faire un grand festin, un gueuleton

cisme, s. m., CC 14; EP 159, 272; JPM 334; pl. *scismes*, JPS 330, schisme
comme, conj., EP 253, quand
commun, adj. m. s., UP 122, connu de tous
compas, s. m., loc. *par compas*, CC 184★, d'une manière régulière, d'une manière prévisible
[compasser], p. p. f. s. *compassee*, UP 38★, organiser; p. p. m. s. *compassé*, loc. *tout compassé*, CC 222★, complètement formé; p. p. m. pl. *compassez* JPM 6★, mesurer, peser
competamment, adv., JPM 2, convenablement, de manière appropriée
[complant], s. m. pl. *complans*, CC 211, plante de vigne
composition, s. f., LN l. 26, acte de reddition, conditions de capitulation
condicionné, adj. m. s., CC 196★, *bien condicionné*, qui a de bonnes mœurs, qui est bon, qui a toutes les qualités
[congnin], s. m pl. *congnins*, JPC 23★, jeune lapin; terme vulgaire pour le sexe de la femme
consistoire, s. m., CC 32★, assemblee
content, s. m., LN 142, comptant; mépris, dédain (*contempt*); s. m. pl. *contends*, UP 257★, débat, querelle
contrecarre, s. m et f., EV 157★, opposition, résistance

[contredit], s. m. pl. *contreditz*, EP 213★, contradiction, opposition, résistance

contumas, adj. m. s., LN 63★, obstiné, rebelle, désobéissant

[convi], s. m. pl. *convis*, JPS, 91, banquet, festin

cop, s. m., UP 189★, coup

corner, inf., CC 156★, 170; indic. prés. 3 *corne*, CC 155; p. s. 6 *cornerent*, CC 158; p. prés. *en cornant*, CC 160; p. s. 3 *corna* CC 170★, annoncer à son de corne

cornerie, s. f., CC 161, son du cor; tromperie

[corporal], s. m. pl. *corporaulx*, OS 96, linge béni sur lequel l'officiant pose le calice et l'hostie

coup, s. m., loc. *a coup*, JPS 98, exhortation à l'attaque

couplet, s. m., LN 31, strophe

courage, s. m., EV 224★, cœur

[courcer] [se], ind. prés. 1 *me cource*, JPM 247; fut. 1 *me courceray*, JPM 320★, se courroucer

cours, s. m., loc. *le cours, en le cours*, LN 170★, TS 129★, *le grant cours*, JPS 55★, en courant, très vite

[coulevrine, coullevrine], s. f. pl. *coulevrines*, EP, 199★; *coullevrines*, TS 172★, espèce de canon long et mince

[courtault], s. m. pl. *courtaulx*, EP 200, grosse bombarde de siège

croisee, s. f., EP 350, croix; la Croisade

[cuider], **cuyder**, inf., JPS 26; part. prés. *cuidant, cuydant*, CC 173, OS 57; ind. prés. 3 *cuide*, EP 336; ind. prés. 5 *cuidez, cuydez*, EV 194, UP 260; ind. prés. 6 *cuident*, TS 64, JPS 248, penser

cul, s. m., loc. *tirer le cul arriere*, EV 131★, se dérober

curee, s. f., CC 163★, 168, 173, 178, bas morceaux de la bête qu'on donne aux chiens à la fin de la chasse à courre

curialement, adv., EP 282★, d'une manière relative à la cour; de façon antique, relative au monde profane

[damer], ind. prés. 3 *dame*, TS, 73, surpasser

debatre, EP 267★, discuter, engager le débat

[debriser], ind. prés. 3 *debrise*, EP 173★, 326★, briser, rompre

decours, s. m., loc. *en decours*, JPM, 123★, en déclin

[deiffic], adj. f. s. *deiffique*, EV 5★, divin

demaine, s. m., EV 68★; UP 99★, pouvoir, autorité

demourant, s. m., TS 177, ce qui reste

demourance, s. f., TS 116★, séjour

denare, s. f., EV 32; LN 138★, argent italien (denaro)

[denier], s. m. pl. *deniers*, EV 70, 187★; LN 146★, monnaie française, le douzième d'un sou; pl., argent, somme d'argent

depuis, loc. prép. *depuis ce que*, EP 134, une fois que, du moment que; loc. *du depuis*, EP 262, depuis, dès lors

[desbault], s. m. pl. *desbaulx*, LN 98★, tumulte, combat

[desconfire], p. simp. 3 *desconfist*, EP 239, mettre en déroute, détruire l'ennemi

[descongnoitre], imp. 3 *descongnoit*, EP 55, ne pas reconnaître, ne plus connaître

[despit], adj. m. pl. *despis*, TS 124, dépité, fâché, irrité

[despiter], ind. prés. 1 *despite*, JPM 247, mépriser, dédaigner

desployer, inf., EV 199, étaler des objets

desroy, s. m., EV 136★, 179★, désarroi

[desruner] [se], ind. prés. 3 *se desrune*, JPS 267★, déranger, mettre en désordre

destre, loc. *a destre ou a senestre*, EP 140★, de la bonne ou de la mauvaise façon

[desvoyer], ind. prés. 4 *desvoyons*, CC 15★, écarter de la route, détourner

devise, s. f., CC 158★, EP 206★, LN 223★, projet, dessein; JPS 349★, devise; loc. *a ta devise*, JPM 284★, selon tes désirs

deviser, [diviser], inf., JPS 459; ind. prés. 4 *devisons,* EP 102★; ind. prés. 3 *divise*, UP 142★, raconter; ind. prés. 1 *devise,* JPS 551★, 653★; ind. prés. 5 *divisez*, TS 98, deviser, s'entretenir

difame, s. m., TS 31, injure, blâme, propos injurieux et diffamatoire

dignité, s. f., EP 136★, charge, dignité publique

diviser, cf. **deviser**

dommaige, s. m., EV 7★, perte

doubtance, s. f., EP 55★, 347★; EV 58★, doute

douer, EP 304, pourvoir d'un douaire, gratifier

[drescer], ind. présent 3 *dresce*, TS 80★, montre (le chemin)

dru, adj. s. m., LN 28, vigoureux, fort

[ducat], s. m. pl. *ducas, ducatz*, EV 52★, 187; JPS 268★, 371★, pièce de monnaie valant approximativement deux écus

duysant, adj. m. s., LN 285★, convenable

[edit, edict], s. m. pl. *edictz*, EP 214★; *editz*, UP 39★, ordre

effet, s. m., TS 224, exécution, réalisation

[effort], s. m. pl. *effors*, loc. *faire effort*, TS 138★, faire violence

[embrasser], ind. prés. 3, *embrasse*, JPS 13★, comprendre

encorner, inf., CC 159★, frapper, blesser à coups de cornes

entendement, s. m., TS 179★, JPM 518★, 524★, intelligence, façon de comprendre, vision des choses

entendre, inf., CC 208★; ind. prés. 1 *entens*, CC 70★; impér. 5 *entendez vous*, EV 24★, comprendre; ind. prés. 6 *entendent*, CC 86★; ind. prés. 3 *entend*, EP 343, avoir en vue, avoir la ferme intention; loc. *entendre a*, impér. 2 *entens a toy*, JPM 348, *a moy entens*, JPM 492★, s'occuper de, s'appliquer à

envis, adv., LN 228, difficilement, à regret

[epiloguer], p. p. m. s. *epilogué*, LN 280★, récapituler, résumer

[equipoller], ind. fut. 1 *equipolleray*, UP 220★, comparer, égaler

erre, s. f., loc. *bonne erre*, CC 174★, bien vite, rapidement

erronicque, adj. m. s., JPM 190★, 482★, erroné, faux

[esbat], s. m. pl. *esbatz*, TS 28, 78, jeu, amusement, récréation

eschaugette, s. f., UP 15★, patrouille, compagnie de gens de guerre chargés de faire le guet

eschever, inf., EP 328★, éviter

escorner, inf., CC 160★; ind. p. simple *escorna*, CC 171★, tromper, duper

escot, s. m., JPS 572★, montant de la dépense pour un repas ou une consommation

[esguillon], s. m. pl. *esguillons*, LN 36, aiguillon

[esguillonner], p. p. f. pl. *esguillonnees*, CC 204★, aiguillonner

[eshonté], adj. m. pl. *eshontez*, OS 28, honteux

esmoy, s. m., TS 5, souci, trouble, inquiétude

espars, adj. m., TS 123, dispersé

[espoindre], ind. prés. 3 *espoint*, JPM 362★, animer, exciter

[essiller], ind. prés. 5 *essillez*, TS 131, maltraiter, tuer

[estaint], adj. f. s. *estainte*, TS 85, éteint, tué

estoc, s. m., loc. *d'estoc et de taille*, TS 61★, de la pointe et du tranchant

[estour], s. m. pl. *estours*, TS 41★, bataille, combat

estrange, s. m., LN 82, étranger

[estranger], ind. prés. 3 *estrange*, LN 157★, chasser

estrif, s. m., UP 146★, combat, lutte

estudie, s. f., EV 158★, préoccupation, soin

estraincte, s. f., UP 70★, dommage

eure, s. f., loc. *pour l'eure*, EP 143, à ce moment-là

[euré], adj. f. s. *euree*, EP 1★, heureux, favorisé par la chance

exaucer, exaulcer, [exausser], inf., TS 57, 194; p. p. f. s. *exaulcee*, UP 41, exalter; p. c. 6, *se sont exaussez*, EP 38★, élever, exalter

[experimenter], p. p. m. s. *experimenté*, TS 196★, acquérir de l'expérience par la pratique

[extrainte], s. f. pl. *extraintes*, TS 189★, action d'étreindre

[faindre], ind. prés. 6 *faignent*, CC 218, inventer, imaginer

GLOSSAIRE

faintise, s. f., CC 157★; EP 30★, 325★; JPM 280★, 378★, dissimulation, hypocrisie

falace, s. f., CC 48★, EP 349★; JPS 5★, tromperie avec mauvaise intention, ruse

[falloir], ind. fut. 1 *fauldray*, JPS 524; ind. fut. 3 *fauldra*, JPS 54; subj. prés. 3 *faille*, JPM 22★, manquer

[famé], adj. m. pl. *famez*, TS 118★, renommé

[faulcon], s. m. pl. *faulcons*, EP 200, petit canon qui lance des boulets d'une livre

festu, s. m., loc. *cogner le festu*, JPS 90★, gaspiller son temps, faire l'acte sexuel

fiction, s. f., CC 217★, invention poétique

fierté, s. f., EV 185, force

[fin], adj. m. pl. *fins*, EV 147★, malin, rusé

finesse, s. f., LN 71★, fausseté, hypocrisie

force, s. f., EV 32, avantage; loc. *est force, force est, il est force, force*, EV 91; LN 59, 168, 178, 204, 207, 242, il faut; loc. *à force*, EV 177, LN 152, artificiellement, malgré soi; loc. *force de*, JPM 327, beaucoup de

forfait, s. m., EV 71, crime considérable

fors, adv., EV 112, JPM 405, UP 166, sauf, excepté; *fors que*, adv. JPM 235, 251, 267, 275, sauf; *fors que*, conj. EP 345, excepté que

fort, s. m., adj. m. s., CC 117, difficile

fouir, inf., CC 51, creuser, enfouir; fuir

foussoye, s. f., CC 33★, fortification, une place entourée de fossés

franc, adj. m., CC 197, EP 64★, JPS 497, LN 160; m. pl. *francz, frans*, CC 46, 65; LN 223; OS 131, pur; sincère

franchise, s. f., EP 29★, LN 222★, condition libre, liberté; CC 255★, inviolabilité

[frapper], [se], ind. prés. 3 *se frappe*, EP 24★, se jeter, s'élancer, se précipiter

[frisque], adj. f. pl. *frisques*, JPC 14, gai, vif

froyé, s. m., CC 186, le frottement

fulingné, adj. m. s., JPM 203★, fulminé, foudroyant?

[fumee], s. f. pl. *fumees*, CC 201★ 203, 206, fiente d'une bête sauvage; passion, agitation

fumer, inf., EV 100★, exciter la colère de quelqu'un

fumeux, adj. m. s., CC 42, où il y a de la fumée; sujet à la colère, violent, irritable

[fuitif], adj. m. pl. *fuitifz*, EV 17, fugitif

garde, s. f., UP 30, celui qui garde

garder, inf., OS 115; ind. prés. 3 *garde*, TS 53; impér. 5 *gardez*, EV 100, empêcher

[gardon], s. m. pl. *gardons*, JPS 506★, guerdon, récompense

gaster, inf., OS 57, ravager, dévaster

[gaudisseur], s. m. pl. *gaudisseurs*, TS 200★, railleur, farceur

gent, adj. m. s., TS 86★, noble

gentil, adj. m. s., LN 56; m. pl. *gentilz*, EV 235, JPC 6★, JPS 478, LN 1, 319; TS 171, noble

gentilesse, gentillesse, s. f., JPM 68★, LN 208, 274★; OS 68★, TS 219★, noblesse de naissance; exploit, prouesse

[gresse], s. f. loc., *refaire leurs gresses*, CC 89★, prendre du poids

grevance, s. f., TS 5★, peine, tourment; dommage

grever, inf., EP 234; ind. prés. 5 *grevez*, EV 88; ind. prés. 3 *grefve*, TS 7, accabler, blesser, affliger

grief, adj. m. s., TS 115; f. s. *griefve*, TS 39, pénible, amer

[grief], s. m. pl. *griefz*, TS 139, peine, souci; dommage

[gros], s. m. pl. *gros*, LN 119, petite monnaie de valeur variable

gubernateur, s. m., CC 253, gouverneur

[guerdonner], ind. pres. 3 *guerdonne*, TS 55★, récompenser

[guidon, guydon], s. m. pl. *guidons, guydons*, EP 207, UP 26★, chose qui guide

[hacquebutier], s. m. pl. *hacquebutiers*, EV 219, arquebusier

[happer], p. p. m. s. *happé*, LN 20, 58, 260; ind. prés. 6 *happent*, OS 102, s'emparer de, se saisir de

[hallebardier], s. m. pl. *hallebardiers*, EV 217, homme d'armes, fantassin portant la hallebarde

hereditable, adj. m., EP 278★, héréditaire

herite, adj. m., UP 286★, hérétique

herpail, s. m., CC 77, 84, troupeau d'animaux

heur, s. m., UP 223, chance favorable, bonheur

humblesse, s. f., EP 109★, humilité

ignare, adj. m. s., OS 49; pl. *ignars*, OS 21, ignorant

[imperer], p. p. f. s. *imperee*, UP 258★, loc. *être imperé*, régner, dominer

[inconvenient], s. m. pl. *inconveniens*, EP 315★, EV 16★, malheur, désastre

[increper], p. prés. *increpant*, EP 355, faire des reproches à, réprimander

industrie, s. f., CC 229★, habileté, savoir-faire

ingerer, se, inf., CC 169★; p. simple 1 *me ingeray*, CC 24, oser

intencion, s. f., UP 157★, attention

[interesser], p. p. m. pl. *interessez* JPM 7★, 16★, engager envers quelqu'un, obliger

[intervalle], s. f. pl. *intervalles*, JPC 8★, entracte

ja, adv., EV 26, 83, déjà; UP 124, jamais

[jacopin], s. m. pl. *jacopins*, JPC 20★, crachat, glaire

[jour], s. m. pl. *jours*, loc. *[l]es grans jours*, JPS 58★, assises extraordinaires

jouxte, s. f., JPM 166★; UP 79★, joute, combat singulier

juc, prép., JPM 26, LN 43, jusque

jusne, s. f., EP 124; pl. *jusnes*, EP 127, jeûne

[labille], adj. m. pl. *labilles*, OS 127★, sujet à faillir

[laiz], s. m. pl. *laiz*, EP 44, ce qui est légué par testament

[lansquenet], s. m. pl. *lansquenetz*, LN l. 15, 173, 276 fantassin allemand employé comme mercenaire

[larcinaige], s. m. pl. *larcinaiges*, JPM 265★, larcin

las, adj. m. s., CC 181★, TS 81★, malheureux, misérable

letanye, s. f., EP 253★, litanie

[liepart], s. m. pl. *liepars*, TS 124,★ 155, léopard; symbole de l'Angleterre et des Anglais

lesse, s. m., TS 79★, lien, attache

ligne, s. f., EP 198, lignée, race

lire, s. m., LN 315★, lecture

[loppin], s. pl. *loppins*, loc. *aimer les bons loppins*, JPC 19★, aimer la bonne bouffe; aimer l'acte sexuel

lors, adv., CC 24, 74, 158, 159, 172; EP 139, 165; EV 19, 207; LN 238; UP 151, alors, à cette époque

los, s. m., EV 38★, UP 121★, 162★, gloire, renommée

[main], s. f. pl. *mains*, loc. *a toutes mains*, EP 192★, de toutes les manières

mais que, conj., CC 105, dès que, lorsque; EV 32, pourvu que

mars, s. m., CC 85, le mois de mars

[maté], adj. f. s., *matee*, JPS 87★, fatigué

menee, s. f., CC 40★, intrigue, manœuvre

[mescheoir], ind. prés. 3 *meschee*, CC 189★, arriver malheur

meschance, s. f., EV 72★, malheur, infortune

meschef, s. m., EV 123★, mésaventure, malheur

mesprison, s. f., OS 33★, faute, tort

messaire, adj. f., LN 31★, 139, messire, désignant ironiquement un Italien

mire, s. m., TS 74, médecin

[mirer], ind. prés. 3 *mire*, TS 74★, viser; ind. prés. 6 *se mirent*, OS 113; p. prés. *mirant*, TS 35, *me mirant*, JPM 161, fixer sa pensée sur

[miste], adj. m. pl. *mistes*, LN 2, élégant, gracieux

mitaille, s. f., JPM 23★, menue monnaie

mondaniser, inf., EP 296; p. p. m. pl. *mondanisez*, EP 34★, suivant les coutumes du monde

montjoye, s. f., CC 34★, grande quantité, abondance

[monstre], s. f. pl. *monstres*, EP 208, revue de troupes; parade

[mouvoir] [se], ind. prés. 3 *meult*, OS 55, pousser, inciter; *se meult*, TS 137★, se préparer, se mettre en mouvement

[myne], s. f. pl. *mynes*, loc. *faire des mynes*, JPS 256★, exprimer ses sentiments par une mimique

[myner], ind. prés. 3 *myne*, CC 12★, rendre dépourvu

[mutinage], s. m. pl. *mutinages*, JPM 272★, mutineries, révoltes

nic, s. m., LN 251★, nid

[noyse], s. f. pl. *noyses*, UP 257, bruit, tumulte, vacarme

noiser, inf., TS 202, se quereller, se débattre

[notable], s. m. pl. *notables*, OS 41★, dit ou fait mémorables

notice, s. f., loc. *avoir notice*, UP 93★, avoir connaissance

[obiicer], ind. prés. 3 *obiice*, OS 14★, objecter, opposer un argument contraire

[occire], p. simp. 3 *occist*, EP 279, tuer, massacrer

office, s. m., OS 13★, charge, fonction

[oïr], ind. prés. 1 *oyz*, EP 52; fut. 3 *orra*, LN 317; p. prés. *oyant* CC 158, entendre

opinion, s. f., LN 140★, idée sans fondement

[oppresser], ind. prés. 3 *oppresse*, LN 177★, opprimer

[opprobre], s. f. pl. *opprobres*, OS 109, TS 33, injure, calomnie

ordonnance, s. f., EP, 244★, gouvernement, régime; pl. *ordonnances*, EP 358, règlement; loc. *gens d'ordonnance*, EV 217★, cavaliers pesamment armés

paillart, s. m., CC 12; pl. *paillars*, OS 107, TS 125, homme pauvre

paillier, s. m., loc. *sur son paillier*, CC 200★, dans sa cour de ferme,

[pallier, palier], ind. prés. 6 *pallient*, JPS 9★; p. prés. *en paliant*, JPM 246, cacher, dissimuler

papalité, s. f., EV 63★, papauté

par ainsi, adv., UP 14, 21, 24, dans ces conditions

[parbouillir], ind. prés. 3 *parboult*, JPS 7, faire bouillir complètement

parc, s. m., EP 90, enclos où l'on parque les animaux; enceinte, camp fortifié; dépôt d'armes et de munitions

parfin, s. f., loc. *en la parfin*, OS 99★, à la fin, en fin de compte

partir, inf., CC 133★; partager

passe passe, s. m., loc. *jouer de passe passe*, JPS 6★, 12★, 18★, tromper, tricher

GLOSSAIRE

[passot], s. m. pl. *passotz*, TS 170, arme d'estoc entre l'épée et la dague

[patin], s. m. pl. *patins*, JPC 22*, soulier de femme à semelles épaisses et à hauts talons

pause, s. f., loc. *a peu de pause*, EP 7*, bref

pecune, s. f., CC 12*; EP 79*; EV 38, 204; UP 121, argent comptant

[peindre], p. prés. pl. *peingnans*, LN 36, poindre, frapper d'un coup de pointe, piquer

permanable, s. m., JPM 104*, qui doit durer toujours stable, immuable

pestifereur, s. m., CC 8, qui porte la peste

[pillard], s. m. pl. *pillars*, EV 230, TS 125, nom péjoratif donné aux fantassins

pic, s. m., LN 261*, coup porté avec un objet pointu

picotin, s. m., JPC 15*, ration d'avoine; portion d'amour

pillerie, s. f., EV 93*, 230*, extorsion, vol

piteable, adj. m., EP 277*, pieux, miséricordieux

plain, adj. m. s., loc. *tout a plain*, EP 190*, nettement, tout net

plaisance, s. f., LN 310, joie, plaisir

plait, s. m., LN 30, parole, langage, propos; loc. *a peu de plait*, LN 29*, en peu de mots

[ployer], ind. prés. 3 *ploie*, CC 187, plier

posé que, conj., CC 235; JPM 458, supposé que, même en supposant que

pour, prép., EV 16, à cause de; EP 103, 119, au lieu de, en échange de

[practien], adj. m. pl. *practiciens*, EP 302*; f. s. *practicienne*, JPM 381*, habile en affaires, en choses pratiques, se livrant à des ruses de procureur

practique, s. f., EP 355*, LN 40*, métier de procureur et d'avocat; ruse, fraude, intrigue

pratiquer, inf., LN, l. 13, établir des contacts

premier que, conj., LN 117, avant que

[prescripre], p. p. m. s. *prescript*, CC 182, proscrire

present, adv., UP 174, à présent

presse, s. f., CC 111*, pression

proces, s. m., EV 42, JPM 203, façon de faire, méthode

[proesme], s. m. pl. *proesmes*, TS 99, proche parent

prophane, s. m., EP 128; pl. *prophanes*, EP 224*, profane

propre, s. m., EP 47, possession

[pupille], s. m. pl. *pupilles*, EV 126*, 194*; OS 114, orphelin

quant, loc. *quant et*, JPS 389, avec

querre, inf., CC 178*; LN 310*; OS 54*, 124*; UP 58*; p. prés. *querant*, CC 120, chercher [quicter], ind. prés. 3 *quicte*, UP 287★, pardonner

ramaige, adj. m. s., OS 17★, sauvage; rustique

rap, s. m., EV 195, pillage, violence

[rappiere], s. f. pl. *rappieres*, TS 170, épée longue et effilée dont la garde est formée d'une coquille trouée

[rassoter], p. p. m. pl. *rassotez*, JPC 3, devenir sot; devenir fou d'amour

[rebrasser], ind. prés. 5 *rebrassez*, JPC 32★, relever, retrousser

rechef, loc. *de rechef*, CC 115, encore une fois

[recoller], ind. prés. 3 *recolle*, OS 8★, se souvenir, se rappeler

[recorder], p. prés. *en recordant*, JPC 38, évoquer, répéter une chose apprise par cœur

recors, adj. et s. m., loc. *estre recors*, TS 19, se souvenir

[recouvrir], p. p. m. pl. *recouvers*, JPS 26★, couvrir de nouveau, réparer un dommage

[redarguer], p. prés. f. s., *redarguante*, TS 238, reprocher, blâmer

refuy, s. m., CC 74★, refuge, asile

regnon, s. m., EV 205, TS 29, renom

[relinquir], p. p. m. s. *relinqui*, LN 175, abandonner, abjurer

[rememorer], p. prés., *rememorant*, EP 1, se rappeler

rente, s. f., EV 51, terre dont on tire un revenu

[repere], s. m. pl. *reperes*, EP 35★, repaire, demeure

[repliquer], p. p. m. s. *repliqué*, JPM 86★, rappeler, répéter

requerre, inf., EP 76★; EV 39★; TS 71★; UP 59★, 173★; p. p. m. s. *requis*, CC 102, JPS 21, OS 54, 88, 121; UP 64, 205; p. p. f. s. *requise*, JPS 560, demander, réclamer;

retraire, [se], UP 205, se retirer, aller (vers)

retribuer, inf., EV 90, restituer, indemniser

[rire], ind. prés. 3 *rid*, EP 112, sourire, rire

[robuste], adj. m. pl. *robustes*, EV 174★, rude, violent

roe, s. f., EP 80, roue

rogue, adj. m. s., CC 200, arrogant

ruer, loc. *ruer jus*, UP 134, abattre

run, s. m., LN 236★, rang, rangée

rurallement, adv., CC 259, de la manière d'un paysan

[ruser], p. p. m. pl. *rusez*, JPM 31★, pourchasser, poursuivre

saison, s. f., loc. *il est saison*, EV 78, il est à propos

[satalite], s. m. pl. *satalites*, EP 126, 236, homme de main aux gages d'un maître, d'un despote

[scienticque], adj. m. pl. *scienticques*, OS 39★, savant

[secourir], p. p. m. pl. *secoulx*, JPM 136★; ind. prés. 6 *sequeurent*, TS 235, aider

[**secourre**], p. p. m. s. *secoux*, UP 140★, secouer

[**sejour**], s. m. pl. *sejours*, TS 37, loisir, plaisirs

[**semondre**], ind. prés. 3 *semont*, JPC 28, inviter

senestre, loc. *a destre ou a senestre*, cf. **destre**

sens, s. m., EV 9, le bon sens

[**seri**], adj. f. s. *serie*, CC 230★, calme, doux

[**serpentine**], s. f. pl. *serpentines*, EP 200★, sorte de canon

serve, s. f., OS 12★, servante

siege, s. m., EP 133, 240, 252, 264, siège apostolique, gouvernement de l'Eglise

simplesse, s. f., EP 323★; LN 69★; 269★, bêtise, folie

somme, s. m., CC 60★, sommeil

souffrance, soufrance, s. f., EP 226★; EV 75★, 234★; JPM 225★; LN 267★; OS 56★; UP 164★, manque, disette, privation

[**sommer**], p. p. f. pl. *sommees*, CC 97★, couronner, surmonter

soubte, s. f., JPM 165★, espace souterrain, cave

soulas, s. m., CC 30, 72★, 182★; LN 202★; TS 81, 186,★ plaisir, joie

[**sourd**], s. m. pl. *sours*, CC, 90, sourd

[**subroguer**], p. p. m. s. *subrogué*, LN 282★, substituer

[**subtil**], adj. f. s. *subtille*, LN 166; m. pl. *subtilz*, LN 12, rusé, perfide; m. pl. *subtilz* EV 219; JPC 3★, adroit, habile

subtillesse, s. f., LN 264★, subtilité

superbité, s. f., UP 92★, orgueil, hauteur

[**supplier**], ind. prés. 6 *supplient*, JPS 15★, s'incliner

[**symoniacle**], s. m. pl. *symoniacles*, TS 191★, simoniaque, celui qui fait commerce des objets ou des services religieux

taille, s. f., TS 65★, impôt; loc. *d'estoc et de taille*, cf. **estoc**

[**tailler**] ind. prés. 5 *taillez*, TS 133, frapper, couper

tant, adv., *tant seulement*, CC 48, seulement; conj., *tant que*, JPM 505, TS 126, UP 198, jusqu'à ce que

tart, loc. *a tart*, UP 45★, avec du retard, trop tard

[**tenir**], ind. prés. 3 *tient*, loc. *tenir de*, EP 198, respecter, tenir à

[**teston**], s. m. pl. *testons*, LN 119, petite monnaie d'argent

tinel, s. m., UP 113★, train de maison, personnel d'une maison

[**tollir**], p. p. m. s. *tollu*, EP 252★; ind. prés. 3 *toult*, EP 176★, enlever, prendre

[**toppiquer**], ind. prés. 5 *toppiquez*, LN 39★, faire argumenter

tor, s. m., CC 221, taure, taureau

[**torche**], s. f. pl. *torches*, CC 205, faisceau

tost tost que, conj., TS 128, aussitôt que

tout, loc. *du tout*, LN 230, entièrement, tout à fait; loc. *tout par tout*, LN 317, JPM 223, UP 232, vraiment partout

[traict], s. m. pl. *traictz*, EP 199, flèche, projectile

traicter, LN, l. 12, négocier, faire un traité

traictié, s. m., EP 6, ouvrage où l'on traite d'une matière particulière

traite, s. f., EP 155★, chemin parcouru, trajet

transgloutir, inf., JPM 116, avaler rapidement et gloutonnement

[transillier], fut. 6 *transillieront*, UP 14★, traverser

trect, s. m., EP 197, suite de plusieurs versets qui se chantent à la messe après le graduel

[troteur], s. m. pl. *troteurs*, TS 201, celui qui avance à petits pas, comme un cheval

[trouché], adj. f. s. *trouchee*, CC 188★, ayant une trochure

[trousse], s. f. pl. *trousses*, TS 170, carquois

[trousser], impér. 5 *troussez*, TS 172, emporter, enlever

tyre, loc. *de belle tyre*, CC 127★, bien vite

ung, s. m., loc. *estre tout un a qqn*, EV 35, lui être indifférent

[user], impér. 5 *usez*, loc. *user de*, TS 18, pratiquer

[valoir], loc. *vaille que vaille*, EP 58★, quoi qu'il en soit, tant bien que mal

vertu, s. f., loc. *en vertu*, EV 133, en action, en force

[viandier], s. m. pl. *viandiers*, CC 214★, marchand de vivres qui suivait les troupes régulières; personnel de la suite du médecin chargé de pourvoir à l'alimentation du malade

viandis, viandes, s. m., CC 209, 233, pâture du cerf

vil, adj. m. s., CC 16; f. s., *ville*, EV 31★, vile, moralement bas

[viser], ind. prés. 6 *visent*, OS 79, regarder, observer

voire, adv., EV 93; JPM 159, 266; JPS 512, 649; LN 304, en vérité, de fait

voirement, adv., JPM 430, vraiment

[vouge], s. m. pl. *vouges*, TS 170, sorte de lance à fer long et large, pique

[vuider], p. s. 3 *vuida*, EP 294, rendre dépouvu de qualités morales

ytaliqué, adj. m. s., JPM 8★, m. pl. *ytaliqués*, LN 33★, terme péjoratif pour italien

TABLE DES MATIÈRES

REMERCIEMENTS 7

INTRODUCTION 9

Lettres nouvelles de Milan 63
    Introduction 63
    Texte édité 77
    Notes 90

La Piteuse Complainte de la Terre Sainte 97
    Introduction 97
    Texte édité 110
    Notes 118

L'Entreprise de Venise 123
    Introduction 123
    Texte édité 139
    Notes 148

L'Union des Princes 153
    Introduction 153
    Texte édité 163
    Notes 172

L'Espoir de Paix 179
    Introduction 179
    Texte édité 190
    Notes 202

La Chasse du cerf des cerfz 207
    Introduction 207
    Texte édité 220
    Notes 229

Le Jeu du Prince des Sotz et Mère Sotte 237
    Introduction 237
    Textes édités 253
        Le Cry 253
        La Sottie 254
        La Moralité 289
    Notes 312

L'Obstination des Suysses 323
    Introduction 323
    Texte édité 334
    Notes 339

Bibliographie 343

Index des Noms Propres 353

Glossaire 361

Table des matières 375

Mise en pages :
Nadine Casentieri, Genève

IMPRIMERIE F. PAILLART, B.P. 324, 80103 ABBEVILLE — (12020)
DÉPÔT LÉGAL : 2e TRIMESTRE 2003